本书出版得到电子科技大学中央高校基本科研业务费专项资金项目（项目编号：ZYGX2015J172）的资助！

媒介与学生：

思想、文化与社会变迁中的《学生杂志》

（1914—1931）

MEIJIE YU XUESHENG
SIXIANG WENHUA YU SHEHUI BIANQIAN ZHONG
DE XUESHENG ZAZHI

刘宗灵　著

四川大学出版社

责任编辑:曾　鑫
责任校对:李金兰
封面设计:墨创文化
责任印制:王　炜

图书在版编目(CIP)数据

媒介与学生：思想、文化与社会变迁中的《学生杂志》：1914—1931 / 刘宗灵著. —成都：四川大学出版社，2017.9
ISBN 978-7-5690-1223-1

Ⅰ.①媒…　Ⅱ.①刘…　Ⅲ.①期刊-文化史-研究-中国-1914—1931②青年-研究-中国-1914—1931
Ⅳ.①G239.296②D693.96

中国版本图书馆 CIP 数据核字（2017）第 246094 号

书名　**媒介与学生:思想、文化与社会变迁中的《学生杂志》(1914—1931)**

著　　者　刘宗灵
出　　版　四川大学出版社
地　　址　成都市一环路南一段 24 号 (610065)
发　　行　四川大学出版社
书　　号　ISBN 978-7-5690-1223-1
印　　刷　四川盛图彩色印刷有限公司
成品尺寸　148 mm×210 mm
印　　张　10.875
字　　数　292 千字
版　　次　2017 年 11 月第 1 版
印　　次　2018 年 8 月第 2 次印刷
定　　价　49.00 元

◆读者邮购本书,请与本社发行科联系。
电话:(028)85408408/(028)85401670/
(028)85408023　邮政编码:610065
◆本社图书如有印装质量问题,请寄回出版社调换。
◆网址:http://www.scupress.net

序　言

在近代中国历史上，无论是报刊媒介的出现，还是学生群体的兴起，都无疑是改变社会、思想与文化版图的重要现象。20 世纪的前 30 年，中国的高等教育发展缓慢，从现代教育体系培养出来的读书人中，占主流的还是具有中等文化程度的知识分子。他们无论是在学期间，还是初入社会，都渴望能有一种彼此联络、互通声息的媒介。民国前期，由商务印书馆编辑出版的《学生杂志》，对这些中等学力的知识青年来说，在知识上能给以辅助，于情感上能有所慰藉，于社会网络上能有所构建，因而得到了许多普通学生与一般知识青年的喜爱。

因此，在某种意义上，可以说当时面向社会大众发行的该杂志，已成为一般普通学生私人生活中的一部分，既为他们拓展了生活空间，在全国舞台上为他们建立起了互相交流与联系的渠道，又成为他们身份表达与自我认同形成的途径。与此同时，《学生杂志》还是他们获取新的知识与思想资源的媒介。故此，该期刊融合了学生与媒介两个关键要素，并且涉及到知识、思想的生产与传播等问题，可以帮助我们更好地理解近代的读书人与传播媒介之间的互动关系。本书之所以选取这个视角，正是希望从立足于报刊的社会文化史的维度，来透视近代学生的社会地位、群体形象、集体意识的呈现与变化，同时关注于各类学科知识传播与接受的状况，以尝试突破过去学界流行的以精英知识分子为中心的研究路径，以为加深对近代社会变迁中读书人社群的理解提供另一种可能。

最后，本书是由笔者博士论文修缮而来，因当年的学力眼界所限，文中难免诸多浅陋错谬之处，故仅作抛砖引玉之用，还望学界同仁多给予批评指正才是！

目　录

绪　论

一、问题缘起与选题意义

在近代中国历史上，无论是报刊媒介的出现，或是学生群体的兴起，都无疑是改变社会、思想与文化版图的重要现象。从晚清开始，士人的生活与报刊就逐渐发生了联系，他们通过阅读报刊了解世界，接受新知，形成了新的知识观、人生观，乃至生活方式。① 进入民国以后，随着传播媒介的进一步发展，承载着信息、思想、知识的报刊越来越深入地参与到一般读书人的生活世界中。② 更重要的是，往往依靠报刊联系起来的读书人会自成一

---

① 清末流亡日本的梁启超就将学校、报纸、演说并列为传播文明三利器，并将报刊拔高到国家竞存的地步，“二十世纪以前，枪炮之世界也；二十世纪以后，报馆之世界也”，他还感叹斯时的状况是“学生日多，书局日多，报馆日多”。参见梁启超：《论报馆之有益于国》（1905 年）、《敬告我同业诸君》（1902 年），张品兴主编：《梁启超全集》卷 1，北京出版社，1999 年，第 66、969 页。研究者也指出中国的思想文化由传统向现代过渡的代表性标志之一就是报刊等制度性传播媒介的大量涌现，以此促成了近代公共舆论的展开。张灏：《近代思想史上的转型时代》，《张灏自选集》，上海世纪出版集团，2002 年，第 110 页。

② 参阅章清：《民初思想界“解析”——报刊媒介与读书人的生活形态》，《近代史研究》2007 年第 3 期，第 1—25 页。这当然不是说一般文化程度较低的市井小民就不与新式传播媒体发生任何关系了，清末各式白话报的兴起，主要的目的就是为了启蒙下层人民，改变他们与社会不发生关系的现象。可参见李孝悌：《清末的下层社会启蒙运动：1901－1911》，河北教育出版社，2001 年，第 17－64 页。

个社群，互相之间产生认同感，乃至形成一种以归宿感为导向的集体意识。[①] 而作为近代知识分子中的一个新兴群类，学生（主要指中等学校以上）与报刊媒介之间的关系，更是一个值得探讨的问题。随着新式教育的确立与发展，这个群体的数量日益增加，对社会的影响也逐渐扩大。

（一）问题缘起与研究对象界定

学生之所以在近代成为一个集众人关注于一身的群体，这自然与他们代表了新知与未来，无论是在自身的想象中，还是在他人的期待里，都成为拯救国族的重要甚至惟一的力量有关。自晚清以来，中国在与东西列强的冲突中屡屡受挫于外人，一次次的丧权辱国导致士人精英们对象征屈辱与失败的过去感到极度失望。因此，他们在对成年人进行鞭挞的同时，也在呼唤一种新的历史主体，以图拯救国家民族。而具有生理年龄与知识构成双重优势的学生自然被推上时代的最前沿。清末即曾有人在当时第一本以“省份”与“学生”这两个充满象征意义的符号命名的留日学生刊物——《湖北学生界》上进行救国鼓吹时，既立足于省界进行广泛动员，也将学生的特殊地位加倍放大并突出。“学生生于二十世纪之竞争中心点——中国者，胡为乎？将曰：鼓铸国民之资格，生存黄帝之子孙，以与搏搏大地之强族争雄长权也。”为了铲除国民不相团结一盘散沙的毛病，必须以学生为基础进行社会的重新组织，“以团结四百兆同胞以成一大团体为目的，以团结各学堂学生成一小团体为起点。公益所在，不惜毁碎单数之私益，以拥护调剂之，将来学生势力之膨胀，必将以吾鄂中学生为中心点矣。”作者还借用西哲的“社会者，一小国家也”之语，将其改为“学生者，真小国家也”，因此，学生在民族振兴与国

① 罗志田：《国家与学术：清季民初关于“国学”的思想论争》，三联书店，2003年，第308—309页。

家重建过程中的地位是不可或缺的，“盖学生如造国家之机器，无学生则国家不能成立。诸君亦何幸而负学生之名望也。诸君诸君，可以豪矣！”① 在传统社会里，由于老年是经验与智慧的代表，因此无论是在学问上还是社会地位上，青年人都处于向老年人学习的地位，并最终通过伦理等级秩序将这一差序结构固化下来。但随着近代知识范式转型的开始与新式教育制度的确立，具有年龄优势与素质可塑性的青年学生，受到前所未有的重视。他们在知识、能力、道德上都具有超出成人的可能性。一方面是民族建国过程中内外环境的艰难急迫，一方面是代表超越与拯救可能性的学生群体日益受到重视。

当时正流亡日本的舆论健将梁启超也在积极地进行类似的国族主体的呼唤。在那个中国正处于危机与生机并存的过渡时代里，他将全国人分为截然对立的两种：“其一老朽者流，死守故垒，为过渡至大敌，然被有形无形之逼迫，而不得不涕泣以就过渡之途者；其二青年者流，大张旗鼓，为过渡至先锋”。② 要救国必须先接受新知，那当然不是四书五经代表的传统规范性知识——那是象征过去的成年人们的专利；而能接受且传输来自西洋的现代性新知以救国的群体，则惟有青年学生。知识范式与来源的变化也大幅提升了青年人的社会地位。因此，在从外洋输入知识几成近代中国自我救赎唯一选择的情形下，有论者积极劝告青年们游学外洋，“而自今日观之，中国之种祸固如何巨如何急乎？且中国有何种学问适用于目前，而能救我四万万同胞急切之大祸也？某今

① 《敬告同乡学生》，《湖北学生界》第5期（1903年），收入罗家伦主编：《中华民国史料丛编》第六辑，中国国民党中央委员会党史史料编纂委员会出版，1968年，第1—15页。

② 梁启超：《过渡时代论》，《清议报》第82册（1901年），收于张枏、王忍之编：《辛亥革命前十年时论选集》第一卷（上册），三联书店，1978年，第5—6页。

又决言曰：惟游学外洋者，为今日救吾国之唯一方针。”[①] 此外，学生本身对于自己所具使命之意义的想象与担当，也是愈来愈明显。不仅留日学生在清末民初实际参与了国内的政治活动，留美学生们也希望通过学术参与社会，力图为困窘中的国家开一新局面的期望也很强烈。此时尚在康奈尔大学留学的任鸿隽就在批评传统中国学界缺失以致国弱民愚的弊端后，表示当今创建学界的责任端在留学生，“科举时代无论矣，自改设学校以来，教育未兴，学制未善，国内尚无名实相副之大学。必不得已，求为吾国未来学界之代表者，其唯今之留学生乎。”社会组织不完善，致使读书人用非所学，“改造而振作之，正唯吾留学生之责”。[②]

可以说，这种主体想象贯穿于近代中国的整个历程。“少年”“青年”“学生”等不论是作为实体还是符号，都成为怀抱革新社会、振兴国家志愿之时人反复言说的对象。[③] 五四以后，在全国的知识青年中更是出现了不少以“少年”“青年”等命名的社团与期刊。[④] 直到1930年代，仍然有人从时代客观环境与青年学

① 《劝同乡父老遣子弟航洋游学书》，《游学译编》第6期（1903年4月），见张枬、王忍之前揭书，第一卷（上册），第381页。

② 任鸿隽：《建立学界论》，原载《留美学生季报》第2号（1914年6月），收于樊洪业等编：《科学救国之梦——任鸿隽文存》，上海科技教育出版社，2002年，第7—8页。

③ 如民初报人黄远生等于1912年创办的一份以批评时政为宗旨的政论周刊，亦是以“少年中国”为名。其目的在去除“所谓稳健云云者之意识”，以出于良心之言论，“一新政治或社会之空气”。《〈少年中国〉之自白》（《少年中国》周刊第4期，1912年12月12日），收于黄远庸：《远生遗著》卷1，台北文海出版社，1968年，第8—15页。此处黄氏等人正是要以“少年”象征之精神打破“成人”代表的因循守旧的社会习气。

④ 其中最著名的自是1919年7月在北京成立的“少年中国学会”，此外还有些中等学生所成立的社团与出版的刊物亦以此命名，如河南省立二中学生曹靖华、蒋光赤等人成立的“青年学会”，北京高师附中夏康农、赵世炎等人成立的“少年学会”等，目标都是发展个性、研究学问、批评社会等，以“养成健全少年”或“养成青年的真精神”。参阅张允侯等编：《五四时期的社团》（三），三联书店，1979年，第69—110页。

生的主观特性出发进行针对性动员，“现时代的青年学生，在客观环境方面，摆脱不了资本帝国主义和封建势力的压迫之不幸命运，同时，在主观的心理方面，一则具有较人纯洁和清晰的思想，一则具有较人充盈和热烈的感情。”消极的外部环境恰是青年奋起承担责任的起点，“学生在思想上，对旧时代的罪恶，有了纯洁而清晰的认识；在感情上，对破坏和创造的事业，有了强旺而热烈的冲动：这在主观方面，便具有了革命的可能性。同时，在社会上，学生遭受了种种问题的围困和压迫，更无异在客观方面说明了他自身的革命的必要性”。[①] 作者此处所指的革命未必是暴力性的，但是对于学生独具特质的挖掘却是与前人一脉相承的。

总而言之，这一切都可归结为一种“少年崇拜”。梁启超在《少年中国说》一文中将这种期望表达得淋漓尽致：“少年智则国智，少年富则国富，少年强则国强，少年独立则国独立，少年自由则国自由，少年进步则国进步，少年胜于欧洲，则国胜于欧洲，少年雄于地球，则国雄于地球。”[②] 这种论述一经形成就一直延续下去，成为清末、民国甚至今日的一种流行话语。

值得注意的是，这些从内外两个视角出发的主体想象论述多是通过报刊媒介表达出来的。在阅报越来越成为时尚风气的情形下，报刊媒介上的文字，其效力也远大于其他传统的传播媒介。因此考察报刊媒介和这种国族主体想象与塑造之间的关系，就成为一件可能且有意义的工作。除了这些自我表达的言论以外，新式传播媒介还是各类学科知识资源的载体，近代教育体制内的学生们除了课堂学习外，阅读报刊也是接受旧学新知的重要渠道。

---

① 陈以德：《现代学生的责任》，《现代学生》1卷3期，1930年12月，第4—5页（文页）。

② 梁启超：《少年中国说》，《清议报》第35册，1900年2月10日。

除此之外，在近代化的曲折过程中，学生本身所遭遇的问题也颇值得关注。他们不仅是一个承载希望的群体，也是一个充满问题的群类。尤其是当他们自我意识逐步萌生，对社会环境不满加剧，力图改变自身命运的时候，他们与社会的冲突就会呈现出来。而外部环境的大变动往往会加剧这种学生生活“问题化”的趋势，如思潮激荡的五四时代即是如此。因此，考察这些问题在媒介中的呈现以及时人对它们的筹划解决之道，也能帮助我们更好地认识那个时代的某些特质。

通过进一步的史实考察，我们可以看到，随着时代发展，新式报刊愈来愈深入地影响到了学生群体的生活轨迹，与他们形成了密切的关联互动。针对学生群体的报刊媒介，既在课堂之外为学生们提供了接受新型知识、思想资源的渠道，还有他们互相联系、自我表达的公共领域，以及塑造人生与自我实现的途径。我们也可以借此了解作为报刊读者群的他们，如何利用这类符号资源营造自身生活，如何借此想象自身、进行自我身份塑造，如何表达情感认同，如何由此形成群体感与身份意识，以及时人与学生自身对这个代表希望的群体如何去参与政治、社会，如何投身于救国建国的宏大工程的规划，都是可以认真探讨的问题。

当然，限于资料与学力，本书无法穷尽所有资料来探讨这一问题，也无法把目光聚焦于近代中国的整个历史时段，而只能借由一些可能的线索与渠道来梳理上述问题。为了使叙述显得更为集中，也鉴于材料的搜求状况，本书主要借助于由商务印书馆出版的《学生杂志》（1914.7—1931.12）这样一份持续时间甚长，且鲜明地以在校学生为受众的期刊，再辅助以其他相关资料，来探讨学生与媒介的关系。而笔者所要探讨的这种关系，主要目的并不是关注于他们的实际抉择，而是意图从媒体这个外部视角去考察社会对他们的角色赋予，以及他们自己的角色期待与责任担当。因为，在报刊这个论域空间中，青年论述与学生论述交织在一起，充分体现了社会各界——包括学生自身，对学生群体的想象与模塑。这种对新的历史主体的呼唤与打造，本身也包含有鲜明的代际意味在里面。[①] 因其新知载体的地位与德性方面的纯洁性与可塑性，他们理所当然地成为国家之希望所在。在此一空间中，还传播着不断更新的知识样式，呈现出知识谱系的多元化景象，甚至不同属性知识间的竞争角力也在其中表现无遗。此外，知识传播的变化、切身问题的讨论、学习方式的改变等，都是本书试图考察的对象。

如果要更加清晰地表达笔者的意图，则可以这么说：本书是力图借用一份以学生为发言对象的期刊，来反映时代情景的变迁，包括政治、社会、思想、知识等各方面因素在民国前期近二十年时段内所经历的嬗变，可以说是立足于报刊传媒史的社会思想文化研究。

（二）《学生杂志》的研究价值和意义

《学生杂志》这份期刊虽然在近代以来勃兴的杂志潮中，不那么起眼，在新文化运动浪潮中一度受到冲击乃至被边缘化，甚或在后人的历史记忆中也被多抹去，但这并不说明该刊物就没有

---

① 目前历史学界对近代中国代际关系的特征与嬗变已有一定的研究成果，其中较有启发意义的论著有以下一些，章清：《现代中国知识分子“代际意识”的萌生及其意义》，中国社科院近代史所编：《近代中国与世界—第二届近代中国与世界学术讨论会论文集》（第一卷），社会科学出版社，2005 年，第 123－149 页；焦润明：《代际理论与中国近代思想文化史研究》，《史学集刊》2003 年第 5 期，第 40－45 页；耿传明：《在“新”“旧”对峙的背后——从林纾看“五四人”与“晚清人”的代际文化心态差异》，《天津师范大学学报（社会科学版）》2004 年第 4 期，第 41－47 页；金燕：《“少年中国”形象的建构与中国认同危机》，复旦大学历史学系编：《近代中国的国家形象与国家认同》（《近代中国研究集刊》第 1 辑），上海古籍出版社，2003 年，第 73－86 页；王鑫磊：《近代中国社会代际关系的历史考察——以五四时期知识分子的代际冲突为中心》，复旦大学 2008 年博士论文，未刊稿，等等。虽然笔者的研究主旨不是对近代知识分子的代际关系进行考察，但上述这些研究成果为我们呈现了近代知识转型之下读书人内部的代际建构，对本书亦有很大的参考价值。

相应的历史价值，或没有研究的意义。在《新青年》《新潮》《少年中国》等刊物屡被研究者提及，成为研究热门的情况下，考察这份历时甚长却成为世人记忆盲点的刊物，或许也能说明知识文化传播与时代思潮嬗变的一般形态。相对于后来广受研究者关注的精英型新文化刊物，具中等知识程度及其以下的青少年学生最关心的问题，最普遍接受的知识思想形态，或许更能从这个稍显平凡的视角中体现出来。除此之外，历时长久、信息容量丰富、流通范围广阔，是该杂志的特点。若结合时代背景与有效的观察视角对其进行细致梳理，将会加深我们对特定历史语境的认知。笔者认为，将其作为研究对象进行深入挖掘，至少具有以下若干方面的意义。

第一，教育史、学科史方面的意义。《学生杂志》作为民国时期持续时间最久的一份学生期刊，向全国的普通学生们传播普及了丰富的各类旧学新知，满足他们的求知欲，并帮助学生深化学习内容，以补充课堂教学之不足。近代教育兴办之初，各地师资力量参差不齐，教职员水平不足者比比皆是，地域差距也相当大。许多学生在学校里通过单纯的课堂学习满足不了旺盛的求知欲，于是转向课外教辅读物。① 商务印书馆作为中国近代出版界最大的一家教育书刊生产中心，为学生提供了种类繁多的学校教科书、参考书、工具书等知识产品。但除了这些一次性出版物以外，学生还需要能够为他们及时解疑答难的媒介，作为定期出版物的《学生杂志》的出现，无疑是满足了他们这方面的要求。通过这个渠道，知识传播不再是单方面的，而是形成多向流通的轨道。学生们不仅可以就自己学习上的疑问向编者请教，以便及时

① 云六：《现行师范学制的流弊及其改革法》，《教育杂志》12 卷 9 号，1920 年 9 月，第 1—9 页。不少学生在回忆中也提到这一点，如艾芜就回忆了 1920 年前后再家乡学堂念书时热衷于读报刊的情形。艾芜："我的幼年时代"，《艾芜文集》卷二，四川人民出版社，1984 年，第 135—142 页。

获得解答，还可以将他们在自己学校课堂上所学得的知识发表出来，与他人共享。从中我们可以得到民初学校里中等学生所学习的知识内容与接受程度方面的信息，从接受者而不是传播者这个角度进一步丰富我们对近代教育史与学科史的理解。

当然，商务出版这份期刊的目的除了为学生群体服务以外，利用它加强和学生之间的沟通与联系，以为自家的文化产品做广告，也是目的之一。而这其实也正体现了商务印书馆作为一家出版商兼具服务性与商业性的特点。从1910—1930年，除去各地学校与学生组织出版的校报会刊之类的读物，明确标举“学生”名号，以全国范围内的普通学生为服务对象（以中等学生为主），由商业出版社编辑发行的另外一份学生刊物则要等到1930年开明书店《中学生》杂志的问世了，接下来便是1930年10月由大东书局创刊的《现代学生》，1931年1月由光华书局创刊的《新学生》等。而此时商务印书馆的《学生杂志》出版已经十多年了，与过去几代的全国学生群体间已建立起了密切的互动与联系。[①] 因此，要了解民初这段时间内的学生与教育相关问题，《学生杂志》是一个绕不开的对象。

第二，社会史、政治史方面的意义。在民国前期这个风云激荡的时代，社会、政治变迁极其剧烈，这些变化从刊物中也会反映出来。《学生杂志》就为我们提供了一个观察经历着纷乱剧变的时代中青年学生思想动态与行为方式的窗口。不论是学生自己，还是社会人士，都在这个空间中为我们留下了大量的思想资源。透过这些资源，我们可以了解这十几年来学生思想动态与行

---

① 五四前后出现于各地的学生自办期刊，在其后几年逐渐分化瓦解。学生读者群也有所分化，有的转向具有左翼政治色彩的青年刊物，如《先驱》《中国青年》（社会主义青年团创办）《中国学生》（中国学生联合会创办）等，但是这些色彩过于鲜明的刊物无疑只会吸引一部分倾向激进的青年学生，大多数以求学为目的、政治态度温和的学生读者，又回到《学生杂志》这样的启蒙色彩更浓的刊物上来。

为方式的变迁。编辑在借助这一平台进行自我的理念宣传和社会动员，学生们对社会现实的理解与认同也通过这个窗口呈现。这个言论场域在呈现编者思想倾向的同时，也将学生读者乃至于时代的一些思想风貌体现出来。在时代大变动发生以前，学生的个人切身问题没有浮上水面，在学生所作的课艺习作或论说文章中，修德进业的话语被一遍遍重复，除了屡被强调的外部国家危机外，看不出其自身群体蕴藏的危机。随后“五四时代”的一个副产品，就是将一切都“问题化”，催生了一代“烦闷”的学生，求学、婚姻、职业等学生切身问题的发生与应对都烙上了时代的印记。社会与政治也在呼吁新的参与方式。各种知识类型的传播也在悄然发生变化，比如随着现代化步伐的深入，科学知识传播的重心在不断加深；因应着新文化运动的深入，杂志所刊登的文艺作品类型发生了变化；随着社会政治语境的改变，不同种类的“社会科学”知识话语也陆续登场。到了20年代后期，随着国民政府的建立与训政建国的开展，学生这种任何时候都不可忽视的力量也被论者力图融入整个民族国家建设的过程中。主义的选择和政治的立场都已不是问题，学生只需在稳定的公共秩序下将自己锻造成良好的国民。这种种趋势都反映了时代的变化，而时代的变化能够在报刊的言论空间构成上明确地体现出来。

第三，报刊史与思想文化史方面的意义。近年来，大众报刊作为近代中国公共领域的构成要素之意义屡被学者提及。具体报刊与思想文化版图构成之间的关系也有不少研究成果问世。其中较有代表性的中国港台地区及海外论著，如潘光哲教授近年来对《时务报》的关注，[①] 季家珍对《时报》与晚清趋新士绅及改良

① 潘光哲：《时务报和它的读者》，《历史研究》2005年第5期，第60—83页；《开创“世界知识”的公共空间：以〈时务报〉的译稿为例》，《史林》2006年第5期，第1—18页。

话语的探讨,[①] 瓦格纳对《申报》与晚清外交政局之间关系的研究,[②] 梅嘉乐对晚清《申报》与上海士绅身份变化及权势建构关系的探讨[③]等，这些论著丰富了我们对近代报刊这一“公共空间”所具功能与特质的认识。此外，大陆学者对《晨报》《大公报》《学灯》《新青年》《东方杂志》《现代评论》《独立评论》《思想与时代》等各类报刊媒介的研究成果，近年来也相当地丰富。[④] 不过，相关研究都难免存在一种趋势，即集中关注于代表中上层知识分子的精英型报刊，对思想性、政治性与学术性不是那么鲜明，为下层青年学生服务的媒介则缺乏研究。

不可否认，《学生杂志》作为全国关心青年问题与学生问题的读书人发言的公开园地，自然也构成一个众声喧哗的公共论坛。通过这个不带鲜明政治色彩的公共论坛，我们更能了解时代风尚的变化。这份期刊体现了在不同的时代语境下，发言者出发点的变化。同时，历史发展过程往往不会如后人总结的那样清晰可辨，任何时代的思想与文化语境往往都是混杂歧异的，不会只

① Joan Judge, *Print and Politics*, ‘*Shibao*’ *and the Culture of Reform in Late Qing China*, Standford University Press, Standford, California, 1996.

② Rudolf G. Wagner, “The Shenbao in Crisis: The International Environment and the Conflict between Guo Songtao and the Shenbo”, in *Late Imperial China*, Vol. 20, No. 1, pp. 107—138.

③ Barbara Mittler, *A Newspaper for China? Power, Identity and Change in Shanghai' s News Media* (1872—1912), Cambridge: Harvard University Press, 2004.

④ 较具代表性的如张太原:《〈独立评论〉与20世纪30年代的政治思潮》，社会科学文献出版社，2006年；侯杰:《〈大公报〉与近代中国社会》，南开大学出版社，2006年；洪九来:《宽容与理性:〈东方杂志〉的公共舆论研究（1904—1932)》，上海人民出版社，2006年；张涛甫:《报纸副刊与中国知识分子的现代转型：以〈晨报副刊〉为例》，广西师大出版社，2007年；张宝明:《多维视野下〈新青年〉研究》，商务印书馆，2007年；杨早:《清末民初北京舆论环境与新文化的登场》，北京大学出版社，2008年；何方昱:《科学时代的人文主义〈思想与时代〉月刊（1941—1948）研究》，上海书店出版社，2008年，等等。相关研究成果众多，此处不一一列举。

呈现出某种单一的向度。我们从《学生》[1] 上的言论图景之全貌也可看出，其复杂多元远远超过了任何鲜明的色彩呈现，即使从1923年始左翼言论逐步加强后亦是如此，部分并不能代表整体，任何时候它都不是一个单纯宣传社会革命的载体。虽然言论趋势时时变化，与学生的联系也有紧有疏，但该刊物作为一份课外教辅读物的身份却是贯穿始终的。这种身份恰能使我们在精英型思想文化范式之外，了解社会基层的一般状况，尤其是具体到普通学生这个相对边缘的知识群体，他们通过与报刊之间的紧密互动，不仅表达自己的所思所想，也成为新型的知识、文化范式普及化、民间化的载体。因为中心地带传输出来的各类思想文化资源，也要经过他们的接受消化才能对社会发生作用。

此外，在相似的社会生活语境下，《学生杂志》的读者们对同龄人的生活体验无疑会更容易产生一种切身的共鸣和认同感，从而在思想上产生“我们”与“他们”的区隔。因此，青年学生与新式传播媒介的结合当会对其群体的聚合方式与自我认同的内涵产生形塑作用。[2] 其中最重要的无疑就是此时舆论空间中呈现出来的时代特质：学生群体社会意识的提升和自我定位的变化。总之，学生自身与社会人士在这个“公共论域”中的言论呈现，围绕学生群体及其相关问题的上下内外间的思想交流与互动，使我们能感知到时代思潮的变动趋势。

上述这些研究价值与意义，只不过是笔者在详细阅读材料后的一些初步感悟，并试图在本书中将某些方面的因素尽可能体现出来。不过限于视野与学力，这些研究构想并不能在本书中完全

---

① 为了行文简略流畅，笔者在文中时而会将之简称为《学生》，下不一一注明。

② 当时学生试图干预社会的第一步就是办报，“既然要救国，就要组织一个团体，发行一种刊物，作为行动的第一步。当时这种组织小团体的想法颇为流行，不少有抱负的青年都想籍以一试身手，登高一鸣”。参见张国焘：《我的回忆》(上册)，(香港) 明报出版社，1974年，第45页。

实现，深化相关研究的可能性，只有待后来者的进一步开拓与实践了。

二、前人研究成果回顾

本书撰写所参考的前人相关研究成果主要体现在以下几个方面：

（一）对商务印书馆所出版期刊的研究：

商务在民国前期的广告中多方宣传的八大杂志中，目前国内外学界研究得较多且有多篇专论或专著出版的是《小说月报》《东方杂志》《妇女杂志》，其他各杂志则在各专著与论文中偶有涉及。

《东方杂志》的研究成果中较有代表性的有以下一些，洪九来：《宽容与理性：〈东方杂志〉的公共舆论研究（1904—1932）》（上海人民出版社，2006年）、台湾学者黄吉良：《〈东方杂志〉之刊行及其影响之研究》（台北：商务印书馆，1969年）、丁文：《“选报”时期的〈东方杂志〉研究（1904—1908）》（商务印书馆，2010年）、王代莉的《五四前后文化调和论研究》（中国社会科学院2009年博士学位论文，未刊稿）、张碧月：《〈东方杂志〉之救亡思想言论的演变》（台湾地区“清华大学”历史研究所2008年未刊硕士论文）等。其他单篇专论不胜枚举，该杂志作为商务出版的一本百科全书式的刊物，在近代史上影响最大，因此往往被作为商务启蒙事业的代表和时潮的最佳反映，受到的关注最多。

其次，对于《小说月报》的研究有邱培成《前期〈小说月报〉与清末民初上海都市文化》（复旦大学2004年博士学位论文，未刊稿）、谢晓霞《〈小说月报〉1910—1920：商业、文化与未完成的现代性》（上海三联书店，2006年）、柳珊《在历史缝隙间挣扎：1910－1920年间的〈小说月报〉研究》（百花洲文艺出版社，2004年)、董丽敏《想象现代性：革新时期的〈小说月报〉研究》(广西师范大学出版社，2006年)等。相关研究者主要是从文学史角度，关注报刊与近现代文学思潮及流派嬗变之间的关系。

另外，国内外研究《妇女杂志》的专著，目前笔者所见仅有台湾学者周叙琪的《1910—1920年代都会“新妇女”生活风貌：以〈妇女杂志〉为分析实例》(“台湾大学出版委员会”，1996年)，该书意图以杂志为载体反映民国初期“新妇女”的生活营造与时尚景象，对本书参考价值较大。值得一提的是她后来撰写的《阅读与生活：恽代英的家庭生活与〈妇女杂志〉之关系》(《思与言》第43卷3期，2005年9月)，该文细腻地从性别史与阅读史两个角度分析了兼具读者与作者身份的恽代英与这份刊物的互动关系，重点在恽氏如何利用该刊物来规划经营自己小家庭的理想生活，视角相当新颖，对笔者也启发良多。此外，相关论著还有台湾“中央”研究院近史所出版的学术年刊《近代中国妇女史研究》第12期(2004年12月)，该号被辟为《妇女杂志》研究专号，刊登了一系列专门以《妇女杂志》为研究对象的专题论文，其中较深入的作品如陈姃湲的《〈妇女杂志〉(1915-1931)十七年简史——〈妇女杂志〉何以名为妇女》、张哲嘉的《〈妇女杂志〉中的“医事卫生顾问”》、江勇振的《男人是“人”、女人只是“他者”：〈妇女杂志〉的性别论述》等文章，从各方面梳理了该杂志在近代社会文化中的地位与作用，亦给笔者较大启发。

至于《教育杂志》，目前尚无专著问世，仅有一些专题论文，都是从近代教育变迁史的角度，叙述刊物传播的一些西式教育理论，以及教育从业者对中国教育实践问题的探讨。如张小艳的硕士论文《1920年代〈教育杂志〉上中小学教育年限的讨论》(复旦大学，2005年)、姜朝晖的《20世纪初知识分子对职业化的心态——评〈教育杂志〉关于学术独立的通信》(华中师范大学学报（人文社科版）2008年1期）等，基本上都是从报刊舆论的角度来探究教育、职业等社会各问题，研究还并不是很深入。

上述这些成果梳理了商务编译所所办期刊的基本情况，包括它们的编辑宗旨、方针变化、人脉关系，与社会文化之间的互动，有的还包括期刊在读者群中的被阅读、被接受情况。但因为基本上每种期刊都有不同的读者对象预设，这些研究或反映了一般都市小知识分子、知识妇女、文教界人士等群体与期刊媒介的互动关联，但对于学生群体与传播媒介间的关系则几乎没有注意到。

国内外学术界对于《学生杂志》本身进行的专门研究还很少见，仅有一些作者在文章与著作中偶尔引用到这一资料。如罗志田、鲁萍、马建标、姜涛等人的文章，都是在近代社会文化的脉络中，利用了少量《学生杂志》的材料作为辅助来探讨近代思想文化、国民意识、伦理道德等方面的嬗变问题。① 另外，吕芳上教授在其著作《从学生运动到运动学生：民国八年至十八年》（台北："中央"研究院近代史研究所，1994年）中利用了《学生杂志》上的通讯材料，以证明国民革命兴起之时，政党势力利用报刊媒介作为宣传革命理念、动员学生参政的工具。② 不过历史有变相，也有常相，吕氏过于关注历史的非常态的那一面，参与政治活动的学生在庞大的学生群体中毕竟是少数。

---

① 罗志田：《走向"行动的时代"："问题与主义"争论后的一个倾向》，《社会科学战线》2005年第1期，第155－160页；鲁萍：《"德先生"与"赛先生"之外的关怀——从"穆姑娘"的提出看新文化运动时期道德革命的的走向》（《历史研究》2006年第1期，第79－95页）；马建标：《学生与国家：五四学生的集体认同及政治转向》，《近代史研究》2010年第3期，第37－53页；姜涛：《革命动员中文学与青年—从1920年代〈中国青年〉的文学批判谈起》，《中国现代文学研究丛刊》2009年第4期等。

② 吕芳上：《从学生运动到运动学生：民国八年至十八年》，台北："中央"研究院近代史研究所1994年版，第253－254页。

就笔者所见，专以《学生杂志》为研究对象的论著仅有寥寥几篇论文及专著。论文如方卫平的《媒介中的课艺：一个变革时代的文化现象及其历史解读——以早期〈学生杂志〉（1914—1918）为例》① 一文，以早期该杂志上的课艺作品为中心，试图展现此时学生的集体性格与精神世界，文章篇幅不长，分析并不深入，仅对这些课艺中承载的救亡图存意识和科技工艺知识略作了说明。朱文哲《塑造“新学生”：民初启蒙与商业中的〈学生杂志〉》（《安徽大学学报（哲社版）》2015 年第 4 期）一文，基于包括笔者作品在内的最新成果，阐释了位于民初商业网络与启蒙事业之中的《学生》，其文化身份与内涵资源如何受到不同群体各具特点的对待与利用。张继才的《二十世纪 20 年代“学生自治”图景——〈学生〉杂志所反映的“学生自治”》（《教育研究与实验》2013 年第 5 期），则根据该期刊上有关学生自治的论说材料，阐释了这一思潮 1920 年代在中国传播流变与被接受被阐释的过程。

关于此刊物的唯一专著是台湾地区学者王飞仙的《期刊、出版与社会文化变迁—五四前后的商务印书馆与〈学生杂志〉》（台北：政治大学 2004 年版）。作者从出版文化史的视角出发，较为精彩地为我们描绘了该杂志在期刊出版所构成的“循环网络”中的作用：书局更注重期刊的盈利作用，而对编者来说，是实践自身理想的有力工具，对于读者来说，则成了境遇类似的青年学生彼此加强联络、自我想象以形成群体感与归宿感的最佳场域。王氏注意到了商务出版期刊的盈利性及其所传播新文化资源的片面性，这是该书视角的新颖之处。不过其在带来一些新鲜质素的同

① 方卫平：《媒介中的课艺：一个变革时代的文化现象及其历史解读——以早期〈学生杂志〉（1914—1918）为例》，《浙江社会科学》2008 年第 6 期，第 81－87 页。

时，也存在一些缺陷。首先，该著基本上是将五四以后的《学生杂志》（1919—1926）割裂出来作为单独的研究对象，而且主要是从出版文化史的角度，叙述其与商务整个出版网络之间的联系。这样做虽突出了该杂志在这一时段内的特色，却忽略了它的整个历史的完整性，不能在一个连续的系谱里了解该杂志的变化历程。尤其王著过于强调该刊物的政治色彩，其目的是证明它在共产党员杨贤江的主导下成为中共的一个宣传阵地。

其实单从该期刊的版面构成上看，无论什么时候，政治动员类的主题从来不占主导重心的位置，常态性的知识传播与学生生活指导才是主体内容。如果我们将该杂志的近二十年历程作为一个整体来考察，就更能认识历史的丰富与变化。从民国初年到国民政府建立以后，在这么长的时段内，时代的各种变化都能在杂志上反映出来。不论是五四前后受冲击而改版，还是在北伐以后转变论调宣传三民主义与训政建国，都是该杂志趋时应世以谋稳固的体现。不过，考察商业性刊物，其牟利的一面既值得注意，内容所反映的时代趋势与社会潮流也值得关注。因为一般人未必那么关心政治，他们更关心如何获取科学知识，如何获得一份职业，或是如何营造自己的生活。这样就有了解一般民众心态及关注点的必要。《学生》所关注的主题虽然某种程度上说是以“不变”与“守常”为主，但是各类发言者所论述的起点与策略却是一直处于变化中。因为在一个处于剧变的时代中，言论都离不开它存在与产生的背景，都是某种历史语境的反映与呈现。

（二）关于商务印书馆及编者个人的研究成果

作为商务印书馆（以下简称商务）旗下历时甚久的一份期刊，在目前专门研究商务及其重要人物的著作中会对该杂志有所提及。不过专门研究商务印书馆的作品多是从企业经营发展史的角度去研究商务的出版情况，很少会花费笔墨专门描述商务旗下期刊。如汪家熔的《商务印书馆史及其他——汪家熔出版史研究文集》(中国书籍出版社 1998 年版)、法国学者戴仁著《上海商务印书馆 (1897—1947)》(商务印书馆 2000 年版)、香港学者李家驹著《商务印书馆与近代知识文化的传播》(商务印书馆 2005 年版) 等，其中也间有提及本书的研究对象之处，不过大都一笔带过，略而不论。

此外，关于商务的掌舵人或是编辑的研究成果，也对本书有一定参考价值。其中关于张元济的有，叶宋曼瑛《从翰林到出版家—张元济的生平与事业》(商务印书馆 (香港) 有限公司 1992 年版)、张荣华《张元济评传》(百花洲文艺出版社 1997 年版)、周武《张元济书卷人生》(上海教育出版社 1999 年版) 等；关于王云五的则有，王建辉《文化的商务—王云五专题研究》(商务印书馆 2000 年版)，郭太风《王云五评传》(上海书店出版社 1999 年版) 等。这些作品结合时代对商务领导者的抉择与人生历程进行描述，有助于笔者理解商务的经营状况。杨贤江是 20 年代中前期重塑了《学生杂志》面貌的关键人物，有关他的历史叙述也多与商务旗下的这份期刊联系在一起，乃至他在中共党史上的地位也由他在《学生杂志》以及其他报刊上发表的青年论述文字所确立。所以关于杨贤江的研究都多少与这份杂志有所牵连。目前学界已有一些关于杨贤江的传记和论文可以参考，如金立人等著《杨贤江传记》，陶尧土等主编《杨贤江与余姚诚意学堂》(上述著作均为光明日报出版社 2005 年版)，上述作品以叙述方法梳理了杨贤江一生的轨迹，虽学术性不强，但对于了解杨氏的一生行止也有一定的参考价值。此外还有若干篇相关论文，都是单纯从教育思想的角度进行的研究，缺乏深度，且重复度很高，对本书没有太大的参考价值。

(三) 对近代学生群体思想、文化与政治面相的研究成果

海内外学者对于这一主题的研究目前已有一些成果可以参考。桑兵教授多年以前的论著《晚清学堂学生与社会变迁》较系

统地梳理了晚清学堂学生群体的出现对社会与政治造成的冲击，属于国内研究学生群体的学术开山之作，视角全面，力度深厚。[①] 唯此书成书年代较早，而且作者主要着眼点是新式学生给封建政治、传统社会带来的正面影响，书中较多阶级性的传统学术语言，而且并未从舆论期待与媒介文化这个角度探讨学生群体形象变化的时代意义，研究范围也仅限于晚清。如果扩展时段与范围，将民国时期学生的相关问题，包括“学”的层次变迁、切身问题的应对、媒介与生活营造等议题纳入，或能更好地审视新式学生在近代历史脉络中的位置与意义。上海社科院施扣柱研究员的新著《青春飞扬》，利用了许多文史与档案材料，具体而微地为我们展示了民国时期上海的学生生活景观，生动立体地再现了那个时代学生群体的某些特点。[②] 不过本书过于注重实景场面的描述，并未过多着墨于学生生活与时代变迁间的互动关系，较缺乏社会、文化意义上的宏观眼光与理论层次上的提升。

美国学者高一涵（Robert Culp）近年来持续关注我国近代的教科书、童子军手册、白话文学读本等针对学生群体的知识物质载体的生产与传布，并对投身于教育界的知识分子身份转换与认同建构有深入的探索。他于2007年出版的专著《阐述国民身份：中国东南部的公民教育和学生政治，1912—1940》（*Articulating Citizenship：Civic Education and Student Politics in Southeastern China*，1912—1940）中，详细探讨了民国后针对学生群体的各种公民身份的塑造话语和实践，从国族认同、社会担当、政治参与和文化公民主义等四个维度入手，探讨了民国时期不同的力量如何利用学校教育和社会教育的各种形式，来模塑学生的身体，打造学生的人格，以塑造合格的现代国

① 桑兵：《晚清学堂学生与社会变迁》，广西师大出版社，2007年。

② 施扣柱：《青春飞扬：近代上海学生生活》，上海辞书出版社，2009年。

民。他富有启发意义地指出，在这个过程中学生并不是完全被动的，他们自身也积极参与了打造行动，吸取中西各方资源，最终形成了自己的公民行为模式。他利用了丰富的资料，包括各类教科书、官方教育档案、校友回忆录、部分中等学校校刊与档案等，从教育、社会、政治等不同视角立体地勾画了一幅较完整的现代学生群体画像。虽然作者对 20 世纪二三十年代新的思想资源如何传递给学生有所涉及，但却没有细致地分梳作为个体和群体的中等学生如何在与新文化的交互中呈现自己的抉择和取向，这是可以进一步开拓的方向。[①]

美籍华裔学者叶文心教授在《疏离的学院：1919 年至 1937 年中华民国的文化和政治》（*Alienated academy*：*culture and politics in Republican China*，1919—1937）一书中，选择从大学校园学生生活与社会活动的角度，呈现象牙塔中学生文化之变迁轨迹。她选取了民国前期的几所主要大学为着眼点，探讨了当时的大学生们追求的不同生活方式和人生价值，展现了他们在理想与现实的张力中的彷徨与迷失。她的探讨丰富了我们对民国前半期高校学院学生思想状况和生活方式的了解。但是，她的主要关注点仍在于作为整体出现的知识精英们。此时数量更多的中等学生似乎不在其视野之内，也并不似她所描绘的那样在苦闷中沉沦，而是更倾向于行动，积极投身社会活动中。并且，在其书中，学生与社会、政治互动的具体情景也未能充分地呈现出来。[②]

此外，一些有关近代思想、文化及学术演变方面的论著，对本书也具有很大的启发意义。如王汎森教授的《中国近代思想与

---

① Robert Culp, *Articulating Citizenship*：*Civic Education and Student Politics in Southeastern China*，1912－1940，Harvard University Asia Center，2007.

② Wen Hsin Yeh, *Alienated academy*：*culture and politics in Republican China*，1919－1937，Harvard University Asia Center，2000.

学术的系谱》（河北教育出版社，2001 年），罗志田教授的《权势转移 近代中国的思想、社会与学术》（湖北人民出版社，1999 年）、《国家与学术：清季民初关于“国学”的思想论争》（三联书店，2003 年）等，以及其他学者的相关研究成果，都构成本书思考的起点。

有关晚清至民国时期学生群体与社会变迁的这些前人成果，虽不一定与本书思考方向直接相关，但也是笔者考察媒介与学生关系的重要参考资料与学术背景。

三、本研究所用资料

本研究主要应用的资料包括以下几类：

第一，以《学生杂志》为主的报刊资料。这是本书的主干材料。《学生资料》出版时间较长，前后历时 17 年半之久，要收集齐全也颇为不易。笔者先后在复旦大学图书馆、上海市图书馆、国家图书馆、中国社科院近史所资料室等地查阅，最终基本收集齐全了从 1914 到 1931 年间《学生杂志》的全部原始文本。此外，像《东方杂志》《教育杂志》《妇女杂志》《新青年》《新潮》《少年中国》《民国日报·觉悟》《时事新报·学灯》《晨报》副刊、《京报》副刊、《民铎》《一般》等民国前期重要的大众报刊资料，笔者也都有所阅读与参考。另外，出版时间较短或不定期发行，但与青年学生关系较密切的报刊如《青声》《中华学生界》《学生周刊》《南洋周刊》《清华周刊》《中国青年》等，笔者也都有所涉及，以尽量利用多元丰富的材料来呈现历史面貌。

第二，与商务印书馆馆史有关的资料。这主要是一些回忆录、自传、书信、日记等性质的材料。这主要包括商务先后出版的三本馆史性质的回忆文集，即《商务印书馆九十年》（商务印书馆，1987 年）、《商务印书馆九十五年》（商务印书馆，1992 年）、《商务印书馆一百年》（商务印书馆 1998 年版）。在这三部资料集中，收录了大量关于商务机构及其出版品的回忆录，其中直接提及《学生杂志》的资料虽不多，但对于理解商务经营期刊的理念很有帮助，尤其是某些重要刊物编辑（如章锡琛、胡愈之、叶圣陶、郑振铎等）对自家编辑刊物经历的叙述、对商务编译所基本情况的描述，都可以作为本书重要的背景参考。此外，还有不少个人撰写的回忆录，也是重要的参考资料。如茅盾从北大预科毕业后，在商务编译所任职十年，且短期助编过《学生杂志》，对该杂志的出版情形与编辑状况比较熟悉，因此其回忆录《我走过的道路》（人民文学出版社，1981 年）具有重要的参考价值。曾在商务短期任职的文化人谢菊曾也在其回忆录《十里洋场的侧影》（花城出版社，1983 年）中，为我们留下了关于编译所与“学生杂志”社的一些宝贵记录。[①] 至于书信、日记，主要有《张元济书信》《张元济日记》等可资利用的资料，其中一些关于期刊经营策划的记录，如在新文化阵营的冲击面前保持商务期刊销量与影响力，也可为本书佐证。王云五编撰的《商务印书馆与新教育年谱》（江西教育出版社，2008 年）也是考察商务出版经营情形的重要资料。

第三，相关的个人文集、回忆录、日记、年谱，以及工具书等资料。

这主要包括当年与该杂志相关者所撰写的回忆文字，后人为他们编撰的文集、年谱等，本书利用的资料还包括许多时人关于学生时期阅读、学习生活的回忆录，不仅其中与《学生杂志》阅读情况相关的内容是本书重点参考资料，其他的材料也可以帮助我们了解当时青年学生的阅读生活。其中有较大价值的，如潘懋

---

① 谢菊曾是浙江余姚人，曾在商务编译所短期工作过一年。并且他与中期《学生》的编者杨贤江是同乡，此外，他还于 1911 年在余姚诚意高等小学堂念过书，杨贤江曾做过他一学期的国文教师，后来彼此也有通信联系，因此他对杨的情况比较清楚。

元等主编《杨贤江年谱长编》(光明日报出版社 2005 年版)、“杨贤江教育思想研究会”编《杨贤江纪念集》(商务印书馆，1985 年)、邹韬奋《经历·患难余生记》(岳麓书社，1999 年)、艾芜《我的幼年时代》(《艾芜文集》卷二，四川人民出版社，1984 年)、曹聚仁《我与我的世界》(北岳出版社，2001 年版)、夏衍《懒寻旧梦录》(三联书店，1985 年版)、阳翰笙《风雨五十年》(人民文学出版社，1986 年) 等。相关文集则有六卷本的《杨贤江全集》(任钟印等编，河南教育出版社，1996 年)、《萧楚女文存》(中央党史研究室编，中共党史出版社，1998 年)、《恽代英文集》(张注洪等编，人民出版社，1984 年)、《侯绍裘文集》(中共上海市委党史研究室等编，上海远东出版社，1995 年) 等，也具有重要参考价值。相关史料众多，此处不一一列举。

此外，一些传记资料中涉及当年该杂志的读者与作者，也是本书的重要参考内容。此方面资料有：陈翔华、毛华轩等编《中国当代社会科学家传略》第 11 辑 (书目文献出版社，1990 年)，陈玉堂编著《中国近现代人物名号大辞典》(浙江古籍出版社 2005 年)，李盛平主编《中国近现代人名大辞典》(中国国际广播出版社，1989 年)，复旦大学历史系资料室编《二十世纪中国人物传记资料索引》上海辞书出版社，2010 年)，高增德主编《中国现代社会科学家大辞典》(北京书海出版社，1994 年) 等。本书还参考了大量由前人编辑的资料汇编、篇目介绍、文献选编等工具，其中重要的有璩鑫圭等编《中国近代教育史资料汇编》(上海教育出版社，1991－1995 年)，朱有瓛主编《中国近代学制史料》(第 1～3 辑，华东师范大学出版社，1986 年)，舒新城编《中国近代教育史资料》(人民教育出版社，1961 年)，张允侯等编《五四时期的社团》(第 1～4 册，三联书店，1979 年)，中共中央马恩列斯著作编译局编《五四时期期刊介绍》(第 1－3 辑，三联书店，1978 年)，上海图书馆编《中国近代期刊篇目汇录》(第1~3卷，上海人民出版社，1979-1984年)，等等。

四、研究进路与全书架构

《学生杂志》在抗战前持续了整整17年半，共出版了210期，其中专号有9期，直至1932年初因上海“一·二八”事变而停刊，后于抗战中的1938年底在香港复刊，卷期续前，出至1941年11月后因太平洋战争爆发再次停刊，1944年12月在重庆复刊，卷期仍然续前，1946年迁至上海出版，次年8月最终停刊。该杂志一共出版了24卷。鉴于本书考察民国前期思想、社会、文化变迁的目的，加之该杂志在后来战争时代的编辑方向与版面语言都与前期有很大不同，因此本书的研究对象主要是从1914—1931年间的该杂志。同时，为了行文与叙述的方便，笔者根据该杂志前后的版面、编者、方针、内容等各方面的变化，将其大致划分为前、中、后三个时期。前期是从初创时（1914年7月）到革新改版以前（1921年6月），中期从革新后开始到1926年底，后期则从1927年初到受“一·二八”影响暂时停刊时为止（1931年12月）。这种划分虽未必完全准确无误，但也大致能反映出这份刊物的生命变化历程。

此外，20世纪的前30年，中国的高等教育发展缓慢，在现代教育体系培养出来的读书人中占主流的还是具有中等文化程度的知识分子，不仅在新教育体制下受中等教育的学生数量远高于受大学教育者，他们对社会的实际影响力或也较知识精英为高[①]；并且从《学生杂志》的宗旨与内容来看，其或隐或显地一直是以中等学生为预设读者的。因此，本书叙述中所涉及的学生，主要是指中等学生，或是具中等教育程度的知识青年，行文中所论述的问题也多围绕这一知识分子群类而展开。

笔者相信，只要在对资料有足够的把握并具有足够的理论自觉与反思性，一定的理论工具与诠释框架也能够有助于我们对历史宏观格局的整体把握，而避免仅止于琐屑的细部陈述。本书也会在严格遵循从史料出发的基础上，对“公共空间”“舆论场域”“想象的共同体”等概念工具做出一定的回应与关照，而不是将其作为本书预设的理论框架。

本书对文章的架构安排如下：在第一章里，笔者详细梳理了《学生杂志》18 年的历史，包括其创刊缘起、宗旨演变、编辑发行情况、读者群与作者群的构成与演变、栏目设置变化等与刊物

---

① 关于近代不同学生群类对社会的不同影响，是一个更为宏大且复杂的问题，并不是本书所预备梳理的主题。不过，中学生、大学生、留学生等不同的知识群体往往会对社会产生不同的影响，这也是一个值得关注的问题。一般来讲，大学生或留学生作为掌握了专门技能的知识精英，在近代中国建立“学术社会”与知识现代化的过程中，起着重要作用。不过在那个动荡不安的时代中，具备基本知识与行动能力，且更有实干勇气的中等学生们，或以自己的实际政治、社会参与给予历史进程以更大影响。罗志田即曾在论述中将受过中等教育或正在受中等教育的学生归为“边缘知识分子”群类，认为他们重实干，能对社会的走向产生实际影响，并进而提出“边缘知识分子的兴起”这样一个命题。笔者无意在文中复制这种称呼或理论，不过此种看法至今仍具有一定的启发意义。参见罗志田：《近代中国社会权势的转移：知识分子的边缘化与边缘知识分子的兴起》，罗志田：《近代中国社会权势的转移：知识分子的边缘化与边缘知识分子的兴起》，收入许纪霖编：《20 世纪中国知识分子史论》，新星出版社，2005 年，第 127－161 页。而叶文心则着重于对大学校园文化的探讨，揭示了在不同环境氛围下大学生与政治间的关系，她认为五四后以大学生群体为代表的学生文化有走向虚无与消极的趋向。参见 Wen Hsin Yeh, *Alienated academy*：*culture and politics in Republican China*，1919－1937，Harvard University Asia Center，2000. 两位学者的研究成果有助于我们认识近代不同学生群体的复杂面貌，不过相关问题仍值得学界进一步深入探讨。

本身具体相关的情况，以勾勒一个展开本书主题的大致背景。

在第二章里，笔者主要探究了杂志所描述的学生与政治、社会间的参与对应关系，重点梳理了该杂志从民国初立时到国民政府统治确立时期舆论导向的变化。学生作为近代一个代表着民族希望与国家未来的重要群体，其应该如何参与国家政治与社会事物，一直是那个时代知识精英们乃至学生自己反复申述与争论的一个问题。从杂志舆论的变化中，我们能看到时代所留下的变迁痕迹。

第三章中将描述《学生杂志》作为一个建构中的公共论坛，如何切入学生切身问题的讨论，如何出谋划策为他们规划解决之道。当然，其中也有学生自己的期望与策划，在这些言论中所展示的是一种丰富性与多元性，既有温和理性的筹划建议，也有激切昂扬的革命宣传，显示出处于不同位置的发言者所采取的不同建言思路与叙述策略。

第四章将处理该杂志作为现代各种学科知识传播中介的问题。近代报刊不仅是国民意识的发轫地，而且作为一个知识场域，将各类知识传播给受众。《学生杂志》就是作为这样一个面向一般学生的知识普及媒介。随着西学接受程度的深入，各类思想学术竞相在这个场域中呈现，其中传播的学科知识前后也有所嬗变。

最后一章将试图从阅读史的角度，处理学生生活营造与期刊阅读之间的关系。阅读报刊作为近代学生群体中新兴的一种行为方式，对于塑造他们的生活图景、构成自己的人际网络，打造参与社会的方式，形成学生所独有的群体认同与自我意识，都有很大的影响。通过对日记、回忆录、通讯等各类材料的考察，我们可以看到，期刊不仅是一个接受与传播知识的空间，还深深地渗入到他们的日常生活中，成为他们行动的指南与情感倾诉的对象，全国范围内彼此交往联络的途径，成为他们对自身生活进行规划的重要凭借。

第一章　为学生？谈学生？

——《学生杂志》十八年简史

报刊媒介在近代中国的兴起，无疑是改变思想、文化与政治版图的重要事件。[①] 不过，“报刊媒介”这个词汇的频繁使用也并不能说明其就是一个同质的整体，书籍、报纸及期刊之间的差异也早有学人注意。吕思勉就曾意识到相对于书籍、报纸等媒介而言，期刊最易动人感情，力量最大，“三十年来撼动社会之力，必推杂志为最巨。凡风气将转跡时，必有一两种杂志为之唱率，而是时变动之方向，即唯此一两种杂志之马首是瞻”。其原因在于社会变动看起来是理性的，实际皆出于感性，杂志多是国人自著之论，“皆针对当时之人发言；又其声情激越，足以动人之感情也”[②]。由此可见，定期刊物中的言论更有助于读者形成群体感与自觉意识。作为近代新兴知识分子群体中的一个重要类别——学校学生，以其掌握着西学新知，且又风华正茂，受到社

① 戈公振：《中国报学史》（插图整理本），上海古籍出版社，2003 年，第 206—207 页。戈在文中如此总结晚清以来报刊对社会、政治情势的巨大影响：“自报章之文体行，遇事畅言，意无不尽。因印刷之进化，而传布愈易；因批判之风开，而真理乃愈见。所谓自由平等博爱之学说，乃一一输入我国，而国人始知有所谓自由、博爱、平等。故能于十余年间，颠覆清社，宏我汉京，文学之盛衰，系乎国运之隆替。不其然欤！”

② 吕思勉：《三十年来之出版界（1894—1923）》，收于《吕思勉论学丛稿》，上海古籍出版社，2006 年，第 287 页。

会舆论的重视与期待，被认为代表着民族国家的未来和希望。并且随着这一群体人数逐渐加多，对社会影响越来越大，其自我意识和内部认同也逐渐萌发，由此在知识与情感方面的需求愈加急迫。针对这些新的需求，近代出版机关以学生为对象出版了大宗文化产品。这其中，作为中国近代出版业第一重镇的商务印书馆，自然独领风骚，相继出版了多种教科书、工具书与教辅读物，以此在近代中国出版界站稳脚跟，其自身也随着教育市场的形成与扩大而不断发展。下面笔者将首先结合民初教育背景与出版市场展现《学生杂志》创刊的因缘及其意义。

第一节　创刊缘起及意义

民国初年全国的学生数不断增长，就本书主要关注的中等学生而言，据当时政府教育部公布之数据，中等学校的数目从1912年的832所增加到了1915年的1110所；到1915年，全国中学校（除师范与实业学校）的数量及学生数，分别为493所和59835人；位居前列的分别为广东、四川、直隶、湖南等省份。① 另一份数据显示，1916至1917学年间，全国中学校学生总数为60037人。② 到1918年时，公私立的各省中等学校学生总数增加

① 见《教育公报》第3年第8期、《教育统计资料（九份）》，收入李桂林等编：《中国近代教育史资料汇编（普通教育）》，上海教育出版社，1995年，第848、857页。

② 此据《新教育》4卷5期公布的数据，总数为笔者汇总。个别省份如四川、贵州、新疆等未列入统计，实际数字应该远不止此。见《全国中学校统计表》，《新教育》4卷5期，第915—916页，转引自朱有瓛主编：《中国近代学制史料》第3辑（上），华东师范大学出版社，1986年，第539—540页。

到 117740 人。[①] 而据 1922 学年度的教育统计表，全国共有中学校 547 所，师范校 275 所，甲乙种实业学校共 633 所，而中学校学生数 103385 人，师范校为 38277 人，甲乙种实业学校为 40827 人。此外还有大量的师范讲习所。[②]

可以看出，民初以来学校教育虽在曲折中发展，但总体上仍是不断提升壮大的，学生数与学校数均持续增加。学校规模的扩大也为近代中国的出版市场带来了无限的商机。伴随着新教育的发展，一向以教育产业为中心支柱的商务印书馆，也积极地投身到这种发展潮流中。资深商务人庄俞在对商务印书馆三十五年来的历史进行总述时，就是以跟随学制变迁而发生的商务版教科书内容的适时调整为叙述线索，再加以商务创办的附属小学、函授学校，出版教育用品等实绩，以此彰显商务紧随时代、服务教育的核心精神。[③] 回顾商务的历史我们可以看到，它从最初出版《华英初阶》《华英进阶》开始，就有意针对清末新兴的广大学生市场开展出版活动。在最重要的教科书市场上，商务一直保持领先优势，从清末编辑出版《最新教科书》开始，就紧跟时代步

① 舒新城编：《中国近代教育史资料》（上册），人民教育出版社，1961 年，第 368、379 页。

② 《民国十一年度之几种全国教育统计表》，《教育杂志》15 卷 10 号，1923 年 10 月 20 日。

③ 庄俞：《三十五年来之商务印书馆》，收入庄俞、贺圣鼐编：《最近三十五年之中国教育》，（上海）商务印书馆，1931 年 9 月。而与商务竞争最激烈的中华书局的经营理念与路径也与商务相似，他们自承其出版理念有三：第一，改良普通教科书及学校用品以助教育之普及；第二，注意高等科学及字典辞典以养成专门人才；第三，多遍通俗讲演书籍及有益小说以辅助社会之教育。由此可见其亦是以教育为中心理念。见中华书局编：《中华书局五年概况》，（上海）中华书局，1916 年（本书无页码）。

伐，不断推陈出新。[①] 如为政制变革推出的《共和国教科书》，为配合民初白话文运动而有的《简明教科书》和《新法教科书》，针对壬戌学制而出版的《新学制教科书》，为配合政局变动推行“三民主义教育”而出的《新时代教科书》，以及由它首创的《修身教科书》和《女子教科书》等。据学者统计，从1902年到1949年间，商务共出版了22套中小学教科书。至于其他的工具书、参考书、丛书更是洋洋大观。据统计，商务制作推出的与中小学教育有关的书籍多达2412种，约占商务总出版种量的16%，加上教科书所占比率，超越了所有其他类型的出版物，成为商务书刊出版总量中的最大宗。[②]

在杂志方面，商务前后亦出版了多种为各界读者服务的期刊，影响深远。据法国学者戴仁统计的结果，从1897到1949年间，由商务自行编订出版发行的期刊有26种，其中约有13种发行时间超过十年。另外，由他人编辑，商务代为印刷发行的期刊共有46种，多在1920年后创刊，发行时间都不长，且以教育和人文学科为主。[③] 在商务自办的期刊中，为教育界服务的有《教育杂志》(1909年创刊)，为妇女界服务的有《妇女杂志》(1915年创办)(也兼顾一部分女学生)，为少年儿童服务的有《少年杂志》(1911年创办)、《儿童世界》《儿童画报》(1922年创刊)，以向中小学生传播科普知识为主的《自然界》，此外还有综合型的《东方杂志》(1904年创刊)，为学生界与职业界人士服务的

① 商务从一开始涉足教科书行业就保持着业内巨头的优势，在民国以前更是几乎独占全国教科书市场，这种状况直到1912年中华书局横空出世后才被打破。参见王云五：《商务印书馆与新教育年谱》(上册)，《王云五文集》卷五，江西教育出版社，2008年，第72页。

② 李家驹：《商务印书馆与近代知识文化的传播》，商务印书馆，2005年，第187－188、215－225页。

③ 【法】戴仁著、李桐实译：《上海商务印书馆：1897—1949》，商务印书馆，2000年，第110－114页。

《英语周刊》（1915 年创刊）等。可以看出以知识青年为主要读者群，传播人文与科学新知的期刊在商务的杂志网络中占据了较大分量。

正是在这种近代中国新知传播的启蒙浪潮和教育出版市场蓬勃发展的背景下，《学生杂志》于 1914 年 7 月正式创刊。而在这个新旧过渡的时期，以学生为刊名且专以全国在校学生群体为服务对象的刊物尚付诸阙如。[①] 在商务的出版格局中，《学生杂志》是为正处于求学阶段的学生服务的——主要是中等学生、高小学生，以及少部分的大专生。《学生杂志》在商务的出版网络中是与其他刊物相配合进行的。以具有中等知识程度的青年学生为读者对象的《学生杂志》，就是这一庞大出版网络构成的商务“启蒙工业”中的一环。因为在不断地出版学校教科书与学生用书的同时，也需要一些能联系各地学校教师与学生的传播媒介。商务影响最大的教育类专门期刊《教育杂志》，在长时间任职商务编译所的章锡琛的回忆中，就是为着联系学校教职员这样的目的而出版的，“《教育》原由陆费伯鸿创办主编，以讨论教育学术为名，实际的目的把它作为推广教科书的工具，通过杂志与各学校取得联系。杂志上附印一张学校调查表，各学校把表上所载学校名称、校长教职员姓名、全校班次、学生人数和所用教科书等项填明寄去，可赠送杂志一年”。[②] 那么，在联系教师以外，也需

① 清末民初也有一些由具有学生身份的群体自己创办的刊物，如留日学生出版的若干以宣扬种族革命为主的政治性刊物，如《游学译编》《湖北学生界》《浙江潮》《河南》等，还有留美学生会的《留美学生年报》（后改名为《留美学生季报》），此外也有一些针对少年儿童的启蒙刊物，如 1903 年在上海出版的《童子世界》等。但这些刊物与《学生杂志》相比，对象不同，功能各异，且持续时间短，发行范围小，基本上不属于同种类型的刊物。1917 年上海中华编译所曾创刊一种《学生周刊》，不过也仅持续了一年左右即停刊。

② 章锡琛：《漫谈商务印书馆》，《商务印书馆九十年》，北京商务印书馆，1987 年，第 114 页。

要联系各地庞大的学生群体的工具，以促进他们对商务教辅用品的熟悉与接受度，这或许也是商务创办《学生杂志》的最初构想之一。在商务印书馆工作多年且担任过《东方杂志》主编的胡愈之也强调这些刊物的“商务”性格。他指出商务除了教科及辅助读物等出版大宗外，还出版《东方杂志》《教育杂志》《妇女杂志》《小说月报》《学生杂志》等多种期刊，“通过商务印书馆在全国的分馆发行，范围最广泛的大刊物几乎全部由商务印书馆包办”，而商务办刊物的目的，“就是为了做书籍，特别是做教科书的广告。”[①] 因而我们可以说，这份刊物在注重“启蒙”事业的同时，也兼顾着为出版社做广告的任务，同时肩负着宣扬理念与追求牟利的双重责任。[②]

不过商务印书馆出版期刊的“商务”目的，并不会削弱期刊本身在促进与构成社会文化生活中的作用。依托于商务强大的出版工业架构，发行稳定且持续时间长的商务期刊对社会的影响面很广，其对社会普通阶层的渗透与作用力，往往比那些忽起忽灭的小型读书人自办期刊要更加强有力。正如《教育杂志》最后成为近现代中国传播现代教育理念、促进教育革新的最重要论坛一样，《学生杂志》最终也成为民国前期联系普通学生最为紧密、最为流行的学生课外读物之一，对民国前期学生群体的学习、生活等各方面都有不小的影响，这从其广大的作者群与读者群以及发行网络中可以看出。

《学生杂志》的重要意义还在于普通学生构成其作者群中的主体。虽然自清末以来，教育救国的理念盛行全国，官方与民间

① 胡愈之：《我的回忆》，江苏人民出版社，1990年，第279—280页。

② 李欧梵在其著作《上海摩登》中，即分析了商务出版品以切于人生实用为目标，引进承载“新知”的现代性文本资源的启蒙性格。参见李欧梵著、毛尖译：《上海摩登——一种新都市文化在中国（1930—1945）》，北京大学出版社2001年版，第57—73页。

创办的教育类杂志一时蔚为大观，据学者统计，辛亥革命前后，全国各地先后出版发行了 118 种教育类期刊，其中 1911 年以前出版的有 27 种，于 1912—1919 年间创刊的有 97 种。[①] 这些教育类刊物当中，虽不乏一些在校普通学生能发表作品的园地，但主要还是以刊登教育界人士对社会与教育问题的相关探讨为主，成为掌握知识资源的教育界精英人士的发言平台。与此不同，前期的《学生杂志》虽未如后来一样标明是以中等学生为服务对象，不过此时在杂志上大宗发表作品的有据可查的作者基本上都是在校的中等学生。在其众多栏目中，除了“记载”等少数编者掌控的栏目以外，几乎都容纳了全国各地中等学生的大量供稿，形成一个全国性的虚拟性交往空间。

在《学生杂志》创刊前后，虽然也有一些学校自办的校刊、校友会刊或是学生团体刊物之类的报刊创办，以供校内外学生发表作品，如《金陵光》（1909 年）、《清华周刊》（1914 年 2 月）、《留美学生季报》（1914 年 3 月）、《复旦》（1915 年 12 月）、《澄衷学报》（1917 年 1 月）、《南开思潮》（1917 年 12 月）等，皆是如此，但是由于上述刊物在传播区域及内容主旨定位上的局限性，没有一份能如商务这般凭借自己强大的发行网络，有针对性地将自己的出版物传播到全国各地广大的学生群体中去。可以说，商务的《学生杂志》是第一家以全国各地的在校学生——尤其是中等学校学生为目标群体，由营业性出版机构创办的学生课外辅导杂志。一意与商务抗衡的中华书局，也于 1915 年 1 月创刊了同类型的刊物《中华学生界》，其主旨内容都差不多。不过

---

① 张小平、陈新段、史复洋：《辛亥革命时期的教育期刊简介》，收入丁守和主编：《辛亥革命时期期刊介绍》第 5 集，人民出版社，1987 年，第 547—578 页。作者介绍的教育类期刊中除了各地教育行政机构与教育研究团体创办的以外，还包括一些学校学生或校友自办的发表大量在校学生作品的刊物，如《约翰声》（约 1890 年前后）、《金陵光》（1909 年）、《教育界》（1912 年）等。

只维持了一年半，便因为中华书局遭遇经济危机而停刊了。[1] 再往后，同类型的较有影响的杂志则要等到1930年代方才出现了。其中较为知名的，如1930年1月由开明书店创办的《中学生》；1930年10月大东书局创刊的《现代学生》；1931年1月由光华书局创刊的《新学生》等。不过除了《中学生》月刊外，其他几种都未曾持续多长时间。而在1910年代后半期到1930年代初，商务的《学生杂志》几乎没有遇到强劲的竞争对手，——直到后来因"一·二八"事变厂房被毁而停刊。

第二节　编辑宗旨及其演变

在商务印书馆为《学生杂志》做的广告中，宣称杂志的宗旨是"为全国学生界互相联络之机关，以辅助课业，交换智识为旨趣"，将读者目标群体锁定为"中等学校学生（中学校学生、师范学校学生及甲乙种实业学校学生）"，大量接受全国各地学生投稿并刊登，在使之基本成为一本"课艺杂志"的同时，也使其成为一个供全国学生互相观摩的"公共机构"。这一点是其与稍后的新文化期刊《新青年》《新潮》等不同的地方，因为后者基本上可以视为理念鲜明的同人杂志，较少刊登外来中等学生的稿件。在初出版的《学生杂志》上并没有正式的发刊宣言，但创刊

① 《中华学生界》的内容与《学生杂志》类似，论者对其的总结概况为"宣传爱国，鼓励学生关心政治，加强品德修养方面的文章占有重要地位"。关于此杂志的概况，可参看武振江：《中华学生界》，收入丁守和主编：《辛亥革命时期期刊介绍》第5集，人民出版社，1987年，第335—346页。

号上登载的首篇论说或可作发刊词看待。在这篇署名“我一”[①]的文章中，充分表达了对学生的期待和杂志的主体定位，呼唤一种新的历史主体，“欲此五色旗下之国民，与文明人争一席地，厥在富有学术之学生。学生者，未来之先生也。故学生者，不啻学为先生之谓也。先知觉后知，先觉觉后觉，谁不负此责任？……学生者，一种最快乐之人类也。无中外、无古今，凡为图书供吾研习，凡为学术供吾考求。有人为之偿费，有人为之指导。吾但孜孜终日，兀兀穷年，学成而去，有名于世。同是人也，何修而得为学生耶？学生者，一种最快乐之时代也，无家室之累，无社交之烦。无强迫之义务，举凡精神心志，尽付之于学。试观芸芸众生，谁复及此学生之快乐者。吾非学生，吾甚钦佩学生、欣慕学生、希望学生。姑不问学生是否为国之主人翁，吾信未来之学生确有左右社会进退文化之关系。吾恨不能复为学生以从诸君子后，吾惟馨香祷祝学生社会之日进无疆以扬国光。”[②] 在这里，对于“学生”特殊身份的强调，无疑代表着与其他群体进行有效的切割，独赋予学生以家国社会的重任。这样的叙述策略既标识出了社会脉络中学生群体地位的重要性，也顺带凸显了《学生杂志》的自我特质。

对于1910年代出版的学生类读物来说，这应该是一个普遍的套路。在同时期亦以中等学生为发言对象的1915年出版的《中华学生界》，也在刊物中推重学生之地位与强调学生之责任。陆费逵的一篇《敬告中等学生》就充分表达了对中等学生的期望

① “我一”即曾长期担任商务编译所国文部部长的老资格编译员庄俞，庄氏字百俞，又字我一，别号梦枚楼主，世居江苏武进。参见庄适：《庄俞家传》，收于商务印书馆编：《商务印书馆九十年》，（北京）商务印书馆，1987年，第73－75页。《学生杂志》创刊时尚未正式设立杂志部，编辑期刊事物应由编译所诸同仁共同担任，庄俞也在上面发表了不少文章，以论说类居多。

② 我一：《学生解》，《学生杂志》1卷1号，1914年7月，第1－3页（栏页）。

与想象，他首先以中等学生地位的殊异来警醒学生意识到自身责任之重大，综计中学校、师范学校与甲乙种实业学校学生总数亦不过 20 万人，而全国人口 4 亿人，青年子弟当在 4000 万人以上，“而肄业于中等学校者不足其二百分之一，岂不大可哀哉！而诸君竟出类拔萃，不为彼二百分之一百九十九，而为此之一分，其境遇之可喜，责任之重大，更何待言。吾愿诸君念此而自警惕也。”尤其是在“新教育兴，旧制度废”之后，学生作为“国家之中坚者”，“须具普通之学识能力。其具此能力者，以中等学生为最易而最多。他日国家社会，将以中等学生为之中坚，可断言也！”[①] 以办函授学社起家的中华编译社，也自称出版《学生周刊》的目的，即因函授的交流方式过于单调，多为单向式交流，不足以起到联络各地学子之作用，“且函授通弊之所在生与生相隔千万里，或比邻者而亦茫然。甲与乙，乙与丙，既无学业之比较，自无名誉之竞争。试问离群索居，得毋孤陋寡闻之造因乎？”[②] 因此，创办刊物成为加强学生彼此联络的必由之路。不久，编者又梳理了周刊缘起及其意义，强调以“教育”为名的刊物虽众，却多是从施教者角度着眼，忽略了作为受教育者的学生这一面：

> “曰刊者，印刷品也；印刷品，至普通之称谓，然则《学生周刊》，固为学生研求文艺而刊乎？为学生研求学术而刊乎？抑为学生谋实际之利益，以助学校教育之不及乎？三者皆是也。而一言以蔽之曰：为教育也。顾言教育而不以教育周刊名，盖以关于教育二字之印刷物类，为施教育者之补

① 陆费逵：《敬告中等学生》，原文连载于《中华学生界》1 卷 2、4 期，1915 年 2、4 月，收入吕达主编：《陆费逵教育论著选》，人民教育出版社，2000 年，第 150—151 页。

② 苦海余生：《发刊词》，《学生周刊》第 1 期，1917 年 4 月 14 日。

助品，受教育者未尝注意也。今日之学生，即他日之教员也，若欲他日为良好之教员，必使先为良好之学生，故本刊先之以联络感情，集众思也。次则露布学生文艺，奖美材也。再次研求学艺，兼及社会、家庭、学校诸教育，总大成也。然皆以鼓舞学生，而使之进于良好之阶，此学生周刊之所由名也。”①

由上可知，鼓舞代表新知与未来的全国学生，在知识、道德、身体各方面将他们陶冶成合格的现代国民，最终使他们在近代中国构建稳固的民族国家的过程中，成为有益的一分子，做出自己应有的贡献，亦是此时各书局开始创办学生类刊物的一个重要原因。而对于普通学生来说，能让自己的作品在一份全国流通的杂志上与同龄人见面，当然是一件很令人高兴的事情。例如，当时不少学生就既在自己的校刊上，也在《学生杂志》等刊物上发表自己的作品。而当时在此类媒介上发表诗文的普通学生，后来有不少人成为一代名家，在各自的领域里有了突出的造诣。②

从具体的编排技术上讲，在杂志早期编辑并没给刊物多大的个人影响，除了一些以笔名发表的论说与学艺类文章外，可说其就是一个普通学生发表习作的公开园地。也正因为这个园地是真正属于学生所有，致使其内容有琐碎与浮泛之嫌，因为学生所受教育相差无几，本有互相模仿的本能，就难免屡屡出现同质性较高的文字。时在北大预科念书的顾颉刚在评论当时杂志时也对之有所批评：“在教科上有《学生杂志》《英文杂志》《教育杂志》（商务印书馆出版）三种（眉批：《学生杂志》到底不好，盖记事

---

① 无邪：《本刊之责任》，《学生周刊》第4期，1917年5月5日。

② 如清华学校的叶企孙、程其保，北京公立第四中学校的易家钺，广东东莞中学的容肇祖，山西阳兴中学的容肇祖等人，复旦公学的刘延陵和恽震，安徽滁县基督中学的杭立武，江苏省立一师的孙本书等人。

太琐屑，说理太庸浅，斯学生通病也。)”[①] 其实这种风格与商务期刊以传播新知、启蒙民智为宗旨是一致的。[②] 因此这份刊物早期的特色可说就是开放、自由。1917 年下半年开始助编《学生杂志》的茅盾，对这份期刊的印象，是以供给中等学生知识为目的的大杂烩，“《学生杂志》是个五花八门、以供给中学生课外知识为主的刊物。它有社论式的短论，内容一贯鼓励学生埋头读书，将来为祖国效力”。当他怀疑学生的投稿作品老气横秋，有经过老师润色的嫌疑时，当时的主编朱元善劝诫他：“不管它真是学生写的，还是教师改的，只要做得好，我们就录取一则登了出来，学校当局、教师、学生，都觉得光彩，就会逢人夸耀，这就成了我们这个杂志的义务推销员；二则，学生来稿录取了，不付现金报酬，只送书券，临时填写价目，从二元至十元不等，用这书券可买商务出版的书，这又为商务的书籍推广了销路。”[③] 由此可见，商务印书馆所办期刊的谋利性质相当明显，不同于纯粹的知识分子办刊，其目的不在于宣传某某主义，而是有针对性地以某一读者群为预设市场目标，刊布文字传播思想亦主要以巩固并扩大本

---

① 顾颉刚遗作：《民国初年的杂志》(1915 年)，中央文史研究馆编：《史迹文踪》，中华书局，2005 年，第 142—143 页。

② 《东方杂志》《妇女杂志》《教育杂志》《小说月报》等都具有同样的特点，它们以传播平易浅近的新学知识和温和持中的伦理规范为主要目标，既不追求轰动性的革命效应，也不拘泥成法、保守复古，力图与时代保持同步，而不做变革先锋。在这样的姿态下传播西学新知和谋求自身利益。可参见周叙琪：《一九一〇——一九二〇年代都会“新妇女”生活风貌：以〈妇女杂志〉为分析实例》，台湾大学出版委员会，1996 年；洪九来：《宽容与理性：〈东方杂志〉的公共舆论研究 (1904—1932)》，上海人民出版社，2006 年；谢晓霞：《〈小说月报〉1910—1920：商业、文化与未完成的现代性》，上海三联书店，2006 年。

③ 茅盾：《我走过的道路》(上)，(北京) 人民文学出版社，1981 年，第 122—123 页。

馆的盈利为目的，这在其以后的改版方针中也有所体现。[1]

然而，在《学生杂志》十七年半的漫长出版历程中，随着时代的变化，其编辑宗旨和办刊方向也发生过若干次变化。这些转变均与遭受了外界的批评与时潮的冲击有关。第一次是在五四运动前一个月，与商务其他刊物一起受到了北大学生罗家伦在《新潮》杂志上的猛烈抨击。那是一次有名的对中国杂志界的清算。罗家伦以“新青年”的大无畏气概对老牌书局商务印书馆旗下的几大杂志进行了挨个批判。其中《教育杂志》《学生杂志》《妇女杂志》都被归为脑筋混沌的市侩式杂志一类。在罗家伦眼中，这些杂志的特点是“上面高扯学理的大旗，就实际而论，做的人对于学理既无明确的观念，又无研究的热心，不过打空锣鼓，以期多销几份”。首先遭到清算的是在教育界很有影响力的《教育杂志》，“最讨厌的莫过于商务印书馆所出的《教育杂志》”，罗家伦点名批评了“专说空话”的所谓“当代大教育家”，——江苏省立第三师范学校校长贾丰臻；接着就是《学生杂志》，“还有商务印书馆的一种《学生杂志》，本是一种极不堪的课艺杂志，然而也要帮着《教育杂志》谈谈学理，论论职业教育”。有意思的是，在这里被罗氏点名批判的文章，就是后来入主《学生杂志》的杨贤江所撰写的《任职之第一年》。杨氏其时尚在南京高师学监处任职，他一贯律己甚严，因此文中有提倡谦让克己、革除学生不良习气的话，以期得到任用者的欣赏。不料却在此被罗家伦迎头痛批。罗认为学生的“习气”其实是还未被恶社会所同化的“朝

---

① 参阅王飞仙：《期刊、出版与社会文化变迁——五四前后的商务印书馆与〈学生杂志〉》，氏著在第1章“买卖知识，拯救族国”与第2章“商务投入‘新文化’市场”两章中对商务印书馆的出版活动以及因应“新文化”潮流而做出的决策等有较细腻的叙述，从而对商务印书馆文化事业牟利性格的一面有较精彩的呈现。关于媒体传播技巧的使用对期刊地位变化的影响，以及期刊在时代文化趋势转向中的风向标作用，王奇生教授在《新文化是如何‘运动’起来的——以〈新青年〉为视点》一文中作了详细精彩的论述，该文见《近代史研究》2007年第1期，第21—40页。

气”，出来任职只是契约上的关系，“至于要委曲求媚‘以得任用者之欢’，那岂不是娼妓行动吗？办杂志的人可以用这种的话，来教我们心地清白的青年吗？”紧接着，《妇女杂志》也被指为“专说些叫女子当男子奴隶的话，真是人类的罪人！”[①]

对于这次猛烈的批评，商务各期刊并没有正式的回应，不过在《东方杂志》上发表了一篇署名景藏的文章《今后杂志界之职务》，以厘清杂志应该具有的职责的形式回应了批评。[②] 而《学生杂志》则在第六卷七号上特辟“读者之声”一栏，发表了浙江一师学生范尧生的《本志今后方针之研究》一文，间接表达自己的主张。范文一开始即表明了自身对罗家伦的观点不以为然：“北京大学之《新潮》第一卷第四期罗家伦君所著《今日中国之杂志界》一文批评国内现有的杂志，不遗余力。但是他的理由，也很充足，他的议论，也很正大，我向来也是佩服得紧，不过他把杂乱二字作了《东方杂志》的定评，脑筋混沌四字作了《教育杂志》和《学生杂志》的定评，我却有些不平。原来这几种杂志，不满意人的地方，固属难免，好的地方也未使没有。天下的事情，有好处必有坏处，好和坏是相因而上。办杂志的人必须要有一定的方针，这点大家晓得，他们《新潮》里面的著作者，也时常说起的，并且时常把人家的杂志用这句话来批评的。但是我可说一句话，‘现在的定期出版物，能够暂时存在于世，引起一般人注意的，他都有一定的方针’。”范氏认为《学生杂志》也有

① 罗家伦：《今日中国之杂志界》，《新潮》1卷4号，1919年4月，第625-634页。时任《东方杂志》编辑的章锡琛对此的回忆是，“当时高举新文化运动旗帜的刊物，首先向商务出版的杂志进攻。先是陈独秀在《新青年》上抨击《东方杂志》的反对西方文明，提倡东方文明。接着北大学生组织新潮社的《新潮》发表了罗家伦的《今日中国之杂志界》一文，把商务各种杂志骂得体无完肤。”见章锡琛：《漫谈商务印书馆》，《商务印书馆九十年》，北京商务印书馆，1987年，第111页。

② 景藏：《今后杂志界之职务》，《东方杂志》16卷7期，1919年7月，第1-7页。

自己的方针，并且是言行一致的："《学生杂志》第五卷十二号宣言有说，'本志以辅助学生学业，睿发学生知识，绍介新学说，灌输新思潮，使学生思想适合世界趋势为宗旨'，而且他的内容，也还能够与他宗旨相合，这岂不是学生杂志有一定方针吗？哪里可以一概抹杀呢。"至于罗氏对其"极不堪的课艺杂志"的指责，范氏也认为不能承认，"《学生杂志》，原来是给学生界互相观摩的，说他是课艺杂志，我也是承认的，不过要加他一个'极不堪'的三字的罪名，我却不以为然"。接着作者在肯定杂志原有宗旨的前提下，再提出来自己的几条意见，如要注重"改造学生思想""研究学理务求最浅近而有实用的""提倡学生对于社会的联合"等，还认为文苑栏的五言、七言的律诗应该去掉。此时已在五四以后，作者的思想显然受了学生运动的影响，如认为应竭力提倡学生与社会的联合。编者在文后所附按语中，表示完全赞成范氏的意见，也提了自己的苦衷，比如作为全国学生界互相联络的机关，应该以学生作主体，照顾到一般学生的水平，因此难免顾此失彼，不能完全贯彻自己的宗旨，并且"改良这两个字，实在是和时间并进的"，永远没有绝对满意的境地，"但是我们办了杂志，总是要'益人'，要'悟他'所以向着良的方面努力做去就是了"，可见编者在坚持自己办刊理念的前提下，对于改良的合理性与必要性也是充分肯定的。[①]《学生杂志》编者借读者之口进行的委婉答复，相较新文化阵营火药味十足的批判，显然更具有说服力。

进一步说，罗家伦按照自己标准对商务期刊弊病的批评明显有所夸大，或许也由于这里面包含着更多的意味。正如有的学者

---

① 范尧生：《本志今后方针之研究》，《学生杂志》6 卷 7 号，1919 年 7 月。范尧生也是五四学生运动中的积极分子，曾担任五四后成立的杭州学生联合会的主席，并作为杭州学生代表前往上海参加了全国学生会，还主编过全国学生会日报。参见曹聚仁：《我与我的世界》，北岳出版社，2001 年，第 127 页。

所提示的，这也与新文化运动中的权势转移有所关联。新的文化力量要向旧的居垄断地位的书局挑战，以获得更大的生存空间，这或许才是这番火力十足的批评真正的目的。[①] 当时，话语权与文化权势的争夺，并不限于商务，中华书局研究系的《时事新报》也都曾或被动或主动地卷入其中。[②] 无论如何，来自新文化运动中心的这番批评对商务营业的影响是立竿见影的。若再加上此前陈独秀借复辟问题对商务的王牌期刊《东方杂志》已经两次开火，对商务出版品的声誉无疑已是不小的打击。[③] 这些严厉甚或苛刻的批评，再加上发言者的文化"中心"位置，其合力足以使商务高层不得不改弦更张，苦思应对之道以挽回声誉和营业利益。时任商务编辑的章锡琛就回忆道："北京大学被称为全国最高学府，新文化运动的中心，《新青年》的撰述者多是北大著名教授，校长又是与商务素有关系的蔡孑民。商务受到这样严重的攻击，在文化教育界多年的声誉顿时一落千丈。为了迎合潮流，挽救声誉，不得不进行改革；因为杂志最先受到攻击，就从撤换各杂志的编辑人入手。"[④] 受抨击最多的《东方杂志》当年就有更换主编以挽回颓势之举，陶惺存接替了被高层认为"只能维持

---

① 王奇生：《新文化是如何'运动'起来的——以〈新青年〉为视点》，《近代史研究》2007年第1期，第21－40页。

② 参见傅斯年：《答〈时事新报〉记者》，《新潮》1卷3号，1919年3月，第525－531页；宗白华：《评上海的两大书局》(1919年11月8日)、《复沈泽民书》(1920年1月19日)，均收入《宗白华全集》(卷1)，安徽教育出版社，1994年，第89、159页。

③ 参见陈独秀：《质问〈东方杂志〉记者——〈东方杂志〉与复辟问题》，《新青年》5卷3号，1918年9月，第206－212页；《再质问〈东方杂志〉记者》，《新青年》6卷2号，第148－161页。

④ 章锡琛：《漫谈商务印书馆》，《商务印书馆九十年》，北京商务印书馆，1987年，第111页。

现状”的杜亚泉的主编职务。[①] 商务旗下几大期刊从 1920 年开始先后试行革新，在 1919 年底或 1920 年初，商务各杂志都登载了“刷新预告”。[②]

《学生杂志》就在 1920 年七卷一号上发表宣言，在强调自身作为全国学生“公共机关”特性的同时，表示要顺应时势，大加改良，“本志为全国学生联络感情，交换智识的公共机关”，欧战后的思想界、学术界都有急剧的变化，《学生杂志》也不能不跟着改变。编者希望学生就自己研究与感想所得，“投刊本志，供给各地方学生的参考讨论”。这一年的《学生杂志》确实有一些变化，如每期卷首添了几篇使用新式标点的白话的论说，介绍了些欧洲的文艺与哲学思潮。不过其整体版面结构与内容并无多大改变，“学艺”与“文艺”栏等仍然占很大的比重，学生的诗词游记仍是以旧式的五言七言骈文骈句为主。其实并不止《学生杂志》如此，1920 年的这次改革在一些商务人的回忆中，本就是不彻底的“半革新”。首先，各杂志的主编基本上没有更换，其次，编者只是在保持旧有栏目上，增加了少数新栏目而已。如《小说月报》增加了由沈雁冰编主持的“小说新潮”栏，以三分之一的篇幅提倡新文学，刊登了一些翻译的白话写的西方小说、剧本及文学理论等。而《小说月报》上也登载了一些他写的宣言性质的东西，以表示要迎合新潮流，提倡新思想。[③]

---

① 参见张人凤整理：《张元济日记》下册，河北教育出版社，2001 年，第 778、828、889、891 页。

② 如《学生杂志》的刷新预告是“本社为全国学生交换智识起见，所以刊行杂志，历年以来颇蒙学生界诸君欢迎，投稿的投稿，订阅的订阅，因此随着时势，一天进步一天了，实在感激的很。现在第六卷已经出齐，从七卷一号起又复努力刷新，答我学生诸君的雅意。至于刷新的事项，且将主要数端布告在下：1、除了科学文艺并重以外，再加添形上的学说；2、文言与白话两种并用。”《预告大刷新》，《学生杂志》6 卷 12 号，1919 年 12 月。

③ 茅盾：《我走过的道路》（上），人民文学出版社，1981 年，第 153－155 页。

商务各杂志彻底的革新是从 1921 年正式开始的。在这一年里，商务大批起用新人，进行全面革新，革新后的期刊办刊方向与栏目设置均有较大的变化。如沈雁冰正式任《小说月报》主编，章锡琛接编了《妇女杂志》,《教育杂志》也改由李石岑、周予同负责，而《学生杂志》则请来了作为前期最重要投稿者之一的杨贤江。①

杨贤江自在浙江一师念书时就常常在《学生杂志》投稿，1917 年毕业后受李叔同和经亨颐的推荐到南京高师做了一名学监。后又应聘前往广东肇庆国民师范补习所担任教导主任，但因军阀战争计划受阻，最后返回上海任职于商务编译所。他在 1921 年二、三月间进馆后，就着手进行改革事宜，首先在《学生杂志》第八卷五号上刊出"本志刷新预告"，表明自己的革新宗旨："本志同人，看了时代流转、思潮变迁的形势，常恐不能适应全国学生情意上、理智上热诚的要求，所以常常在这边设法改良，使得可以随时俱进，做个学生界最要好的朋友。现在想就能力所及，定于本年七月号起，再加刷新，除登载关于增进理智的文字外，更当多收发扬情意的材料。务使读者既能得着切实的知识，又能涵养活泼的趣味，因以完成个人美满的生活。"宣言除了表示要增添各类"新鲜活泼"的栏目之外，并表示要变更版面编排方式，"又照现代杂志最新的编辑法，想不再分立一栏一栏的名目，只看材料的性质，错综排印。至于印刷方面，也要大加改良"②。

改版后的该杂志确实使人耳目一新，除了不分栏目打散编排

① 据年谱记载，杨贤江于 1921 年 2 月受聘担任商务印书馆编辑，《少年中国》第 2 卷第 9 期也记载了杨贤江由粤回沪，任职商务编译所这一消息。潘懋元等主编：《杨贤江年谱长编》，北京：光明日报出版社 2005 年版，第 203 页；"会员消息"，《少年中国》2 卷 9 期，1921 年 3 月，第 61 页。

② 《本志刷新预告》,《学生杂志》8 卷 5 号，1921 年 5 月。

以外，在保留原有工艺技术与学艺知识的基础上，增添了一些新的栏目，如专供学生发表感想心得的“青年俱乐部”、介绍西方最新科学成果的“科学新语”、描写各个学校趣闻轶事的“余兴”“写真”、介绍名流言论与学理知识的“时论摘要”、广搜新出有益书刊的“书报介绍”、解释新鲜名词的“新名词解释”，还有新辟的“世界语”栏等，尽量包罗各种新知，满足五四以后学生们旺盛的求知欲；此外再以陆续开设的“通讯”“答问”等栏，与读者加强联系沟通，并及时广泛地采纳读者意见以做出调整，使学生参与编辑过程。并且还频繁讨论学生的实际问题，组织专号，延期青年学者参与出谋划策。这些举措均深得学生欢迎。称赞《学生杂志》为“暗夜光灯”“海中灯塔”的言论比比皆是。正如一位活跃的读者在其他报刊上介绍的：“《学生杂志》为学生界最有精神的定期月刊；伊不但能供给青年们以科学常识文艺兴趣，且又注重青年们的道德问题，对于青年们所犯的恶习常常加以有力的矫正与劝诫；而一方于新文化上，又能尽力宣传；在现有的学生界读品中，真是最有实际而又富于革新的杂志了。”[①]

从具体内容上分析，此时杂志培养健全国民的目标一度有所淡化，转而着重学生人格的培养和社会意识的陶冶，与新文化的潮流相呼应。[②] 正如一位读者所概括的那样，其中变化与五四新文化潮流的冲击息息相关，“我姑且大胆地把《学生杂志》十年

① 尔松：《介绍特辟学生世界语栏的〈学生杂志〉》，《民国日报·觉悟》1922年9月11日，第四张第一版。

② 这种变化是与新文化运动中注重“人”的问题，聚焦于个人解放、伦理自觉的潮流相一致的，不过这样的趋势在20年代初期，随着新文化阵营的分化、新兴政治力量的出现也逐步消失。在时潮左转与部分青年日趋激进的背景下，清末民初的“国家”目标，新文化运动中短暂得宠的“个人”，逐步被阶级、社会等新政治符号所取代。王汎森教授曾对近代这种从新民到新人，最后到指向一个强大的组织与政党的思潮转变，有关详细的分析。参阅王汎森：《从新民到新人——近代思想中的“自我”与“政治”》，收入《中国近代思想史的转型时代——张灏院士七秩祝寿论文集》，台北：联经出版社2007年版，第171—200页。

来所载的议论和意见分为两个倾向，而拿五四学潮来做这两个倾向的互换期。五四以前的《学生杂志》，可以说并没有什么提倡，他只好算是学生课余的谈友，里边说点修身立品的话，谈点文艺或科学上的玩意儿，发表学生课业上的作品而已。自从五四以后，学生的价值忽然高起来了，学生的重要忽然增加了，学生的自觉忽然进步了；于是《学生杂志》也忽然地对于学生负有一种特殊的责任，于是不得不从无所提倡随便谈谈的谈友，一转方向而成了一个胸有成见的挚友。要替学生做一个深夜失路的北极星，大海航行的罗盘针了”。[①] 另一位读者也以“五四”为界突出其变化轨迹，“本志出世九年，每年总可寻出一点随思潮变迁的痕迹来。最初不过载些‘书后’、‘史论’等为异地学生们的友谊底联络。自五四以后始竭力革新，鼓吹奋斗，提起学生们底动的精神，以期合时代潮流，作文化先导”。可见革新后杂志的“新”是为读者所公认的。[②] 虽然 1924 年后随着国内局势的紧张和编者的左转，该杂志的政治色彩渐浓，强调群体与组织的声音日增，但对学生的实际切身问题仍然保持高度的关注与密集的讨论，作为人文和科学等各类知识传播空间的使命也并未抛弃。可以说，从 1921 到 1926 年的这一时段是杂志与读者联系最紧密的时期。

在经历了 1920 年前半期的一度辉煌后，或许由于编辑人员

① 倪文宙：《过去时现在时〈学生杂志〉所提倡及所应提倡的》，《学生杂志》10 卷 1 号，1923 年 1 月，第 1 页（文页）。

② 陈广沅：《我所希望于今日之〈学生杂志〉》，《学生杂志》10 卷 1 号，1923 年 1 月，第 6 页（栏页）。

日益忙于社会政治活动[①]，或许由于其他原因，《学生杂志》的编排质量有所下降，内容和页码都有所减少，且经常衍期。因此，杂志又于 1926 年 9 月遭到新出版的《一般》月刊（立达学园的会刊）在创刊号上登文进行猛烈批评。作者沈本权自称是订阅杂志多年的一名中等学生，他表示该杂志“在最近二三年来，据友朋传述，算是全国出版物中销行颇广的一种；即我自己，也曾向别人介绍过，不过到了现在，我却对他发生一种反感，或竟是一种厌恶，虽仍在继续订阅，但终觉得臭味不投。”他认为这是因为该志内容不能满足一般读者的要求与适合他们的兴趣，接着他以读者的身份对之加以长篇的批评。总括起来，沈文批评的方面主要集中于以下几点：1. 封面画及插画。作者批评《学生杂志》的封面画及插画都是“浅薄可怜”“幼稚好笑”，因其封面曾用一只黄莺，而讥讽之为“鸟杂志”；2. 内容问题。则涉及言论方向问题，作者批评了杂志刊登的有关“三一八”惨案责任问题、学生参与政治与救国活动等问题的言论，认为其评论失当、思想昏乱，且论调自相矛盾。此外，例如刊登旧诗词、“缺少普遍地指导学生生活的文字，《学生杂志》的编辑者似乎把现代学生的责任与生活范围还只看做是限于读书与勤学——且着实有些提倡读古书的意味。所以对于体育、对于社交、对于艺术，对于团体生活各方面，都是缺而不讲”。如“读书录”栏里登的都是读古书的心得，“都是所谓‘国学’上的资料，实在不是我们中

① 如在 1921 后起重要作用的编辑杨贤江，在 1922 年 5 月由沈雁冰、董亦湘介绍加入中国共产党后，参与政治活动愈来愈频繁。1923 年 9 月他参加了中共上海地方兼上海区执行委员会第十五次会议，被推举与恽代英等人一起在国民运动委员会中共同负责青年学生工作；随后又于 1924 年 1 月担任改选后的上海地方兼上海区执行委员会候补执委。是年他以共产党员身份加入国民党，并担任改组后的国民党上海市党部执委会青年部部长及“教育运动委员会”委员，此后的社会政治活动愈加频繁。既繁忙至此，杨氏还能在编辑《学生杂志》的事务上付出多少精力，实在值得怀疑。参见潘懋元等编：《杨贤江年谱长编》，北京：光明日报出版社 2005 年版。

等学生所需要”，而“补白”里则辑录些佛教经典《华严经》《长阿含经》与古籍《盐铁论》《淮南子》里面的语句；最后他还抨击了杂志的经常衍期问题与体例问题，“就我个人的经验，敢说近一二年来的《学生》，内容实在‘每况愈下’，绝少精彩，而复古的落后的思想，反不时流露，编辑者似乎太缺乏时代眼光。”①

其实平心而论，作者文中所提到学生需要的“性的知识”“健身的指导”“读书方法”“艺术修养”“活动常识”等内容，《学生杂志》在中期的几年内未始没有刊载，而且只就出版的几期专号而言，信息量就已经相当庞大。至于“复古的落后的思想，反不时流露，编辑者似乎太缺乏时代眼光”这样的指责对于在1924至1925年间部分言论相当激进的《学生》编辑杨贤江来说，恐怕也颇为冤枉，况且沈氏对相关文论的不少解读也有断章取义之嫌。如果深究的话，这次批评或许也同样与出版界的权势竞争有关。《一般》杂志是立达学会的同仁刊物，由夏丏尊负责，由刚成立的开明书店发行，而该书店是因嫌隙脱离商务而自立门户的章锡琛在朋友的协助下创办的。章锡琛、夏丏尊、叶圣陶、周予同、朱自清等人都同是立达学会会员。这家新成立的书店在自己新出版的刊物上抨击老资格的商务杂志，或亦有争取读者之嫌。因为《一般》杂志的预设读者对象也是普通知识青年，刊物上先后发表了不少针对青年问题的讨论与科学新知普及方面的文章。② 在与《学生杂志》的预设读者群存在交叉重叠的情况下，如何争取青年读者，以在竞争激烈的上海出版界立足当然是一个

① 沈本权：《评商务印书馆的〈学生杂志〉》，《一般》(合订本)1卷1号，1926年9月，第119－126页。

② 后来参加开明书店工作的贾祖璋回忆道：“开明书店于一九二六年成立后，先后刊行《一般》和《中学生》两种杂志，与比较早刊行的《新女性》杂志，都经常刊载适于青年阅读的介绍科学知识的文章，作者便是刘熏宇、顾均正、周建人等。”见贾祖璋：《丏尊师和开明书店的科学读物》，中国出版者工作者协会编：《我与开明》，中国青年出版社，1985年，第47页。

重要的问题。况且在出版界的新生力量崛起时对旧的出版格局进行猛烈冲击以获得发展空间或是一个常见现象。[①] 值得注意的是，在第一卷里同受辛辣批评的还有商务的其他期刊及不少教科书和教育出版品。如《妇女杂志》的"爱之专号"被从头到尾批得一无是处，最后作者总结道："这位编辑先生编辑出来的东西，非但经不起一番批评，简直是经不起一看，真是多耗纸张油墨，辛苦了校对者及印刷工人。但横竖商务印书馆的本钱大，买书的人腰包里有很多闲钱，将来也许再会有人出块大洋来征求，我又说他做什么。"商务编译出版的若干教科书也被严厉地指责为粗制滥造的劣品。[②]

对《学生杂志》的这次批评或许因为时局剧变以及编辑人员的变换，并没有得到商务的正式回应，只是在第二年的《学生杂志》版面上稍有调整。比如，十四卷第一号恢复了"学界消息"栏，在十三卷中比重较大的旧式诗词数量减少了，在杂志每页旁加上卷期信息等，不过整体的改变并不算大，仍然是按照商务杂志自己的既定格局走下去。在该杂志的最后几年里，纯学理类的知识传播逐渐占据主导地位。该杂志渐渐由一份以"全国学生联络感情、交换智识的公共机关"自命的学生类读物，转变为以文教界或出版界青年学者传播智识、发表研究成果的学术类刊物。[③]

① 同样的事例在中华书局以及世界书局等崛起时也曾屡屡上演。参见周武：《论民国初年文化市场与上海出版业的互动》，《史林》2004 年第 6 期，第 1－14 页。

② 文铠：《评〈妇女杂志〉"爱之专号"》，《一般》（合订本）1 卷 2 号，1926 年 10 月，第 298－301 页；心如：《旧事重提质商务印书馆》，《一般》（合订本）1 卷 3 号，1926 年 11 月，第 450－458 页。后文中辛辣讥讽商务印书馆道："他是以营业为目的，对于教育负责任，本来他是不懂得的。"而中华书局的出版物也没被放过，其出版的教科书也被抨击为错误百出，参见田秉祥：《评中华书局〈高级生物学〉》，《一般》（合订本）1 卷 2 号，第 285－297 页。

③ 这一点从杂志后期开设了"社会科学讲座""文哲讲座""自然科学讲座"等以发表青年学者作品为目的的主干栏目，而只为普通学生保留了"青年文艺"等极少数栏目可以看出。此点容后再论。

第三节　编辑者及其前后变化

《学生杂志》前期的编辑，是张元济的同乡浙江海盐人朱元善（又名赤民、赤萌、天民）。① 此人应属于知识结构偏旧的传统读书人，虽在商务服务多年，但在商务编译所一干具有新知识背景的编辑的相关记述与回忆文字中，对其评价并不高，留下的资料也非常之少。曾于1916到1917年间在商务短期工作过的谢菊曾回忆道："当我进所时，《教育杂志》已划归杂志部，由朱赤萌（元善）接编。朱是张菊生的海盐同乡，民元前后进所，杂志部成立后，被选为部长，主编《教育杂志》《少年杂志》和新创刊供中学生阅读的《学生杂志》三种。另有一种不定期刊物《儿童教育画》，原由戴克敦编辑，至是亦划归杂志部，但一年中出版不过八、九期。"② 一身兼任数种杂志编务的朱氏，其人水平如何呢？在商务编译所工作多年且曾与朱共事过的章锡琛认为他在馆内的地位原本很低，自己又不会动笔，本只在馆内担任校对杂务的，后来因为陆费逵离任，有两人抢当《教育杂志》的主编，相持不下，最后就由他暂代集稿发印事务，"两个抢当主编的人各自撰文交他，他又临时设法向别人拉稿，凑满篇幅。有时向同事拉了稿，把著者姓名都给换上'天民'两字，人家问他，他说这是社中公用的笔名。后来在有一期版权页上的编者下面，偷偷换上'朱天民'三字。从此他成为正式的主编。不久又建议

① 朱元善生于1879年，1907年3月间（光绪三十三年二月）进馆，参见《商务印书馆编译所职员录》（1922年4月编印），第11页，上海档案馆藏，卷宗号Y8－1－652。

② 谢菊曾：《十里洋场的侧影》，花城出版社，1983年，第33页。

创刊《学生杂志》和《少年杂志》，主编都由他一人担任”。[①]

1916年下半年，刚从北大预科毕业的沈雁冰（茅盾）进入商务编译所，最开始在国文部帮助孙毓修从商务图书馆的英文资料中编译一些外国童话故事和科普读物。一年后，他被朱元善看中，要求其助编《学生杂志》。根据其时沈的回忆，一身兼挑三个杂志编务的朱元善手下却并没有什么助编之类的人员，“只有一个年轻人（也是海盐人），做登记来稿、寄送稿酬、书券等工作；而且如果要审核学生们的来稿，朱元善本人也不胜任。因为其中诗、词极多，看来朱于此道，是门外汉。”在沈雁冰看来，他也只是学无根底，善于趋势应世的人物而已。不过朱本人虽水平有限，在识人与用人方面却比较成功，且善观风色，“朱可以说是商务几个主编杂志的人中对外界舆论最敏感的一个。他虽不学无术，但善观风色，而且勇于趋时”。他曾订有包括早期《新青年》在内的一批适合青年学生看的杂志，从中揣摩时代风向，或许是受这些新文化报刊的影响，他也要沈雁冰写一些不同于以往社论内容的短文，结果沈氏写了一些批判古代治学传统与讨论当时政局的文章，居然也颇得朱元善的好评，以为可使《学生》面目一新。[②] 实际上，这种虽无多大学问，却能趋时以应付世变，在出版市场上维持自身地位的人物或正是商务所需要的。[③]

不过，由于原先主编《小说月报》的王莼农辞职，商务当局

---

① 章锡琛：《漫谈商务印书馆》，《商务印书馆九十年》，北京商务印书馆，1987年，第114页。

② 茅盾：《我走过的道路》（上），人民文学出版社，1981年，第125—129页。

③ 从杜亚泉因为“太偏于旧”且“只能维持现状”，不能一切迎合而被撤销《东方杂志》主编职务来看，商务所需要的编译人才是要能善观风色，且随时注意与时代合拍的。张人凤整理：《张元济日记》下册，河北教育出版社2001年版，第828、889页。而“学无根底”的朱元善却能对前期提倡“德、智、体”三育的《新青年》（《青年杂志》）保持关注，以吸取一些新资源，无疑是比较适合商务高层口味的编辑。

要求沈雁冰接手，沈就无法再兼顾《学生杂志》了。而朱元善自知以己之力无法维持杂志革新后的局面。恰巧此时一个最合适的人选出现了，这就是在该杂志前期极其活跃的读者兼作者，且又与朱相熟识的杨贤江（杨与该杂志及朱氏的关系在末章将有详细述及）。1920 年底，辞去了南京高师学监职务的杨贤江，原本预计去广东肇庆国民补习所任职，却因两广军阀混战受阻，无法实现自己的教育理想与个人计划。[①] 在不得已辗转返沪后，他接受了朱元善的邀请前往商务任职，继续该杂志的革新历程，并成为其历史上最重要的一位编辑，形塑了该杂志后来被记忆与被书写的模式。[②] 正如一位研究者所述，"他早先是《学生杂志》的读者，后来是作者，现在成了编者了，继续沈雁冰开始的这个刊物的革新。"[③] 不过，因五卅运动以后，杨贤江忙于社会活动，分身乏术，刊物的容量和质量均有一定下滑，这使得朱元善很不满意，曾寄希望于杨的夫人姚韵漪能助其劝杨，不过似乎效果不佳。随着革命活动的日益繁钜，杨最终于 1926 年底辞去了编辑职务，以全部精力投入到轰轰烈烈的革命运动中。不过他与商务的联系并未中断，后来大革命失败，一度流亡日本，生活窘迫，还曾通过夫人与主编《教育杂志》的周予同联系，以笔名发表了不少从日文材料里编译过来的介绍苏俄教育理论与制度的教育文论。[④] 根据已有资料来看，因为属性的相近或是在馆内地位的不

① 参见杨贤江：《愁城生活录》，《少年中国》2 卷 10 期，第 51—62 页。

② 就笔者所见，几乎所有提及《学生杂志》的回忆文字中，均认为杨贤江是主编；但是该杂志版权页上的编者署名从未出现过杨的名字，他的影响应是主要体现在社论与通讯中。当然，这与杨氏后来成为被纪念的知名共产党员，后人回忆文字受到革命史的书写模式影响有关。

③ 汪家熔：《杨贤江与商务印书馆》，收入杨贤江教育思想研究会编：《杨贤江纪念集》，商务印书馆，1985 年，第 82 页。

④ 周予同：《追念贤江》，杨贤江教育思想研究会编：《杨贤江纪念集》，商务印书馆，1985 年，第 28 页。

高，从编译所内正式设立“学生杂志”社以来，从1920年到1925年，《学生》与《少年》杂志的编辑部一直是设置在一起的，而且人员流动频繁，除了朱元善、杨贤江一直未变以外，还逐渐来去了林重夫、喻飞生、殷佩斯、姜丹书、顾均正等人。[①] 不过就《学生》的版面来看，中期几年基本上应是杨贤江一人在起主导作用；殷佩斯在1922年至1924年间可能帮了一些忙，而于1925年下半年进入杂志社的顾均正的作用在后期渐渐重要起来。

其实，若从《学生杂志》版权页上的编者署名看来，一直并无多大变化。第一卷的编辑兼发行者为《学生杂志》社，每月二十日出版。借助商务广大的发行销售网络，在全国各地均有分售处。[②] 从第二卷起版权页编者署名为“海盐朱天民”，直到最后两卷才改署为陈功甫。笔者迄今未找到有关陈功甫的更多资料。根据现有资料来看，他于1920年代末担任国立中山大学教授兼广州市第二中学校长，并曾为中大语言历史学研究所负责近代史料之搜集工作，编著过《中国最近三十年史》（商务，1928）、《义和团运动与辛丑和约》（上海书店）、《中国革命史》（新时代史地丛书）、《中国革命史》（1930年11月）等书籍，并撰有《征集近代史料意见书》，刊于《国立中山大学语言历史学研究所周刊》第3集第34期（1928年）。[③] 因此他的学界中人身份无疑，且于1927至1929年在广州工作期间与正主持中山大学历史

---

① 参见商务印书馆编：《商务印书馆编译所职员录》，1922年4月，上海档案馆藏，卷宗号：Y8－1－652。

② 杂志最初的版权页上所列分售处有：北京、保定、奉天、龙江、天津、济南、开封、太原、西安、成都、重庆、安庆、长沙、桂林、汉口、南昌、芜湖、杭州、福州、广州、潮州、云南、香港。此外与其他杂志一样，还接受日本、欧美等海外各埠的邮订。后来，随着商务业务范围的扩大，杂志所标明的分售处也日益增加，宝庆、常德、佛山、兰溪、汕头等二三线城市也被列入，还增加了香港、新加坡等南洋城市。

③ 陈后强主编：《苍南县陈姓通览》，杭州出版社，2006年，第405页。

系和语史所的顾颉刚时有过从。[①] 不过，从其他迹象看，《学生杂志》的这个署名或许如商务的其他部分杂志一样，只是挂名主编。因为自从1927年初杨贤江的名字从《学生杂志》上消失以后，在许多卷次中，篇首一般应由编辑负责的社评栏里的论说文章署名一般为“种因”。[②] 陈氏的名字未在杂志上出现过一次。而该杂志1927年后的答问栏曾由顾均正负责过一段时间。顾氏于1923年初考入商务印书馆，最初担任理化部的编辑，后来调到《少年杂志》当编辑，1925年9月又兼任了《学生杂志》社的编辑，协助过杨贤江一段时间。在杨离开后，他极有可能独自负责了一年多的编辑事务，直到1928年离开商务，受邀参加开明书店的工作。[③] 根据编者负责答问栏的同样理由推断，到了1928年后，该杂志实际是由邵子风负责的。邵氏是专研究考古学和甲骨文的专家，长沙雅礼大学文学学士，北京燕京大学研究生院文学硕士，1920年代末期进入商务编译所国文部任职，后专研究著作先秦古史与甲骨文，曾著有《甲骨书录题解》《甲骨

---

① 参见顾颉刚：《顾颉刚日记》第2卷，台北联经出版事业股份有限公司，2007年，第45页、122页、266页。惟记载内容很是简略，无详细内容，多是赴宴、函件往来等日常人际交往。

② 据笔者查证，“种因”应该为语文教育学家何仲英的笔名。何氏许多语文教学著作由商务出版，并且也经常有文章在《教育杂志》《东方杂志》《学生杂志》上发表，应与商务关系密切。不过据作者反复查核各种资料，却始终未发现他与商务存在直接关系的史料，甚至连何仲英本人的生平资料也相当稀缺。在此只能推断他作为商务杂志的常期撰稿人，可能与该杂志编辑有着密切合作关系，经常为该杂志供稿。参见曾健戎等编：《中国现代文坛笔名录》，重庆出版社，1986年，第49页；徐乃翔、钦鸿编：《中国现代文学作者笔名录》，湖南文艺出版社，1988年，第284页。

③ 顾均正著：《和平的梦》，湖南教育出版社，1999年，第290页；陈玉堂编著：《中国近现代人物名号大辞典》，浙江古籍出版社2005年，第993页。

论文解类》《先秦人名考》等书，均由商务印书馆出版。[①] 邵子风不仅专研古史文字，对自然科学也有相当造诣，在 1928 到 1929 的两年间，他十分热心地回答了许多学生关于数理科学与工艺知识方面的提问，也发表了不少介绍科学方法与精神，以及西方近期科学成就与名人传记的文章，保持并拓展了杂志的科学色彩与知识深度。

第四节　作者群与读者群

《学生杂志》的读者自然应该是以中等学校的学生为主的，这不仅从《学生杂志》上发表的文章中可以看出，从历次征文中也可以看出。前期的《学生杂志》除了由署笔名的编译所同仁发表的文章外，其他所有栏目的文章，包括论说、学艺、修养、文苑、杂纂、英文等，都向学生开放，而且作者绝大多数是中等学校学生。中期的《学生杂志》，在校学生投寄的稿件有所减少，社评栏由编者包办，另外有一些由编者向文教界人士的约稿及其朋友的供稿。例如，青年同道组织“青年问题讨论会”，就刊发了不少稿件，不过留给普通学生们的空间仍然不小，尤其是常设的青年文艺、青年俱乐部和青年论坛等栏目，仍是学生发表习作的主要园地。后期的作者中文教界人士所占比率增大，可以考证的主要论说或介绍文字都是由已学有所成的青年学者所作，纯粹由在校学生所作文字逐步减少。这既是因为如专供学生发表文字的“自由论坛”此类栏目被削减，也是因为后期编者与学生间的

① 邵子风，1903 年生，湖南省常德县人，曾担任湖南《湘潭民报》主笔，长沙雅礼学校的中文系主任教授，20 世纪 30 年代前期曾召集同道容庚、徐忠书、董作宾、顾延龙、商承祚等人筹划创立考古学社，在相关领域颇有成就。高增德主编：《中国现代社会科学家大辞典》，北京书海出版社，1994 年，第 302 页。

直接交流不断弱化，《学生杂志》的吸引力相对下降。

一、前期读者群与作者群

《学生杂志》以面向普通学生，促进学生间的互相交流与智识提升、道德修养为宗旨，因此它一开始就对全国所有学生开放，成为一个名副其实的公共“论坛”。虽然前期所发表作品的内容与主旨往往大同小异，雷同度较高。但在努力促进修身进德的目标以外，其智识交换与信息传播普及的功效也不可忽略。这个时候的杂志可说是个各种知识的大“仓库”，文哲史地理化农林医矿生物等各种各样的知识门类都能在上面看到，而且都体现出一种日用实践性，是学生在日常生活中可以见到或经历的。当普通学生作者看到自己掌握的课业知识在一份全国性的课艺杂志上出现并流通时，应该是能促进他们的自豪感与学习兴趣的。正如主编朱元善所认为的，如果学生们的作品被登载了，“学校当局、教师、学生，都觉得光彩，就会逢人夸耀”。而普通学生(主要是中等学生)构成了这个时期杂志的主要作者阵容，如杭立武、恽代英、恽震、李廷燮、董修甲等人在中学时都积极应征过“英文”栏的翻译。值得注意的是，许多后来在各个领域有所建树的学生们，其最早的公开作品往往都是在《学生杂志》上发表，如前期的邹恩润(邹韬奋)、易家钺、刘延陵、叶企孙、常乃悳、陶行知、容肇祖、周予同、李廷燮等人，中期的洪为法、任访秋、陈伯达、张友鹤、罗香林、白寿彝、杨风歧、楼适夷、陈伯吹、叶灵凤等人。这份杂志为那些第一次往外投稿的学子们提供了发表自己作品的园地，当这些籍籍无名的小作者们看到自己作品变为铅字时，会鼓起继续前行的勇气和写作的欲望。[1]

由于杂志内容繁杂，作品数量众多，且前期各卷次之间特色相差不大。笔者在此以第一、二两卷的作品类型发布为例，以图表形式展现杂志内容与版面特征。我们可以由此看出，普通学生投稿的踊跃程度与所占比率（见表1—1）。

表1—1　第二卷《学生杂志》分栏内容学生文章统计表（单位：篇）

栏目	论说	学艺	修养	文苑	杂纂	余兴	英文
总文章数	34	76	12	306	44	13	60
学生文章数	26	56	10	305	42	11	56

资料来源：《学生杂志》第2卷（1915年）。

此外，“论说”栏是《学生杂志》上一个发表言论引导类作品的主要园地，其中的文章表明了杂志编者讨论学生问题的基本态度，也是作者与编者在互动中决定的编辑方针的一种体现。我们可以看到，这个栏目中，除了太玄、天民、我一、巽吾、君言等几个馆内编者常用的笔名（这些笔名也经常在《教育杂志》等商务期刊上出现）与少数未署名文章外，其他的基本都是学生投稿。这也充分体现了杂志本身对这个栏目的定位，“每号不限篇数，或由本社自撰，或选学生寄稿，或辑译外人论著”。[2] 笔者曾统计过前期杂志上较为重要的论说栏，将其中由学生所发表的文章依据作者身份进行了分类统计，并列入馆内编辑常用的笔名

① 如任访秋、洪为法、杨凤岐、楼适夷、叶灵凤等人作品第一次公开发表都是在《学生杂志》上，他们以后都逐步走上了文学创作的道路。参见胡培德：《文学缘：近半个世纪我所接触的作家》，人民文学出版社，2007年，第261页；徐光灿：《忆创造社重要成员洪为法先生》，《文史月刊》2005年第10期，第25—28页；南召文史资料研究委员会编：《南召文史资料》第11辑，1999年，第15页；王剑丛：《香港作家传略》，广西人民出版社，1989年，第23—24页；陈伯吹：《蹩脚的“自画像”》，收入叶圣陶等著：《我和儿童文学》，少年儿童出版社，1980年，第28页。

② 《新编学生杂志广告》，《学生杂志》1卷1期，1914年7月。

与未署名发表的文章，以作对照，表示如下（见表1—2）：

表1—2 1914—1919年《学生杂志》“论说”栏学生习作数量统计表（单位：篇）

作者类别＼发表年份	1914	1915	1916	1917	1918	1919	总数
中学生	6	5	3	2	2		18
中等师范生	8	12	8	14	10	3	55
中专生（主要是实业、农林、法政类）	2	6	5	2			15
高等学校学生（含预科生）	1			2	1	3	7
高小生	1	1			1		3
其他（包括未署名或馆内署名人员）	9	10	9	4	3	2	37

注：1. 资料来源：《学生杂志》第1—6卷（1914—1919）；

2. 本书统计数据来源于此间刊行的《学生杂志》，惟尚有许多署名文章未标明作者身份，虽从文风与主题来看似是学生所做，但为谨慎起见，没有作者信息又非馆内常用笔名的概不列入。第6卷开始除少量文章以外，论说一般不注明作者身份了，并且高等学校学生和社会人士的文章多了起来。

由此表中可以看出早期《学生杂志》的主要作者群身份的一般构成情况。中等师范生成为“论说”一栏的主体作者群，经常就学生的人格陶冶、修德进业等问题展开讨论，这与他们一般较关心教育现状与学生训育问题是分不开的。总之，中等学生是绝对主体，再加上少量的大专与高小生，也基本能反映杂志的读者构成状况。

从前期《学生杂志》的作者群体来看，可看出这是最能体现其“学生”性质的时期，编者在尽力将其规划为一种作为学生课堂的延伸的刊物，不仅大量刊发学生课艺文章，还介绍新的科技工艺知识。

现在列举前期部分发文在五篇以上的作者的身份及地域，以揭示此期间投稿者的一般分布情况（见表1—3）：

表1—3　前期《学生杂志》部分作者信息

姓名	身份	发表文章数量（篇）
张石朋	广东高等农林讲习所林学科	45
杨贤江	浙江省立第一师范学校学生	35
邹恩润	交通部上海工业专门学校中院	18
萧公弼	四川工业专修学校学生	18
朱毓魁	浙江省立第一师范学校学生	13
商逵	浙江省立第一师范学校学生	11
洪铭	南通师范学校学生	10
闵思徵	浙江吴兴县立中学校	10
周其鑣	浙江省立第一师范学校学生	9
恽震	上海复旦公学学生	9
于伟	湖南农业学校兽医本科学生	9
张寿民	江苏省立第二师范学校第二部生	9
严庄	江苏省立第二师范学校学生	8
丁传商	江苏省立第二师范学校学生	8
傅博	江苏省立第二师范学校学生	6
李廷燮	江苏省立第二师范学校学生	5
丁冠伦	江苏省立第二师范学校学生	5

注：1. 资料来源：《学生杂志》第1—7卷（1914—1920）；

2. 在前期《学生杂志》上发表过作品的作者人次极多且较分散，这里统计的主要是在“论说”“学艺”“修养”“杂纂”“谈话”等较重要栏目发表过多篇作品的学生。“文苑”里往往在一期里面登出多篇同一人的诗词作品，此类暂不列入统计。

在这些数据中我们可以看到，《学生杂志》的投稿者虽然遍及全国各地，但是从地域上看，还是以靠近上海的江浙地区为最多。这也符合近代知识、思想与媒介传播的一般地理趋势。正如学者在研究晚清东学西渐时所指出的那样，由晚清科普杂志《格致汇编》等的提问人地理分布状态可以看出，“19 世纪 70 年代至 90 年代，西学在中国的传播，是以上海为中心，成浪圈形向四周扩散的时代特点，离上海越近，与上海联系越便捷，西学传播密度越高，反之亦然”。[①] 这种状况可说到民国仍是没有多大变化，新的知识与思想资源仍然是从沿海口岸与中心城市向内地逐渐扩散传播。可以推知，这个庞大广泛的学生作者群与该杂志的读者群是相互重叠的，也是以中等学生为主，其他类学生为辅。例如杂志的读者除了中等学生还有不少小学生，中期的活跃作者高尔松、高尔柏昆仲便回忆道：“记得五六年前，我们还在小学念书，已定了份《学生》来看。”[②] 许多普通学生读了该杂志也向其投稿，变成作者，并且少年人之间的相互模仿也会促成他们想发表自己作品的积极愿望。

二、中期作者群与读者群

对于五四时期的学生来说，新书报远比枯燥的书本更有吸引力，那些“天上落下来的先生，窗子里钻进来的先生，外面跑进来的先生……”，才能真正地吸引他们，也给不能适应新思潮的老师造成了不小的压力，“近年来新书非常的多，什么《新青年》哪，《解放与改造》哪，……哪一样不能做先生呢？”[③] 从 1921

① 熊月之：《西学东渐与晚清社会》，上海人民出版社，1994 年，第 431 页。

② 高尔松、高尔柏：《我们对于〈学生杂志〉的贡献》，《学生杂志》10 卷 1 号，1923 年 1 月，第 13 页（栏页）。

③ 何仲英：《教师怎样才可以长进?》，《教育杂志》12 卷 1 号，1920 年 1 月，第 1 页（文页）。

年第八卷开始革新后，《学生杂志》的作者群有了很大的变化，虽然有小部分作者从中学走入大学后继续向杂志投稿，[①] 但是基本的作者面貌已经有了大的变化，大多数学生或许因为完成学业离开学校而不再投稿，或许因为不适应改革后《学生杂志》的面貌而搁笔。[②] 总之，在变革后的杂志上经常出现的作者，应该是支持新文化的，或至少是接受新式教育且有意趋新的青年群体。伴随大学教育的发展，在杂志上显现身影的大专学生越来越多。北大学生缪金源也在杂志的革新号上鼓励大专学生积极投稿，将他们接受的新思想新知识分润给中等学生们，将其变为传播新思想的阵地："专门以上学校的诸位亲爱的朋友！你知道不知道有许多人不爱看种种新文化杂志，而爱看《学生杂志》；《学生杂志》的销数已达七千有余？专门以上学校的诸位亲爱的朋友！你自己有了新颖的知识，合理的道德；但你有没有分些给旁人的责任？该不该利用这销路很广的《学生杂志》而代替其内容？还是让他'老店新开'，贩卖到一班小朋友的脑筋里去？"[③]

在这个时期，编者杨贤江曾将杂志与自己的人际网络相结合，试图将其变为一个同人论坛，这一点从侯绍裘、赵景沄、高尔松、高尔柏、陈广沅、沈昌、凌其恺、赵祖康、杨贤江等九人

① 例如后来参与创造社活动的新文学家洪为法从 1916 年在扬州江苏省立第五师范念书时开始就往杂志上投稿，直到其就读于武昌高等师范中文系时仍不断在《学生杂志》上发表诗歌作品。参见洪为法：《五五呈奇》，《学生杂志》3 卷 11 号，1916 年 11 月；洪为法：《诗人之薄暮》，《学生杂志》10 卷 3 号，1923 年 3 月。而缪金源也一样，他就读于江苏省立第七中学校已在杂志上发表文章，到了就读于北大文科后仍继续不断地发表文章。当然，这或许与他通过这个渠道结识了杨贤江并与之建立了深厚的交谊有关。见缪金源：《〈学生杂志〉革新与学生革新》，《学生杂志》8 卷 7 号，1921 年 7 月，第 103—105 页。

② 如前期较活跃的投稿者张石朋、萧公弼、邹恩润、商逵等人在 1920 年代后就慢慢地淡出了杂志作者群。

③ 缪金源：《〈学生杂志〉革新与学生革新》，《学生杂志》8 卷 7 号，1921 年 7 月，第 105 页。

组成的“青年问题讨论会”及其相关活动可以看出。《学生杂志》先后以“青年问题讨论会”的名义发布四次讨论结果，而这个讨论会的成员多是《学生杂志》的积极投稿者，如侯绍裘、高尔松、陈广沅、沈昌等人。并且其中有七人都是南洋大学及其附中的在校生或肄业生。这也显示了五四时期知识青年的聚集方式，杂志作者身份与校友身份的重叠，加上共同关心的问题和志向，构成了一个密切联系的人际网络。① 此外，中期刊物上有许多投稿者是“少年中国学会”会员，如在1924年1月的“青年与恋爱”专号上超过一半的投稿者都是少中成员，这自然与杨贤江的少中会员身份有关。虽然杨贤江在学会中不算是一个积极与知名的会员，但其曾主持南京分会讨论会议，负责过《少年世界》专门栏目的编辑工作，其具有的人际网络自会反映到《学生》的版面上来。② 此外杨的其他人际关系网络，如同乡、同道等关系也为该杂志带来了部分稿源。前者如曾与杨氏共同发起组织“余姚青年协社”的楼建南、朱公垂等人，曾在《学生》上与杨有较多的书信往来，并发表了不少的诗文；后者如恽代英、萧楚女、施存统等左翼青年，也在杂志上刊登过不少带有政治色彩的文字。

另外，由于中期杂志上的作者大多未标明身份，许多人不能认定其是否为学生身份。但是可以确定的是，这仍是一个较开放的言论空间，各种身份的知识青年都能在杂志上发表文章。这是

① 这种人际网络的新式构成方式是五四前后知识青年聚集的普遍途径。如天津青年周恩来、邓颖超、郭隆真等人本着“自觉觉人”“传播真理”的理想组织了“觉悟”社，并发行《觉悟》月刊；而江西青年袁玉冰等人组织的“改造社”也是既成立团体，也发行《新江西》季刊。此类青年组织一般先利用同所学校同学的关系构成团体，然后再扩大到其他学校或是社会中去。参阅张允侯等编：《五四时期的社团》(三)，三联书店，1979年，第267－268页。

② 与此类似的是，当左舜生于1920年出任《中华教育界》编辑后，少年中国学会会员也构成作者群中一个组成部分，而且后来由于左的居间撮合，《少年中国》还改由中华书局发行。参见《会员通讯：陈启天致左舜生》，《少年中国》2卷2期，1920年8月。

《学生杂志》与动员型党派刊物及小团体同仁刊物不同的地方，其间的言论并不具有完全的同质性，而是多种知识杂陈，保持着一种温和渐进的启蒙风格和多元面貌。虽然上面也常有已经成为共产党员的编辑杨贤江越来越激进的政治鼓吹与动员，但从版面与内容来判断的话，它与政党机关的刊物仍是有着本质区别的。其更多地仍是一种面对学生群体起着（主体仍是中等学生）供给知识、辅助课业、修养道德的作用。这就像是一个开放的“知识仓库”，各种读者都可以自由进出，各取所需。因此不能如某些研究者那样就将这个时期的《学生杂志》简单判定为中共的变相政治宣传媒介。[①] 下面以简表形式展现中期作者群的某些面相（见表1—4）。

表1—4　《学生杂志》中期主要作者个人信息

作者名	生卒年	籍贯	个人主要经历
柳克述	1904—1987	湖南长沙人	早年毕业于北京大学政治系，后投身国民党军政界，曾任中央陆军军官学校政治总教官，军事委员会总政治部秘书长，湖北省政府委员兼秘书长等职。
陈广沅	1898—?	江苏江都人	1917年入交通部唐山学校，1921年转入交通部上海学校，1923年入美国伊利诺大学研究生院机械科学习。1928年春归国后曾任北洋、南开、中央等大学教授。

① 例如台湾学者王飞仙便是以1920年代前期的商务印书馆与《学生杂志》为对象，探讨杨贤江主编时期的期刊如何成为宣传社会革命思想，鼓吹学生入党参政的传播媒介，最终成为促进这个时代的中学生越来越激进化的言论平台。王氏重点探讨的对象仍然是杨贤江、恽代英等左派青年对商业期刊的政治化利用，对与其主题无关的史料，如学生所探讨的学业、学风、职业、体育、卫生等日常话题，则选择性地忽略，这无疑不能整体呈现一个时代的学生风貌整体。参见王飞仙：《期刊、出版与社会文化变迁——五四前后的商务印书馆与〈学生杂志〉》，台北：“国立”政治大学历史学系2004年版。

续表1－4

作者名	生卒年	籍贯	个人主要经历
陈东原	1902—1978	安徽人	1929年毕业于北京大学教育系，后留学美国密西根大学、哥伦比亚大学，获教育学硕士学位。回国后曾历任安徽省教育厅督学，安徽大学教授，中央教育部督学兼社会教育学院教授。
张友鹤	1907年—?	安徽人	于1920年代先后毕业于安庆一中和北平中国大学，后投身新闻界，为著名编辑，报人。
高尔松	1900—1986	江苏青浦（今属上海市）人	1918年考入南洋公学中院（即中学部），1922年秋毕业。1923年春加入国民党。1924年下半年，由杨贤江、茅盾介绍加入中共。1925年担任国民党江苏省党部监察委员。“四·一二”政变后脱党，1929年与弟尔柏创办平凡书局，出版众多左翼书刊与南社文学丛书，后长期从事于左翼社会科学书籍著译出版工作。
侯绍裘	1896—1927	江苏松江（现属上海）人	1917年毕业于江苏省立三中，1918年考入上海南洋公学上院（大学部）土木工程专业。五四运动中曾和友人一起编辑《问题周刊》《松江评论》，1920年夏因参加学生运动被学校除名。1921年与友人一起接办松江景贤女中。1923年加入国民党，次年又加入中国共产党。积极参加国民革命，曾担任江苏国民党左派与中共重要领导职务。1927年4月被杀害于南京。
董渭川	1901—1968	山东邹城人	1919年毕业于山东省立七中，1921年考入北京高师国文部，1927年毕业。长期从事教育行政与社会教育工作。

续表1—4

作者名	生卒年	籍贯	个人主要经历
谢远定	1899—1928	湖北枣阳人	1916年入武昌中华大学附中，1920年夏考入南京高等师范（后改为东南大学），1922年加入中国共产党。1923年底任中国社会主义青年团南京地方执行委员会委员长，领导开展学生运动，并发起筹建妇女问题研究会，参加国民党南京党部筹建工作。后成为湖北中共组织重要领导人，1928年被杀害于汉口。
朱皆平	1898—1964	安徽全椒人	1916年毕业于全椒县立中学校，1924年毕业于交通大学唐山学校卫生工程门，1925年考取安徽省官费留英，就读于英国伦敦大学市政卫生系。生物卫生学学者。
杨钟健	1897—1979	陕西华县人	1917入北京大学预科学习，1919年参加少年中国学会，积极参与会务。他于1920年组织领导了中国第一个地质学术团体——北京大学地质研究会，1923年从北大地质系毕业。1924—1927年在德国慕尼黑大学地质系学习，后获哲学博士学位。他也是中国古脊椎动物学的奠基人之一。
洪为法	1899—1970	江苏扬州人	1919年从扬州第五师范毕业后到附小任教。五四以后，创作大量新诗在《时事新报》副刊《学灯》上发表。1921年考入武昌高等师范中文系，1925年毕业后到上海加入创造社，办过多种刊物，曾任国民政府文职官员，长期从事文学创作与大、中学校的语文教学工作。
禤参化	生卒年不详	广东三水人	1922年秋毕业于广东高师。后与友人一起以“先归纳以求知，复演绎以致用，求知致用双方并重”为宗旨，发起组织知用学社；后于1924年秋改为知用中学，为广东省第一家试行壬戌学制即六三三制的中学。

续表1-4

作者名	生卒年	籍贯	个人主要经历
许金元	1906—1927	江苏苏州人	1923年毕业于苏州博文中学，于同年考取杭州之江大学。1924年离校并加入国民党。1924年11月国民党苏州市党部成立，许当选为常务委员。12月31日，苏州国民会议促成会筹备会成立，当选为委员。1925年转为中共党员，1926年初，担任第二任中共苏州独立支部书记。8月，被调任国民党江苏省党部委员，不久受组织委派赴广州中山大学学习。1927年4月中旬他与侯绍裘、张应春等人一起在南京遇害。
缪金源	生卒年不详	江苏盐城人	1922年毕业于北京大学哲学系，曾任北京辅仁大学教授。主要从事教育工作。
楼适夷	1905—2001	浙江余姚人	1905年生。早年参加太阳社活动，1928年入上海艺术大学念书，后赴日本留学。1931年回国后，参加左联活动，且从事过文总的党团工作，一度任《前哨》编辑。大革命时期曾担任余姚第一任中共支部书记，在江苏省委工作过，抗战爆发后长期在中共军队里从事文艺工作。
王崇植	1897—1958	江苏常熟人	1921年毕业于南洋大学电机系，后赴美麻省理工学院电机系留学，获硕士学位。曾任教于上海交通大学、浙江大学，曾任电机工程学院院长，开滦矿务局总务处长。
宓汝卓	1903—?	浙江慈溪人	1920年代先后就读于浙江四师、上海浦东中学、上海大同学院，后入日本早稻田大学，得商学士学位。早年曾在宁波加入文学研究会。嗣后致力于工商经济研究，曾执教于上海法科大学，著有《近世欧美经济史》等作品。

注：本表选录作者为发表作品数在五篇以上者。主要资料来源包括：

1.《学生杂志》第8—13卷（1921—1926年）；

2. 陈玉堂编著：《中国近现代人物名号大辞典》，浙江古籍出版社2005年；

3. 李盛平主编：《中国近现代人名大辞典》，中国国际广播出版社，1989年；

4. 曾健戎，刘耀华编：《中国现代文坛笔名录》，重庆出版社1986年；

5. 复旦大学历史系资料室编：《二十世纪中国人物传记资料索引》，上海辞书出版社，2010年；

6. 高增德主编：《中国现代社会科学家大辞典》，北京书海出版社，1994年。

从上表可以看出，这些作者大多在1900年前后几年出生，受过新式教育，一些人还有出洋留学经历，可说都是接受着新知成长起来的年轻一代。相对于新文化运动中处于精英地位的老师一辈，他们此时基本都处于寂寂无闻的地位，持续地追寻着上升之途，代表着五四后新一代的知识分子。他们所从事的职业也更加多元化，不少人在科学实业界工作，与中国近代实业、经济与社会的发展同步。尽管不少人政治立场逐渐左转，参加革命运动，但大多数人最终都投身于国家各项建设事业。作者群的多元结构也呈现出了时代发展复杂多彩的面貌。

至于此一阶段《学生》的读者群，也延续着早期的特点，以在校学生为基础，中等学生为主体。正如一名读者所述，阅读《学生》的是一些趋新的学生，“看《学生》的多系于对新文化有兴趣的人，或者有自我的觉悟欲从他得些指导的人”。① 1908年出生的傅雷便回忆道：“十五六岁在徐汇公学，受杨贤江主编的《学生杂志》影响，同时订阅《小说月报》，被神甫没收。曾与三

① 姜敬舆来函，《学生杂志》10卷12号，1923年12月，“通讯”，第12页（栏页）。

四同学办一手写不定期的文艺刊物互相传阅，第一期还是文言的。”[①] 如傅雷这样的青年读者们都希望从内容丰富、姿态亲切的《学生》这里得到各方面的指导。《清华周刊》的编者也对改版后的该杂志相当注意，屡次作过介绍，在1924年底的“书报介绍副刊”上就这样介绍道：“这种杂志，发行已经多年，现已至十一卷十三号（?）。里面都是浅近平常的文章，因为他是专供中等学生看的。近来进步的非常之快，对于青年很多困难问题，他都帮助他们讨论研究，以求解决方法。如像近来出的‘国学问题号’‘青年恋爱号’‘青年生活态度号’，对于青年帮助真是不少。”[②] 除了个人订户以外，学校订户也不少，复旦大学附中的图书目录里就显示存有《学生杂志》七十一册。[③] 不过，由于新文化运动早期各地学生自办刊物蓬勃发展，加之新文化旗帜刊物的风头旺盛，确实对《学生》造成了很大冲击。正如有读者从旁指出的，《学生杂志》在五四以后虽也锐意革新，但也难免湮没在众多以青年学生为读者对象的竞争对手的身影中而不能出众，“不幸！风起云涌，应时而生的杂志报纸，充斥书市，《学生杂志》竟未能大显光彩！后来其他的杂志大半因经费材料的缺乏，不能支持下去；一般学生才肯回头再与这老友相周旋。及八卷七号出，更显然呈一大变化，以促进一般学生研究真理的精神、提起一般学生服务社会的情感为要旨；文字务取易晓，学术不求专门，因此读者的兴趣大增，不可谓非学生界一大快事”。[④] 由此可见，《学生杂志》比起那些旋起旋灭的竞争对手来，最大的优

① 傅雷：《傅雷自述》，《傅雷文集》(文艺卷)，当代世界出版社，2006年，第8页。

② “中文定期出版物介绍”，《清华周刊·书报介绍副刊》1924年第12期，第27页。

③ 复旦附中图书馆编印：《复旦附中国图书目录》，1935年，第319页。

④ 陈广沅：《我所希望于今日之〈学生杂志〉》，《学生杂志》10卷1号，1923年1月，第6页（栏页）。

势是它能依托商务的雄厚实力，不为一时的经济困窘所摧折，因此能够挺过五四后“如茵的生长”般的杂志潮的冲击而笑到最后。

三、后期作者群与读者群

到了1927年后，随着政局的变化及国民革命高潮的过去，建立训政体制，促进国家建设成为新生政权的主要任务。该杂志上的作者阵容和言论趋向又相应发生变化。在中期阶段常常踊跃发言的趋新青年学生和激进青年活动分子基本淡出杂志的作者阵容。如果考察内容，我们可以看到，后期杂志的政治性、思想性减弱，学术性进一步增强。刊物上的主要言论一方面继续关注青年学生的生活问题，另一方面，更加注重各类科学知识的传播。越到后期这个趋势越明显，因此，一些学有专攻的青年学者逐渐进入《学生杂志》的作者阵营，如陶希圣、樊仲云、黄通、刘朗泉、刘如虎、刘炳藜等正在上升期的青年学者成为了后期主要学术类文章的作者。因此这时作者群与读者群的身份区分已比较明显，这些兼具教育与学术身份的作者主要是以一种教化与传授知识的功能出现的。下面以表格形式列出后期部分主要作者的个人信息，以便于呈现后期作者群的基本情况（见表1—5）。

表1—5　《学生杂志》后期主要作者个人信息

作者姓名	生卒年	籍贯	个人主要经历
樊仲云	1901—1989	浙江省嵊县人	早年毕业于嵊州一中。1923年参加文学研究会，1929年参加上海著作人公会。曾短期担任过商务印书馆编辑、新生命书局总编辑，1930年代后曾任复旦大学、中国公学教授；于1935年具名发表《中国本位的文化建设宣言》。主编过《社会与教育》《文化建设》等刊物，译有东西方各种社科书籍。后成为汉奸。

续表1－5

作者姓名	生卒年	籍贯	个人主要经历
陶希圣	1899－1988	湖北黄冈人	曾就学于河南省立一中，武昌英文馆等，1922年毕业于北大法科，任安徽省立法政专门学校教员。1924年至1926年底担任过商务印书馆编辑，曾任过上海大学、东吴大学、中央大学等校教授，擅长于中国社会史、经济史研究。1929年曾与周佛海、樊仲云一起创办新生命书局，1940年代曾任《中央日报》总主笔，立法院立法委员，被视为国民党权威理论家。
邵子风	1903－?	湖南省常德县人	曾担任湖南《湘潭民报》主笔，长沙雅礼学校的中文系主任教授。1920年代后期任过商务印书馆编辑。曾于20世纪30年代前期召集同道容庚、徐忠书、董作宾、顾延龙、商承祚等人筹划创立考古学社，擅长于甲骨文与古史研究，有不少著作问世，在相关领域颇有成就。
黄通	1900－?	浙江苍南县人	民国时著名学者经济学者。毕业于日本盛岗高等农业学校，后入早稻田大学深造，1928年获经济学士学位。曾执教于国立中央政治学校、浙江大学、台湾大学。著有《工业政策纲要》《土地经营问题》《经济史概论》等书。
刘炳藜	1900－1958	湖南岳阳人	北京师范大学和美国哥伦比亚大学毕业，专攻民族学与社会经济学。历任中华书局编辑、国立商学院和暨南大学交通学院教授。1937年创办《前途》杂志社，宣传抗日。1938年，任国民党中央宣传部秘书兼《中央周刊》社社长。1940年任国民党军事委员会政治部设计委员。抗战结束后赴美考察，在美加入中国国民党革命委员会。1952年往印度讲学，任东方学院教授。1958年病殁于印度。

续表1－5

作者姓名	生卒年	籍贯	个人主要经历
许君武	1905－1988	湖南湘乡人	1923入北京大学英文系，毕业后进入政坛，曾担任河北省政府机要秘书，1930年任天津商报总主笔。次年留学英国伦敦大学政治经济学系，1933年获硕士学位归国后，曾任浙江省政府秘书，后投身文教界，历任《东南日报》《中国日报》《扶轮日报》等报刊总编辑、总主笔，并先后在复旦大学、台湾地区“清华大学”、东吴大学、马尼拉东方大学等校任教。
殷体杨	1909－1993	浙江苍南人	著名市政学者。1932年毕业于暨南大学，1935年被北平大学法商学院聘为讲师，主讲市政学。曾为《华北日报》主编《市政问题》周刊，发起组织中国市政问题研究会，并曾任会长。中华人民共和国成立后曾任同济大学、北京经济学院教授，长期从事于市政研究，影响较大。
何仲英	1894－？	江苏江都人	笔名种因。民国著名语文教育家，曾于1920－1930年代在《东方杂志》《教育杂志》《学生杂志》上发表过多篇论文。由商务为其出版过《训诂学引论》《白话文范》《新著中国文字学大纲》等多种语文著作。
王伯祥	1890－1975	江苏苏州人	文史研究专家，1911年毕业于苏州第一中学，曾任小学教员、北京大学国学门通讯研究员。其后曾先后任教于厦门集美学校、北京大学中文系预科，1921年参加文学研究会，1922年起担任上海商务印书馆史地部编辑，1932年离开商务到开明书店任编辑，编著有《二十五史》《二十五史补编》《三国史略》《四库全书述略》等多种文史著作。

续表1—5

作者姓名	生卒年	籍贯	个人主要经历
南星	1910—1996	河北怀柔人	1930年代初毕业于北京大学西方语言文学系。他曾任教于北京孔德学校，20世纪50年代以后长期在国际关系学院英语系执教，长期从事于诗歌、散文创作。
钟挺秀	1910—?	广东梅县人	1930年毕业于复旦大学。曾任广东中学校长，后复考入南京中央政治学校计政学院。毕业后主要从事于会计审计方面的工作，并长期供职于政府机关。
高觉敷	1896—1993	浙江温州人	教育学家、心理学家。早年就学于北京高等师范学校和香港大学教育系，1923年毕业于香港大学教育系。1926年开始任商务印书馆编译所哲学教育部编辑，主编《教育大辞书》。1932年受四川大学之邀，往任心理学教授，后历任中山大学、湖南兰田国立师范学院、复旦大学、金陵大学教授，国立编译馆编纂。中华人民共和国成立后曾任中国心理学会副理事长。
尤佳章	1908—?	江苏苏州人	无线电学家。1923年考取复旦大学预科，后又考入交通部上海工业专门学校附中，后升入大学部电机科，1931年从交大毕业后考取商务印书馆编译员，担任翻译百科全书中有关工程及科学的文章。1933年入哈佛大学学习无线电技术。学成回国后，担任杭州中央航空学校无线电教官，同时兼任浙江大学教授。先后服务于军界、实业界，1948年辞职归乡。

注：表格中仅收录发文较多且可核实个人生平资料者；有些作者发表文章数虽不少，或署笔名，或者资料难觅，因此不予录入。主要资料来源有以下：

1.《学生杂志》第14—18卷（1927—31年）。

2. 陈玉堂编著：《中国近现代人物名号大辞典》，浙江古籍出版社

2005 年。

3. 李盛平主编：《中国近现代人名大辞典》，中国国际广播出版社，1989 年。

4. 曾健戎，刘耀华编：《中国现代文坛笔名录》，重庆出版社，1986 年。

5. 复旦大学历史系资料室编：《二十世纪中国人物传记资料索引》，上海辞书出版社，2010 年。

6. 高增德主编：《中国现代社会科学家大辞典》，北京书海出版社，1994 年。

7. 杨慎之主编：《湖南历代人名词典》，湖南出版社，1993 年。

8. 徐友春主编：《民国人物大辞典》（上、下册），河北人民出版社，2007 年。

从上列表格中我们可以看出，后期作者的学界属性进一步增强，他们的人生多半属于从事于学术发展的路径，不少人或在各类中、高等教育机构里任教职，或在报刊界出版界等文化机关工作，或是以所学从事于实业建设。他们的教育水平相较于前期或中期作者群显著提升，不少人在发表文章前后多已属于各自领域的青年专家。可见随着近代中国社会与教育的发展，与刊物相关的作者群文化素质也在不断提升。此时的该杂志已不再是单纯的学生习作刊登园地，其知识传授的性质大大加强，成为全国中等学生或部分高等学生学校学习以外的另一个课堂。而与中前期相较，杂志的读者群基本无大变化，仍是以在校学生与知识青年为主。并且其被接受度也并未见有多大下降，这一点从其供编读交流的“答问”栏的踊跃程度也可看出。笔者发现的一则材料或可以反映该杂志当时的被阅读状况。在 1933 年间，社会学家言心哲曾针对南京市立贫儿院的 265 名贫儿做过一些社会调查。在关于他们喜欢阅读的杂志种类一项上，《学生杂志》获得 92 票高居第一，远超过第二名的《东方杂志》（43 票）与同类型的竞争对手《中学生》杂志（7 票），而此时《学生杂志》已经停刊差不多两年了，由此可见其在青少年群体中的影响力仍是持续不断。[①] 并且，其读者也并不仅限于学生，根据笔者掌握的资料，如徐炳昶这样的专门学者在1928年随西北科学考察团旅行期间，也将《学生杂志》作为随身读物，在日记中记载“借《妇女杂志》书本，《学生杂志》一本。”次日又有翻阅《学生杂志》的记录。[②]

值得注意的是，《学生杂志》作者群的性别结构基本上是以男性为主的，女性学生在这个论坛空间中即使不是处于失语状态的，其声音也是微弱的。在前期杂志上，只有在“文苑”“学艺”“杂纂”“余兴”等栏可以偶尔看到女学生的作品，数量很少，即以第一卷统计，仅有十一篇女学生的诗文作品，而且都集中在“文苑”栏，还不到总数的百分之十。其身份以女子中学生、女子师范生为主，也有少量女子实业学校的投稿。当然这或许与此时女学生有发表自己课艺作品的园地——《妇女杂志》有关，[③] 而在这少量投稿的女学生作者中，校别也比较集中，可能也是相互影响模仿的缘故。其中又以吴江同里私立丽则女子师范学校学生人数为最多，而此校女生也是在同时期的《妇女杂志》上发表课艺作品最多的学生群体，这可能与时任该校国文教师的钱基博鼓励学生投稿有关。[④] 作为学生群体中一个重要部分的女学生在

① 这些受调查的贫儿年龄在12－20岁之间，年级从初小二年级到高中各级的都有。见言心哲：《南京贫儿调查》，国立中央大学出版组，1934年，第101－102页。

② 徐炳昶：《西游日记》，甘肃人民出版社，2002年，第223页。徐氏除了阅读该杂志，还阅读过《妇女杂志》《小说月报》《东方杂志》等商务所出其他杂志的记录，并留有“翻阅《妇女杂志》，材料杂凑，毫无足取”的记录，遗憾的是他并未留下任何关于阅读《学生》的记录。

③ 第1－5卷的《妇女杂志》中设置了“国文范作”“各女学国文成绩”这样的栏目专门容纳普通在校女学生的课艺作品。

④ 可参阅周叙琪：《阅读与生活：恽代英的家庭生活与〈妇女杂志〉之关系》，《思与言》第43卷3期，2005年9月，第115页。

一本以“学生”为名的杂志中基本缺位，对编者或别的男性读者而言都不能不说是一种缺陷。有读者在投稿中提出《学生杂志》一直以来的一个大缺点，即缺少女学生这一方面的材料，“就是本杂志的内容，似乎太侧重在男性方面了。夫既曰《学生杂志》，中间显然没有两性的鸿沟的；为什么投稿的人，既罕见署名女士的，而讨论的问题，又都是男性方面所急待解决的呢？大概十一年来他的生活历程上所记录的领域，恐怕泰半给男性方面所霸占了。这真是一椿大不可解的事体！编辑的人或者如此的想了，‘关于女学生方面，所急待讨论的问题，自有《妇女杂志》在旁负责。’”①

这种状况到了改革后的中期仍然依旧。编辑屡次在启事中鼓励女学生投稿，并积极提醒她们，“女学生注意，本志向来的投稿者，几乎都是男学生。但我们觉得这是应该矫正的。所以现在特向女学生说几句话：你们有你们切身的问题，你们有你们生活的情况，请你们想了出来，写了出来啊！你们要知道我们很希望本志不再成为男学生独占的领域呢！”② 而一些学生读者也致书编辑，表示非常不理解为什么没有女学生的投稿，有人还以为这份杂志是专为男性而设的。③ 女性在杂志上发表的为数很少的文

---

① 俞长源：《读了“青年与恋爱”专号以后》，《学生杂志》11卷6号，1924年6月，第104页。

② 《本志征文启事》，《学生杂志》10卷1号，1923年1月。

③ “几个很重要的提议”，姜敬舆致记者，《学生杂志》第十卷十二号，1923年12月，“通讯”栏。编辑在回复中表示女学生的投稿是绝无仅有，而他自己也不知道原因。

章，也多用笔名。① 而在对于许多青年问题的讨论中，往往会有一两篇专门针对女性而发的议论，也还基本是由男性所代为立论。这种版面构成，一方面反映了女性投稿的稀少，一方面又似乎表现出女性在各种讨论中是作为一种男性青年学生的“他者”而存在的。②

不过女性投稿者的稀少并不代表女学生不关注这份号称为全国所有学生联络机关的刊物，根据一些阅读调查材料，我们可以知道这份杂志在各个群体当中的影响力。1931 年 2 月的《妇女杂志》上，曾刊出关于“女学生爱读的书籍”这一主题的当选征文，其中有人在上海的大夏大学、复旦大学、上海法政学院、振德女子中学、民立女子中学等 8 所学校的女学生进行了爱读书籍的调查，一共收到答复 352 份，其中可以统计的有效答复为 254 份。这次统计主要针对的是中等学校学生，在有效答复中初高中生共计 221 人，大学女生只有 18 人，年龄段也以从 14 岁到 20 岁之间为多。从女学生们爱读的读物统计中可以看出，杂志很受她们的欢迎，其中《妇女杂志》得票十四，仅次于排名第一的《古文观止》和第二的《红楼梦》，而在杂志类中排名第二的就是《学生杂志》，共计得十一票，要高于同类型的刊物《中学生》(6

① 笔者考证出来的唯一一名在中期《学生杂志》上较活跃的女性投稿者为张近芬，笔名 C·F 女士。她参加了章锡琛、周建人、夏丏尊等人组织而成的“妇女问题研究会”，杨贤江亦是此会的成员。她在《学生》上有时也用真名发表一些诗文作品，而发表的一些稍正式的论说作品均用笔名。1920 年代前期她在上海同德医学校念书，爱好文学，曾出过诗集《浪花集》，后译过安徒生的童话集《旅伴》，与时任《晨报》副刊的李小峰交厚。参见赵景深：《现代文人剪影》，湖北人民出版社，2009 年，第 128—130 页。

② 如在十卷四号的“体育研究号”上有 C. F. 女士的《关于女子卫生方面的一点意见》一文，专门讨论女子相关问题；在十一卷三号上讨论青年学生的人生观问题时，众多讨论之后，安排有一篇张企留的《青年女子的人生观》；而在十二卷五号“学风问题号”上，也有姚宝贤的一篇《女学生活动的学风》殿后。而在择偶、恋爱、婚姻这样对男女同等重要的问题上，也很少看见女性自身发言。

票）与《现代学生》（4 票）。值得注意的是，以往研究者所指出的在都市知识青年群体中流行颇广的《东方杂志》与《生活周刊》仅得三票。这份统计或虽不能代表普遍的阅读选择状况，但也能揭示青年学生界的部分阅读现状。除了嗜好阅读新旧小说类消闲作品外，知识含量丰富且与学生生活关系密切的杂志当然也会成为她们阅读的选项之一，“杂志是一种软性读物，而且其中附有小说；所以很多女同学喜欢看，其中尤以爱读《妇女杂志》和《学生杂志》的为最多，大概因为这两种书和女同学的生活比较有密切的关系的缘故。”①

综上所述，该杂志一直以面向学生发言为标榜，其读者群一直是以青年学生为基础，没发生太大变化。不过它的作者群，前后却经历了若干变化。早期的作者群由在校中等学生占据主流位置；到中期后，部分大专学生与在职知识青年加入了作者阵营；到了后期，年轻的专家学者则逐渐占据了重要位置。

总而言之，由《学生杂志》所构成的“公共言论空间”，既是一个为学生提供表达渠道的园地，也是谈论学生问题的言论空间，为我们展现了民初社会有关青年学生及其问题的复杂面貌。

---

① 周振韶：《女学生爱读的书籍》，《妇女杂志》17 卷 2 号，1931 年 2 月，第 55—59 页。

第二章　学与读：新学生的学习方式与现代学科知识的传播

报刊这种承载知识与传播讯息的新形式进入近代中国是在新教传教士来到东南亚以后的事。一些教会所办的最早的中文期刊，如《察世俗每月统计传》（1815—1821）、《特选撮要每月纪传》（1823—1826）、《天下新闻》（1828—1829）、《东西洋考每月统记传》（1833—1838）等，就将这种新式传播媒介及其功用绍介到了文明悠远的中国。[①] 借着这些媒介，各种有关西方器物技术、精神信仰等西学、西教方面的信息源源不断地涌入国门，既打开了新知的窗口，也为中国的读书人起到了近代文明的示范作用。[②] 最终，这种新式媒介也被中国民间的士人们所利用，作为传播西学资源、宣扬改良变法及革命理念的最佳手段，既改变着中国社会的面貌，也塑造着知识分子群体自身的特性。报刊媒介作为中国知识分子寻求新的角色身份的主要手段，其意义已被学

---

① 关于近代早期西方文化资源进入中国的历程，请参见熊月之：《西学东渐与晚清社会》，上海人民出版社，1994 年。有关早期传教士出版中文书刊概况请参阅书中附表《早期基督教传教士出版中文书刊目录（1811—1842）》，见氏著第 134—141 页。

② 据学者统计，从 1815 年到十九世纪末，外国人在中国一共创办了近两百种中外文报刊，占当时我国报刊总数的百分之八十以上，成为中国近代出版事业的先声与主导。方汉奇：《中国近代报刊史》（上），山西人民出版社，1981 年，第 10 页。

界中人充分论证。[①] 此外，传统时代读书人埋首经典、皓首穷经的学习方式，到了近代也不得不经历一次次重大的变革。其中，新式教育体制的建立、新型知识与学科的引进与传播，教学方法的改革等皆是对传统学习方式影响深远之处。以上诸点，已有不少学者做过探讨研究。但现代传播媒介的兴起对读书人学习和行为方式的影响，迄今学术界却并未有充分的探讨。仅有部分学者对清末民初报刊媒介的兴起对读书人社群的生活方式造成的诸多影响，做过大致勾勒。[②] 报刊不仅从政治、社会、思想等各个方面对读书人的生活世界造成冲击，还在学术的层面上参与构建近代中国社会的历史图景。在当时人的眼中，报章杂志成为承载学术资源乃至衡量一国之文野的重要工具，“一国学术之盛衰，国民程度之高下，论者恒于其国杂志发达与否觇之。盖杂志多，则学术进步，国民程度亦高。而学术愈进步，国民程度愈高，则杂志之出版亦愈进也。”[③] 著名报人戈公振也认为杂志与学术盛衰紧密相连，“一国学术之盛衰，可于其杂志之多寡而知之。”此外，民初杂志所讨论问题类型的变化，还反映出国内思想界的变迁，“欧战以前，民国初造，国人望治，建议纷如，故各杂志之所讨论，皆注意于政治方面，皆着眼在治标。欧战以后，国人始渐了然人生之意义，求一根本解决之道，而知命运之不足恃。故讨论此种问题之杂志，风起云涌，其着眼在将盘根错节之复杂事

① 有关晚清新式出版媒介与知识分子关系的讨论，参见李仁渊：《晚清的新式传播媒体与知识分子：以报刊出版为中心的讨论》，台北：稻乡出版社，2005 年；有关民初知识分子与报刊媒介关系的讨论，参见章清：《民初思想界“解析”——报刊媒介与读书人的生活形态》，《近代史研究》2007 年第 3 期，第 1—25 页。

② 章清：《民初思想界“解析”——报刊媒介与读书人的生活形态》，《近代史研究》2007 年第 3 期，第 1—25 页；《五四思想界：中心与边缘——〈新青年〉及新文化运动的阅读个案》，《近代史研究》2010 年第 3 期，第 54－72 页；罗志田：《国家与学术：清季民初关于“国学”的思想论争》，三联书店，2003 年，第 308－309 页。

③ 陆费逵：《宣言书》，《大中华》1 卷 1 期，1915 年 1 月，第 1 页（文页）。

汇，皆加以彻底之判断，如国家政治，家族制度，婚姻，迷信等思想上之种种问题，举数千百年来之积习而推翻之，诚我国思想界之一大变迁也。”[①] 当然也有学人对特殊时代背景下这种学术传播方式所造成的知识内涵之浅薄谬误化表示不满，“庚辛以还，各种杂志接踵而起。其执笔者，非喜事之学生，则亡命之逋臣也。此等杂志本不知学问为何物，而但有政治上之目的。虽时有学术上之议论，不但（过）剽窃灭裂而已。如《新民丛报》中之汗德（康德）哲学，其纰缪十且八九也。”[②]

至于学术的层面，近代以来的新学传播就基本是以报刊为主要工具的。民国报人戈公振的《中国报学史》里的“杂志之勃兴”一节里，就列举了从晚清以来，不少以具体的“学科”为分界或主要内涵的近代期刊之出版与成长。[③] 到了民国初年情况更是如此，不少专业人士创办各种报纸，引介新知。如留美学生创办的《科学》，留日学生创办的《学艺》杂志等，都是立足于期刊进行新型学术的引进与传播。而商务印书馆旗下的众多杂志也立足于不同的学科或读者群体进行分工，以针对性地提供相关智识资源。前者如《教育杂志》《英文杂志》《农学杂志》等，后者如《妇女杂志》《学生杂志》《少年杂志》等。此外还有综合性的

① 戈公振：《中国报学史》（插图整理本），上海古籍出版社，2003 年，第 217 页。

② 王国维：《论近年之学术界》，《静庵文集》，收于《王国维遗书》第 5 册（据商务印书馆 1940 版影印），上海古籍出版社，1983 年，第 95 页。

③ 戈公振：《中国报学史》（插图整理本），上海古籍出版社，2003 年，第 157—170 页；戈列出的学术类期刊包括《湘学新报》《东亚报》《大陆》《萃报》《求是报》《农学报》《工商学报》《新学报》《格致新闻》《普通学报》《中外算报》《教育世界》等，这些出版物呈现了西学凭借报刊在中国传播的最初情形。

《东方杂志》，试图为各界人士服务。[①]

第一节　课堂之外：报刊与近代学生学习方式之变迁

伴随着近代体系化学制系统的建立，学生学习方式也发生了巨大的变化。统一化的教材，集体化的学习方式，模式化的学习步骤等方面，都是与古代私塾教育不同的地方。但有一个重大的变化似乎还少为人提及，即学生学习方式的变化。传统士子童生穷尽一生专注于四书五经八股闱墨上，一般无暇外骛。而新式学生除了在正式的课堂上对教科用书的学习外，作为课外读物的期刊，越来越广泛地渗入了普通学生的生活当中。

随着中等教育发展，学生数目日增，也成为学生课辅类刊物逐步发展的主要背景。根据民国教育部统计，从民国元年（1912）至民国五年（1916），中等学校数目从 373 所增至 444 所，中等学生数目从 52100 人增至 69770 人，其分布基本遍及全国各省区。[②]

首先，阅读报刊会促进青年学生社会、政治意识的启蒙。清末的革命风潮，就与学堂学生受新书报影响，而引起种族思想，革命见解有关，“宣统嗣立，正当预备立宪时期。一般学生感受《新民丛报》《中国魂》《民报》《浙江潮》等底影响，兼之内忧外

① 这一特征从各期刊广告的读者对象诉求就可看出，如《教育杂志》的是“教育家必读，各学校均备”，《英文杂志》的是“中学学生及侨居欧美者大都购阅”，《农学杂志》的是“全国农业学校学生及实业家莫不订阅”，《妇女杂志》的是“识字妇女女校学生人人欢迎”，《少年杂志》的是“专供全国国民高等小学生徒阅看”，而《东方杂志》的是“官商学军各界莫不人手一编”。

② 参见周予同：《中国现代教育史》，福建教育出版社，2007 年，第 122 页。

患，相继而来，于是满肚皮的种族见解，排满思想，遇机即发，而清社遂覆，民国遂立。此时少数的优秀学生才知道有国家观念。"① 按诸个人经历，也可看到从那个时代走过的读书人大多都有这样的记忆。清末在溆浦县立高等小学堂读书的舒新城就利用学习的空余时间看了很多新书报，"以溆浦那样偏僻的地方，当然购不着什么真的新书，但阅报室中有《时报》《新民丛报》《国粹学报》《安徽俗话报》及《猛回头》《黄帝魂》《中国魂》《皇朝经世文编》《西学丛书》《皇朝蓄艾文编》《时务通考》等等。"② 我们可以看到这个阅报室中就有不少当局规定的禁书。1902—1903 年在慈溪董宅私塾读书的童年陈布雷，也通过亲友的渠道接触到了大量新书报，当时他最喜欢的是《新民丛报》《新小说》《警钟日报》《浙江潮》等宣传新思想新理念乃至于革命观念的新书报；而他在宁波府中学堂上学时，更是在国文教师沈士远的课堂上阅读到了大量违禁革命书报。沈氏常常给学生看《复报》《民报》及海外出版的《新世纪报》等革命派人士所办的激进报刊，这些刊物也往往影响到学生们的政治意识和行为模式。例如陈布雷当时就和三两知己好友秘密组织了一个"覆满同志社"，并在一间密室里悬挂起请画师画的黄帝像，供上香蜡，相率礼拜。此外，他们还时常轮流练习革命演说，希望将来能以充实的内容、犀利的口才，说服万千群众，跟随他们一起参加革命。陈布雷幼时的这种"革命"举动，无疑就是受新书报所承载的新式思潮资源的影响，对报刊上登载或道听途说来的行为方式

① 种因：《学生底新纪元》，《学生杂志》8 卷 1 号，1921 年 1 月，第 1-2 页(文页)。

② 舒新城：《我和教育》上册，收入张玉法、张瑞德主编《中国现代传记丛书》第二辑，台北龙文出版社，1990 年，第 55 页。

刻意加以模仿的结果。[①] 著名农学家沈宗瀚将辛亥年定为自己生平最堪纪念之年，主要是因为自己从报刊上得到了最初的政治启蒙观念。是年正月，他去亲戚家拜年始得阅新式报刊，“余在表兄水臣书架检得梁启超《新民丛报》数卷，借读之余，激动做新民爱国家之志。始知拘泥旧俗为不合。国非君之私产，民有过问国事之权责。”除了现代国民思想以外，其革命思想也是产生自经由报刊得知的革命志士的悲壮消息，“辛亥年，在诚意学校阅上海神州日报，三月间广州起义，黄花岗七十二烈士以身殉难，余甚悲痛。后在报端见烈士小史，肃然起敬，抄录珍藏之，自身渐起革命思想。”[②]

不仅清末如此，进入民国后，青年学生吸收各类激进政治理念更主要是通过报刊的渠道。例如，20 世纪 20 年代初从湖南永新到衡阳省立三师上学的农家子弟黄克诚，最初“脑子里除了想学习以外，似乎再没有其他的想头了，心情很平静”，但这种平静并未维持多久，待他接触面扩大以后，“特别是读了一些报刊杂志以后，脑子里开始考虑许多问题：社会的弊端，国家的前途，个人的出路等等，使我无法安静下来。因为，这许多问题都使我感到焦虑。”后来通过阅读《向导》《新青年》季刊等激进刊物，他逐步走上了革命道路。黄的这种“不安分”思想的萌生自然与其出身贫寒的切身经历相关，但承载新的思想资源和政治话语的报刊无疑起了重要的催化引导作用。[③] 时在长沙小学任教的毛泽东，在 1920 年致友人的一封书信中也表示，“现在我于种种主义、种种学说，都还没有得到一个比较明了的概念，想从译本及时贤所作的报章杂志，将中外古今的学说刺取精华，使他们各

---

① 陈布雷：《回忆录》，台湾中国国民党中央委员会党史委员会编辑出版：《陈布雷先生文集》，1984 年，第 302—314 页。

② 沈宗瀚：《克难苦学记》，台北：正中书局，1954 年第 2 版，第 22 页。

③ 黄克诚：《黄克诚自述》，人民出版社，1994 年，第 9—10 页。

构成一个明了的概念。”① 在成都念书的阳翰笙等人甚至在不知道谁是领导与上级的情况下，根据《新青年》季刊上登载的章程自行成立了四川社会主义青年团，“我记得我们是在看了《新青年》杂志上登载的中国社会主义青年团的纲领和章程之后，自动成立的。我们看了团的纲领，知道青年团是国际组织，属第三国际领导。我们很高兴。凭一股热情，就想我们也来组织。”②

除了此类种族、政治、阶级意识上的启蒙作用外，新书报还给青年学生们传递了许多在课堂上学不到的知识，或是深化他们在学习过程中对相关问题的认识和理解，成为学校学生在求学过程中重要的辅助工具。从清末的《钦定中学堂章程》和《奏定中学堂章程》等有关中等学校课程设置的安排规划中，我们可以看到时人对于中等学校应该学习的知识范围和程度的安排。在传统的修身读经之功课外，算学、中外史学、中外舆地、外国文、博物、物理、化学、体操等新式科目都已列入章程中，进入官府认可的正规知识传授体系。③ 而进入民国后，学制日益完善，关于课程设置及学习内容都有详细定规。值得注意的是，关于学科纲要的规定均强调各种学科与人生实际之关系，如博物，“要旨在习得天然物之知识，领悟其中相互关系及对于人生之关系”，而物理、化学，其“要旨在习得天然物之知识，领悟其中相互关系及对于人生之关系”④。规定虽然严密翔实，然而由于初始兴学，师资力量往往不能到位，且全国各地的师资水平相差很大，泥沙俱下，有的学生往往不能从课堂上学到自己期望的内容。于是许

① 中共中央文献研究室等编：《毛泽东早期文稿》，湖南出版社，1990年，第474页。

② 阳翰笙：《风雨五十年》，人民文学出版社，1986年，第52—53页。

③ 见舒新城编：《中国近代教育史资料》（中册），人民教育出版社，1961年，第497—525页。

④ 见舒新城编：《中国近代教育史资料》（中册），人民教育出版社，1961年，第527—529页。

多人转向课外阅读，从新书报刊上吸取知识与思想。[1]

时人反复主张应该从杂志中求知识学问，对学生不看杂志的习惯进行针砭，“一个人要想做一个专门学者，要想求得常识，成一个受了教育的人，对于学术进行状况，尤其是本国学术界进行状况总应当知道，不然，恐怕会限于孤陋与隔阂的危险。定期出版物，就是供给我们这种要求的最好资料。我所说有很多清华在校同学们，从来没有看过杂志，这种态度是很不对的。留美同学，也是很多对于本国的出版物，一种都不看。这也是他们对于本国情形隔膜的一个原因。我希望以后同学每天能费一小时或半小时的功夫，就下列各种中择喜欢的看一看，重要的详细读过，不重要的看看题目，知道怎么一回事，已经很够了。”[2] 新文化运动的积极参与者张申府则从古今治学方式的差异上论证杂志已成当今学子不可少之物：“古之学者毕一生之力，汇其所学，成一大典，以为不朽之业。今之学者学有所得，常即发为讲演，布诸杂志，以相讨论，以求增益。一二年所得，罕有刊成书册者。治一学，而欲知新，而欲与时偕进，乃非读其学之杂志不可居今讲学，宜以能与世界学者共论一堂为期。苟不知人之造诣，何由与人共论？今之世界所谓大通之世。处斯时世，傥欲有所树立，必应受世界教育，得世界知识，有世界眼光，俱世界怀抱，并令身亲种种世界事业。此数者中，自以世界教育、世界知识为先；无是，余应不可能。所谓世界教育知识自指现代者而言。而此教

① 新式教育体制发展的最初几十年，抱怨师资水平不合格的言论比比皆是，当时中小学校的教师不是留日速成学生，就是国内师范讲习所毕业，不仅旧学根底不牢，新学水平亦有限，清末民初的学校风潮，也有不少与此有关。参见桑兵：《晚清学堂学生与社会变迁》，广西师大出版社，2007 年，第 182－192 页；马自毅：《辛亥前十年的学生、学堂与学潮》，《史林》2002 年第 1 期，第 44－45 页。

② 《清华周刊・书报介绍副刊》1924 年第 12 期，第 22 页。

育此知识，现代实况与现代实况记载者，杂志实供之。”[①]

从民初学生留下的日记、回忆录等资料中，我们也可以看出，对于报刊杂志的阅读，构成他们课外生活和学习生涯的一个重要组成部分，报刊传媒已经广泛介入到那个时代读书人的生活之中，成为他们在课堂学习之外，接受知识与思想的重要来源之一。时在武昌中华大学念书的恽代英就曾批评当时不爱看报的少年，“今日，少年不肯买正当杂志，诚如先生所言，代英尝推其病根所在，以为此乃中国人各怀除课堂外无学问之观念所致，然亦多不明看杂志之利益，而国中杂志办理亦或间不得其法也。代英自问受爱看杂志之利益甚多，而以西国杂志彼之，中国杂志时有不及之点。”[②] 恽氏的批评正证明了那时部分学生趋向杂志求学问的现象。而恽代英本人在中华大学读书期间，即广泛阅读各种课外杂志，从其留下的日记中可以看到，他在认真学习功课以外，还在课余经常性地阅读《妇女杂志》《东方杂志》《中华教育界》《青年进步》《新青年》《妇女时报》等报刊，以吸取道德修养、日常生活以及各学科的专门知识。[③] 1923 年从浙江一师毕业的陈范予，也在其留下的日记中，记录了他在 1919－1920 年间所阅读的报刊，种类繁多，包括有：《杭州学生联合会报》《浙江第一师范十日刊》《教育周报》《教育潮》《新青年》《新教育》《星期评论》《世界画报》《新潮》《时报》《申报》《时事新报》《浙江新潮》《新社会》《平民教育》《钱江评论》等。其中既有思想性较强的同仁刊物，如《新青年》《新潮》《浙江新潮》等，也

① 张崧年：《劝读杂志》，《新青年》5 卷 4 号，1918 年 10 月 15 日，“通信”，第 433 页。

② 中央档案馆、中国革命博物馆、中共中央党校出版社编：《恽代英日记》，中共中央党校出版社，1981 年，第 263 页。

③ 参见中央档案馆等编：《恽代英日记》，中共中央党校出版社，1981 年，第 242－252 页。

有以提倡新教育理念为主题的教育类报刊，如《教育潮》《新教育》《教育周报》等。由此可知他的知识面的构成。而作为一名中等师范生来说，对于教育与学生等相关主题的思考和关注当是自然的，然其也多是由阅读相关刊物而引发的，如陈氏在读了《教育潮》《新教育》上的《我的学潮观》《怎么样叫做教育者的自觉》等文后，产生共鸣，在日记中颇有感慨地发挥自己的思想以回应之。①

不仅学生生活与报刊如此紧密相连，一些教师也非常重视利用相关资源作为教育材料。20 世纪 20 年代一直从事教育工作的舒新城，就屡次呼吁教育界在中等学校里添设“书报指导专员”，他强调报刊对于中学生常识涵养之重要甚至过于教科书，“要了解现社会之情势，已成之教科书实不能为力，只有阅读当时报纸杂志之一法”，他批评当时有的学生宁愿闲时阅读小说而不阅报刊的习惯，并以自己的教学经验为例证明养成阅报习惯之重要，“其实为生活上之应用计，为研究高深的学问计，阅读报纸杂志之效用，纵不能超于习教科书，最少亦当相等。”② 时在中学任教的何仲英也将新报刊比作“天上落下来的先生，窗子里钻进来的先生，外面跑进来的先生……”，他认为这些才能真正地吸引学生，也给不能适应新思潮的老师造成了不小的压力，“近年来新书非常的多，什么《新青年》哪，《解放与改造》哪，……哪一样不能做先生呢?”因此要做好新思潮激荡时代的教师，必得广泛接触新书报并勇于吸收新的智识与思想资源。③ 而从时人对

---

① 参见陈范予著、坂井洋史整理：《陈范予日记》，上海学林出版社，1997 年，第 114—116 页。

② 舒新城：《对于江苏中等教育界的建议》，原载《教育与人生》第 16 期(1924 年 1 月)，引自吕达等编：《舒新城教育论著选》(上)，人民教育出版社，2004 年，第 339—340 页。

③ 何仲英：《教师怎样才可以长进?》，《教育杂志》12 卷 1 号，1920 年 1 月，第 1—5 页(文页)。

学生五四后新习气的批评中，也可看出那时阅读报刊行为之流行。一直与新文化运动保持一定距离的南京高师（东南大学）教授刘伯明，便曾屡屡批评表面热闹的文化运动中之浅薄可忧之处，“自欧化东来，五四运动之后，凡为学生者，多趋于求新。然极其弊，徒存解放改造之名词，而少真正锻炼之精神”，中等学生也唯新鲜名词是求，“近年来之中等学校学生，对于重要科目，多不能彻底研究。而惟罗素之社会学，杜威之哲学是求，于是养成一种印象之脑筋，置根本学术于不顾。”[①] 这些青年学生趋之若鹜的名词、“学说”自然多是来源于各种新式报刊的传播介绍，“现今的青年阅读各种报章，以及新杂志，只要是新鲜的议论，总是服从，殊不知报纸所登的学术，不过是西方流行一时的议论，究竟能否成立，还待研究！”[②] 他认为学生最易于受报刊上不稳健思想的影响，而趋于浅薄轻浮。五四后各地学生自办新书贩卖团的很多，一些学生更积极创办各种小报，学着利用新式符号资源进行新文化的生产与再生产。有人就观察到在校学生这种读书重心外倾的现象，并提出严厉批评：“现在我国学生，往往看几种杂志，就想办杂志；勉强看英文，就想译丛书；稍有所得，就想发表出来，生怕人家不知道。以致入不敷出，脑海底源泉，一天枯涸一天。”而在国家学术幼稚的时代，这无异于舍本逐末，因此论者提倡多读学术入门专著，少读报纸杂志专号，“我国实业不兴，物质文明仍在幼稚时代，怎可舍自然科学不谈，而高言哲理，改革社会呢？不在根本上研究，而在枝叶上研究，这是求学的大门径没有得到。即说研究哲学，或社会学，也要多看几部入门书籍，由浅入深，才可头头是道。零琐片面的学说没

① 刘伯明讲、夏钟淯记：《我所望于学生者》，《学生杂志》8卷12号，1921年12月，第93—95页。

② 刘伯明讲、汪崇实等记：《学生应有的态度及精神》，《学生杂志》7卷9号，1920年9月，第2—3页。

有用；某杂志某某号的专论也没有用。非读专集不可！非经过自己的心思批评不可！若是摭取几个新名词，搜罗几句哲理的话，就算是研究学问，可谓‘不揣其本，而齐其末’”。[①] 报刊所带来的快捷的学习方式与即时的发表方式，确实对当时不少学生汲取知识的倾向与抉择造成很大影响。有位北京的中学生就生动地描绘了学校里一位被师生们戏称为“杂志大王”的同学的有趣景象，“他喜欢看关于哲学、社会学、教育学、心理学、论理学的书报杂志。（宁可牺牲正课——尤其是数学——到图书馆去看杂志，或者到别的学校去听演讲。）因此他以逢着教员同学，就要和他们讨论。把他挂在嘴唇边的什么一元论、二元论、社会改造、变态心理、儿童教育、概念、判断……这些新名词，一五一十的夹着口涎流出来。弄得别人讨厌了，他还要大发议论。于是同学们送他一个‘圣人’的绰号（说他是万能的）。有一个教员却唤他叫做‘杂志大王’。”[②] 新书刊与演讲成为这位学生汲取知识资源的主要渠道，正是五四后众多趋新学生的典型面貌。

梁实秋回忆自己五四后几年在清华学校高等科里的生活也是如此，虽然也闹学潮，“但是求知的欲望也同时变得非常旺盛，对于一切的新知都急不暇择地吸收进去。”每次进城逛书市都是“几乎凡有新刊必定购置，不是我一人如此，多少敏感的青年学生那是如此。”新出报刊，几乎每期必读，“因为探求新知过于热心，对于学校的正常的功课反倒轻视疏忽了。基本的科学，不感兴趣，敷敷衍衍地读完一年生物学之后，对于物理化学即不再问津，这一缺憾至今无法补偿。对于数学我更没有耐心，自己给自己制造了一个借口曰：‘性情不近’。”不仅稍艰深的数理化等基

① 种因：《研究学问底方法》，《学生杂志》7卷12号，1920年12月，第2—4页（文页）。

② 航：《有趣的神经病者》，《学生杂志》9卷11号，1922年11月，第72—73页。

础科学不再问津，即使比较古雅的外国文学作品也觉无味，“在英文班上读些文学名著，也觉得枯燥无味，莎士比亚的戏剧亦不能充分赏识，他的文字虽非死文字，究竟较古老些，哪有时人翻译出来的现代作品那样轻松?”科学与古典既已都不能引起青年们的兴趣，则他们唯有对报刊丛书里时人浅显驳杂的译述文字“从而附和之。如响斯应，如影斯随，追逐时尚，皇皇然不知其所届”。梁氏对此也有所反省：“这是五四以后之一窝蜂的现象，表面上轰轰烈烈，如花团锦簇，实际上不能免于浅薄幼稚。”① 此时正在和友人办杂志的郑振铎也曾针对此现象有所评论：“我又看见许多朋友，每见一种杂志出版，都去买来看，他们的案头却不见别的科学的书籍”，并就此向思想界呼吁：“诸君！杂志不过是供我们参考的，不能在那里做我们的科学研究的功夫吓！”② 依此可见，报纸杂志的出现使得以往学子所追求的寒窗苦读、厚积薄发的修学方式逐渐被放弃了。

以上种种，无非说明近代以来读书人与报刊越来越紧密的关联。而《学生杂志》就是此时应运而生的以中等学生为主要目标群体的课业辅导杂志，为学生提供各个学科的普通或是深化了的知识，而且大部分材料是由学生自己提供，可以视作一种学业知识共享渠道。③ 因此，具体到这个知识与言论的公共空间中，我们可以看到持续十七年半之久的《学生杂志》，其首要功能就是谋求对学生进行学业上的辅助。不同学科知识的传播与普及，无

① 梁实秋：《清华八年》，张继华主编：《文化界名人自述》，群众出版社，1993年，第90－92页。

② 郑振铎：《一九一九年的中国出版界》，《新社会》第7期，1920年1月，收入《郑振铎全集》第3卷，花山文艺出版社，1998年，第386－387页。

③ 当时为全国普通中等学生提供课外辅导的刊物唯有《学生杂志》，同时期在国内外虽然也先后创办了一些提倡各门科学的读物，如《科学》《学艺》《民铎》等，但程度较深，主要针对已学有根底的读书人，并不适宜中等程度的青年学生。《学生杂志》上就有不少通信者抱怨上述这些杂志程度太深，无法理解。

疑就成为这份杂志最主要的目标和内涵要素。我们可以通过考察它在民国前期的这段时间内究竟为学生提供了哪些知识与概念，以展现随时代而变迁的学术与教育的近代历程。本章拟从不同的学科角度来描述该杂志传播知识的内涵与取向，以及在漫长的历程中所发生的某些变化。

第二节　国文教育变迁之载体与新文学的“传播网络”

一、国文教育趋势变化的风向标

《学生杂志》的整个历程中呈现出来的国文内容，也是与近代教育的改革与发展一致的。当国文科在近代学制里独立设置之初时，名称也经历了一系列变化。初为“词章”，继为“中国文学”，后为“国文”。清末颁布实行的第一个现代学制——“癸卯学制”里，规定从初小到中学一直开设读经讲经和中国文学（初小为中国文字）两门课程，占据较重的授课时间：初小每周为18个学时，高小为22个学时，中学为13～15个学时。目的以掌握古今文章的流别与文风，及应用或事理的国文作法为目的，“其作文之题目，当就各学科所授各项事理及日用必须各项事理出题，务取与各科学贯通发明”；至于诗词教授内容则以“读有益风化之古诗歌”为主。[①] 进入民国后，教育部颁布了新的学制，废止读经科，改设修身科，并正式设定国文科，除了删掉前此课程纲要中的尊孔忠君的内容，强调个人对于家族、社会、国

① 《奏定学堂章程》，璩鑫圭、唐良炎编：《中国近代教育史资料汇编（学制演变）》，上海教育出版社，1991年，第298、311、320页。

家及人类的责任外，具体教学内容并无太大变化。

早期《学生杂志》上的国文相关内容，以中等学生的投稿为主。从该杂志前期的内容看，学生的习作几乎全是课艺类作品，诗歌辞赋，游记骈文，或是文史课堂作上的论说如《论东汉之灭亡》《论满洲入关后之势力》《以学愈愚说》之类的作品，这当然与此时学校中的国文教学模式是相对应的。当时在商务编译所国文部任职，并兼任《学生》助编的沈雁冰便曾负责审核此类稿件，“我看这些文言的游记，大多用骈体，可见当时全国各地中等学校盛行的，竟是骈体；而诗、词内容，颇多感伤牢骚，老气横秋，疑是教师们修改润色过的。”① 此时不仅这些文史类作品，所有的论说或是工艺类、科幻类作品都是用工整的文言写就的。沈雁冰就回忆他曾与弟弟泽民一起，从涵芬楼的欧美旧杂志上编译了一篇叫做《两月中之建筑谭》的科学小说，也是化西为中，完全用四六骈体将之改写刊出的，这篇文章还得到了朱元善的大加赞赏。②

这种现象随着新文化运动与国语运动的展开，在 1920 年前后开始发生变化。20 世纪 10 年代末 20 年代初这个时段，正是新文学运动和学校国文教育改革运动风起云涌的时期。在以新民为核心的清末下层社会启蒙运动中，即诞生了大量以中下层民众为对象的白话书籍与通俗报刊。③ 但此时段内白话文仅仅是起着宣传与教育普通民众的作用，一般读书人书写仍是习用文言，因此这一运动对文学改革乃至学校课堂文史学科的传授方式并未产生多大的影响。真正产生影响的事件，是在 1920 年由于国语研

① 茅盾：《我走过的道路》(上)，人民文学出版社，1981 年，第 123 页。

② 该文连载于《学生杂志》第五卷第一、四、八、九等号上，茅盾：《我走过的道路》(上)，第 128－129 页。

③ 参看李孝悌：《清末的下层社会启蒙运动：1901－1911》，河北教育出版社，2001 年。

究委员会的推动，教育部正式规定国民小学一二年级的国文从当年秋季开始改为国语；在接下来的数年里，国文教育改革的步伐越来越快，文学革命与国文教育也相辅相成，一起推动了学校学生群体所接受的学习资源和人生发展路径的变化。[①] 一些思想趋新的中学国文教师开始主动向文学革命的新潮流靠拢。例如从北大中国文学系毕业的罗常培，于 1921 年夏天进入天津南开中学担任两个班的国文教员，“所用教材完全改变了古文释义派‘臣密言’‘臣亮言’的旧作风，加选了许多语体作品。就是所选的文言文，也注意到思想内容”；他还将新文化精英的作品选入教材，由此惹来麻烦，“我选了一篇李大钊的《今》，没过一个星期，教务主任就来检查我了。”[②] 到 1920 年，浙江一师的国文课堂也彻底变了样貌，“原来五四的第二年，我们已经在教室中尝试着道尔顿制的教学法，抛开先生讲学生听的老办法，如旧式书院一样，让学生自由阅读；教师只是我们的顾问。顶热闹的却是开讨论会，国文课变成了社会问题研究会。后来，上海新文化书局出版的《社会问题讨论集》《妇女问题讨论集》，便是我们的国文讲义。”[③] 当然，这些只是接近新文化运动中心地域，且比较趋新的师生们的言行。而国内各地各校间的差距是很大的，尤其

① 胡适对这次看似不重要的改革评价颇高，“教育制度是上下连接的；牵动一发，便可动摇全身。第一二年级改了国语，初级师范就不能不改了，高等小学也多跟着改了，初级示范改了，高等师范也就不得跟着改动了，中学校也有许多自愿采用国语文的。”胡适：《五十年来中国之文学》（1922 年），收入《胡适文存（二集）》（卷二），黄山书社，1996 年，第 260—261 页。

② 罗常培：《罗常培自传》，全国政协天津市委员会文史资料研究委员会编：《天津文史资料选辑》第 43 辑，1988 年，第 8 页。

③ 曹聚仁：《我与我的世界》，北岳出版社，2001 年，第 148 页。

是内地与沿海地区，有时恍若隔着一个时代。[①]

不过随着正规学制的拟定颁布，国文教育形式与内容的变革逐步在全国范围内展开。1922 年壬戌学制正式颁布实施后，全国教育会联合会组织的“新学制课程标准起草委员会”于 1923 年 6 月公布了拟定的中小学课程纲要，包括有关中学国语课程的详细规定。其中初中国语课程纲要部分由叶绍均起草，高中国语课程纲要部分由胡适起草，虽然其中仍保留了能以文言作文的培养目标，但通过提升国语学习课时，将“能自由运用语体文体发表思想”列为高中部分毕业的最低标准，列举大量的古今白话文学作品作为略读参考书目——包括新文化精英胡适、周作人等的著译作品，巩固了国语教学在全国性教育体制中的地位。[②] 可以想象的是，学制与课标的重新拟定，再加上大量新文化运动时期的代表性作品通过新版教科书与教师自编文学读本进入中等学校语文教学的课堂，[③] 这些步骤无疑将新文化运动的成果通过正规

① 如 1930 年代初在成都女子师范学校念书的一名女学生，到了 1933 年冬天才第一次撰写白话作文，且仍在日记中正面使用“名教”一词。参见王东杰：《一个女学生日记中的情感世界（1931—1934)》，《近代中国妇女史研究》(台北)，第 15 期，2007 年 12 月，第 253 页。

② 全国教育会联合会新学制课程标准起草委员会编：《新学制课程标准纲要》，商务印书馆，1925 年 6 月，第 52－56、82－85 页。

③ 如 1920 年代初在云南省立一中念书的杨青田就回忆到，他们的国文教师谬尔纾为了因应新思潮，自己选编了一部《历代文选》和一部《国语模范文选》，以作为教材，“现代文由此正式进入了课堂，开始打破了语文教学为古文垄断的局面”。杨青田：《五四运动在云南》，中国社科院近史所编：《五四运动回忆录》(续)，中国社会科学出版社，1979 年，第 444 页。

教育体系的途径逐步巩固下来。①

伴随着教育领域的这些变化，保持与时代同步的《学生杂志》不仅介绍了一些西方名家的文学思想②，登载了许多翻译的小说戏剧③，本着其关注并参与解决学生切身问题的风格，更在这个话语场域里讨论如何在中等学校实践国文教育，学生如何学习国文等问题。这方面的讨论在中后期杂志的版面上占了较重要的篇幅。正如论者所述，从清末国文单独设科开始到五四时期，语文教育研究的重点较为集中于初等教育的领域；进入20年代后，语文教育研究才开始逐步深入到中等教育领域。④ 自胡适、陈启天、黎锦熙等人开了讨论研究中学国文教学问题的先河后，⑤ 对中学国语文的学习问题，即是许多学生关注的重点，也受到不少教育界人士的注目。因为，与尝试走文学创作道路的文艺青年相比，普通学生们更关心的显然还是如何学好国文科的问

① 关于民国早期新课标制定、教科书生产、学校白话文教授与新文学典范确立之间的互动关系，可参看美国学者高一涵的细致讨论。Robert Culp，*Teaching BaiHua：Textbook Publishing and The Production of Vernacular Language and a New Literary Canon in Early Twentieth Century China*，In *TWENTIETH CENTURY CHINA*，Volume 34，No. 1，November 2008，pp4－41. 不过他的探讨似乎忽略了五四后出现的大量白话报刊与趋新学生群在造成文学新典范过程中的促进作用。

② 如天民在《近代文学与婚姻观念》（7卷1号）一文中，介绍了五四时期最为流行的戏剧家易卜生及其他欧美文学家作品中对婚姻问题的探究；此外还有明心在《恩特列夫文学思想概论》（7卷5号）中介绍了俄国颓丧派代表作家恩特列夫的作品；类似的文论还有许多。

③ 如欧美文豪托尔斯泰、莫泊桑、易卜生、福楼拜、斯蒂芬孙、亨利、高尔基等人的小说与戏剧等作品的译文都曾出现在《学生杂志》上。这也是这份杂志积极参加绍介西方文学运动的实绩。

④ 参看李杏保：《中国现代语文教育史》，四川教育出版社，2000年，第91－100页。

⑤ 参看胡适：《中学国文的教授》，《新青年》8卷1号，1920年9月；陈启天：《中学的国文问题》，《少年中国》2卷1期，1920年7月；孙本书《中学校之读文教授》，《教育杂志》11卷7期，1919年7月；夏宇众：《中学国文科教授之商榷》，北京高等师范学校教育研究会1918年版，等等。

题。在改版初期，除了“青年俱乐部”里零星的几篇学生自己讨论文学的文章外，以及后来有“文学研究”的不定期栏目，泛泛地讨论如何研究中外文学以外，杂志中对一般中等学生如何学习国文国语的基本问题并无多少关注，也没有什么理论与实践上的探讨。这点从第九卷的“时论要目”栏中就可见一斑，在这一年里《学生》从各类报刊中摘录的时论要目，关于科学的有 44 则，关于文艺的有 25 则，关于史地学的有 18 则，关于哲学的有 16 则，关于教育的亦有 14 则，而关于中国文字及国语的只有 5 则。这一点从第十卷起开始有所改变。为了探讨中等学生如何学习国文科的问题，《学生》除了在 1923 年 6 月出版的十卷六号“学习法研究号”中刊登了数篇探讨如何学习国文的文章，来初步探讨中学生学习国文的问题外，[①] 它还将十卷十一号（1923 年 11 月）辟为“国文研究法专号”，请了诸多教育界领域的名家来讨论这一问题。[②]

二、新文艺作品的发表园地

五四前后新文学革命的号角吹响后，青年学子纷纷投入其中，成为阅读接受新文艺作品的主力，有人便观察到，“新文学在学生界差不多成了一种家常便饭了，中学以上的学生，差不多人人都读过一两篇小说，一两首诗，一两篇戏曲”。[③] 他们在新的风潮感染下，不止停留在阅读层次，还纷纷加入新的阵营，展开创作活动。如五四前后正在广东梅县中学读书的黄药眠，就回

---

① 是期论文关于中等学生如何学习国语文的文章有，周予同：《中学国文学习法之商榷》；何仲英：《中等学生的国语国文学习法》；陈东原：《国文学习法》等文。

② 这些文章主要还是以教师的身份为学生应该怎样研究国文国语出谋划策的，如孙俍工、穆济波、夏丏尊、董渭川、卢自然等人的文章皆是。

③ 卢自然：《研究文学的几条方法》，《学生杂志》10 卷 12 号，1923 年 12 月，第 1 页（文页）。

忆当时受北京等地传来的新风尚影响，学生作文方面的习俗也起了变化："在这个时候，我们的国文和习作的课程内容也逐渐变化了。最初，我们学习写作，只写孔夫子的格言，写史论，写游记，写传说和故事，写生活的经历。但以后就逐渐改变了，写时评，当代的人物论等等。……以前是学习旧诗，读《唐诗三百首》；现在却学习写新诗（即白话诗）了。"这些中学生的阅读重心也开始发生变化，黄氏回忆自己在高小时"就是爱读《玉梨魂》《雪鸿泪史》这类今天称之为鸳鸯蝴蝶派的小说，但经过五四运动以后，我就觉得这样的东西没有味道，它同我们日常生活关系不大。"到了1920年前后，他和一些同学改读起新文化刊物来了，"当时的《新青年》，少年中国学会出的刊物，以及《北京晨报》副刊，上海《时事新报》的《学灯》，都是我们青年人所喜爱的读物，而且开始模仿写这样的东西。"①

既然许多趋新学生的阅读口味与写作方式都发生了变化，与中等学生联系紧密的《学生杂志》也不得不随之改变，从大量刊登学生的旧体诗词、文言的散文游记等，转向以刊登学生的新文艺作品为主，比如新鲜活泼的白话诗、白话散文等。使得《学生杂志》上的"青年文艺"这一块领域，成为文学革命下参与具体化的载体。种种改革运动与风尚变化在和学生及学校课程内容紧密相关的《学生杂志》这样的期刊上，较早地就得到明显体现。在新文化运动潮流中受到冲击的《学生杂志》，一直以来就是以发表学生课堂习作与各种课艺文字为主的期刊，因此很明显地体现着学校教育风向和社会趋势的变迁。在五四运动以前，学生课艺类作品基本是传统国文教育风格的体现，以律诗、游记、传记、序言、文跋、读书录等为主，基本没有什么新鲜的内容。五

① 黄药眠：《动荡：我所经历的半个世纪》，上海文艺出版社，1987年，第31页。

四运动以后，随着白话文在学校教育与文化界的地位愈来愈重要。善于跟风趋时的商务期刊也迎头赶上。《东方杂志》《妇女杂志》《教育杂志》等先后改文言为白话，并宣言采用新内容。[①]从1920年1月号起，《学生杂志》也开始采取革新的措施，文体上是文言与白话并用（主要是论说、记载等用白话，诗词和部分学艺等内容仍用文言），并加新式标点，还宣称要“除了科学文艺并重而外，再加添形上的学说”。因此从这一期开始相继介绍了易卜生与尼采等西方学者的学说。不过从版面上体现出来的文体与文风的变化也是有一个渐变的过程的。其实从1919年的第六卷下半年起，新式标点符号已开始出现于论说文中，这应该是编者为了回应时代潮流的有意提倡。但是大量发表普通学生作品的“学艺”与“学生文坛”等栏目中，各地学生的来稿却基本是保持旧貌，以律诗骈句及唱和应酬之作为主。这种状况直到1921年上半年杨贤江入主《学生杂志》开始改革后，才发生了一些变化。旧式应酬唱和的诗词消失，白话诗歌逐渐增多，专设了游记栏，刊登游记的数量较前大为减少，而且渐向清新的白话模式转移，具有近代白话散文特征的学生文艺作品逐步增多。值得一提的是专门设立了“青年俱乐部”这一栏目，以刊登青年学生的散文随笔作品，多是关于学生自己的生活经验与感想，乃至学习各种知识的心得等，范围比较庞杂，也仍带有某种课艺的性质，不过文体都是现代式的白话散文，文风活泼灵动，已没有旧式古文的习气了。

---

① 如《妇女杂志》宣称要“迎接新潮变换体例”、“多用白话简明切要”等，其他各卷亦多宣称要“大大地改良，大大地刷新”。《东方杂志》也打出了“变更体例预告”的广告，声称“今者世界智识日益进步，本杂志亦不得不益自策励，以求完善，因自九年十七卷第一号起，将门类酌加增减，虽宗旨无甚改变，而贡献读者，自谓颇多便利”。参见《东方杂志》《妇女杂志》《教育杂志》等1919年12月号的“刷新预告”。

值得一提的是，在20世纪20年代前期各地新文学社团逐渐出现，新文学刊物如雨后春笋般地成长起来，新文学运动蓬勃发展的语境下，改革后的《学生杂志》也成为传播新文学的一块重要阵地。[①] 尤其因为它是直接面向全国中等学生群体的，又借助于商务强大的发行网络，因此其对于现代白话文学的形成与发展，以及向下层知识分子普及方面，做出了自己的贡献。其实，当时那些新文化精英们白话作品的主要读者，基本就是这些能勇于接受新知识与新思想，且向往与“中心”靠拢以获取更多文化资本的普通学生们。他们模仿倡导精英们而初试啼声的作品，除了在他们自办的刊物上大量刊出外，在全国范围内能供他们经常发表的主要园地并不多。如最著名的五四期刊《新青年》《新潮》《少年中国》《少年世界》等，基本是以发表社内同仁的文艺作品为主，而大报副刊如《民国日报》“觉悟”副刊、《时事新报》“学灯”副刊等虽然能满足一小部分学生的发表欲，但从其发表的比例、难易与总量上来说，仍然远小于一般知识群体。对于此，我们可从那时尚在无锡郊镇一普通小学任教的钱穆的投稿经历中，看出报刊编者的选择性倾向。钱穆在未暴露自己的身份之前投两稿于《时事新报》“学灯”副刊，均以大一号字在首幅刊出，成为除主编李石岑外获此殊荣之第一人。后李石岑来信要求与之通讯，钱氏之友人均为其见知于“当代哲人”而高兴，认为与之“通讯久，当有前途可期”，但在钱注明了其小学教师身份，

---

① 胡适即指出，五四以后的时代，“各地的学生团体里忽然发生了无数小报纸，形式略仿《每周评论》，内容全用白话。此外又出了许多白话的新杂志。有人估计，这一年（一九一九）之中，至少出了四百种白话报。……时事所趋，就使那些政客军人办的报也不能不寻几个学生来包办一个白话的附张了。民国九年以后，国内几个持重的大杂志，如《东方杂志》、《小说月报》，……也都渐渐的白话化了。”而读者群广大的《学生杂志》在白话文学出版物造成的“文化市场”上，自然也是一个重要的组成分子。见《五十年来中国之文学》（1922年），收入《胡适文存（二集）》（卷二），黄山书社，1996年，第237页。

而不是如友人劝告的那样以附近图书馆地址与之通讯后，就再无音讯了。可见在其时新文化名人的心目中，小学教师处于何种地位，更勿论普通的中小学生了。① 不过从史料可知，那时各报刊对于大学生投寄的文论还是比较乐于采纳的。如 1925 年 2 月 23 日第 69 号的《京报副刊》上登载了镜人的《一偏之见》一文，其中记录了某君投稿《申报》的技巧。原来他的通信处写为 T 公寓，采用率很低，后来改用 P 大学，十篇中能发表九篇。

因此，如《学生杂志》这样发行持续稳定且流通广泛，并能产生较大影响的老牌传播媒介外，能大量发表普通学生诗文论说的园地，实并不多见。该刊物中每期均备，且占有一定篇幅的诗歌栏，就鲜明体现了文学革命潮流冲击后青年学生积极参与新诗创作的热情。②

这种进入 20 世纪 20 年代以后一直持续不衰的新诗创作热情，自然与白话新诗在五四运动后迅速流行，很快在中国现代新文学史上确立了典范地位密切相关。胡适在 1922 年为申报馆五十周年纪念所作的《五十年来中国之文学》一文中，总结五年来白话文学的成绩时，就对白话诗颇为看重，“白话诗可以算是上了成功的路了。诗体初解放时，工具还不伏手，技术还不精熟，故还免不了过渡时代的缺点。但最近两年的新诗，无论是有韵诗，是无韵诗，是新兴的‘短诗’，都很有许多成熟的作品。我可以预料十年之内的中国诗界定有大放光明的一个时期。”③ 那个时期的青年，热衷于学习白话文，积极学做白话诗，渐成为一

---

① 参见钱穆：《八十忆双亲·师友杂忆》，岳麓书社，1980 年，第 99—100 页。

② 从 1920 到 1930 年代，《学生杂志》上的栏目设置变化相当频繁，但一直不变，几乎每期不缺的就是“青年文艺”中的诗歌发表栏，这其中又以自由无韵的白话诗为主，充分体现了青年学生参与创作的激情。

③ 胡适：《五十年来中国之文学》(1922 年)，收入《胡适文存（二集)》(卷二)，黄山书社，1996 年，第 239—240 页。

种风尚。如五四前后正在杭州浙江一师读书的曹聚仁，就说过那个时候中等学生群体前后的思想变化，除开积极参与社会政治运动外，最感兴趣的，“乃是白话文运动。……我们追随《新青年》派的号召，把以往被夏丏尊没收的《红楼梦》《水浒》《三国演义》搬到教室中，让它们代替了《古文汇编》、《古文辞类纂》的地位。……我们最赞成吴虞的只手打孔家店的主张，所谓四书五经，真的一脚踢掉，让它们到毛坑里去睡觉了。那时，我还爱写白话诗，一种无韵的抒情诗，大体上走的是胡适《尝试集》式的解放体诗词。如康白情所写的‘送客黄浦，风吹着我的衣裳’真的是家喻户晓了。”[①] 他和他的朋友们都十分热衷于写白话诗，见证了诗歌的兴起与繁荣，“关于无韵自由诗，几乎成为我们尝试写作青年最爱好的体裁。我曾经在邵力子的《觉悟》编辑室中，看到成千份的诗稿，有一位诗人，他就十天之中，写三百多首白话诗。其结果，大部分的白话诗，只是把白话文，分行来写，简直不是诗，却也不是散文。这也可说是新诗的流弊。”[②]

在这种背景下，革新后的《学生杂志》最为引人注目的特色之一，就是自八卷七期以后，开始在“青年文艺”栏尝试刊登一些活泼清新的白话小诗，而不再一律是对仗工整的旧式词曲。有的读者在读了他人的诗文后有所感触，还互相唱和。[③] 并且，新登的诗文不仅形式越来越与新文学运动的主流趋同，内涵上也开始关注于民生疾苦，底层辛酸。这是改版以前所没有的现象。总之，受胡适《尝试集》、汪静之《蕙的风》等新诗集影响的学生很多都学起做新诗来了，此后的《学生杂志》几乎每一期上都会刊载一些新式白话诗，与新文化运动时期的少年人热衷于写诗的

① 曹聚仁：《我与我的世界》，北岳出版社，2001 年，第 128 页。

② 曹聚仁：《文坛五十年》，上海东方出版中心，1997 年，第 146 页。

③ 如刘一声：《读“红的花”》（十卷十二号）、楼建南：《读九个月的牢狱生活》（十卷十二号）、凡鸟：《读了‘死的诱惑’以后》（十一卷八号）等诗文作品。

热潮相应。[①]

《学生杂志》因应国文教育改革与新文学潮流的转型是成功的。因为它很快就成为许多爱好文艺与写作的青年们学作新诗与新文艺的工具。后来有名的新文学作家陈适就回忆："到了进高级小学念书时，和我意趣相投的是增偍兄，我们都是喜欢白话文的，课外也常常聚首谈些关于白话文方面的话，于是大家合订了几种杂志，如《文学周报》《小说世界》《学生杂志》《学生文艺丛刊》等，互相阅览。此后也常用白话作文，写日记。"[②] 此外，作家萧军于1920年代前期在东北军官学校学习时，仍然迷恋古文，写作古体诗，写作旧小说，写信也用文言文，而与他相知的同伴方靖远已经是"踏入了新思潮、新文学的领域。他所读的书也与我绝不相同，这时他读的是：《小说月报》《学生杂志》，以及新出版的新小说翻译小说之类，写信用白话。"后来，萧在他朋友的影响下也开始用起白话文来写作。[③] 可见内容丰富且大量刊登语体文章的《学生》，也成为文化程度不高的知识青年学习白话文的典范文本，普及到一般学习新文学的青年手中。并且因为其贴近普通学生的亲和普及性风格，《学生》很快也成为中等学校国语文学习的典范与标准。一些中学的语文教学工作者还将该杂志列为衡量学生国文阅读能力的参考书之一。在20世纪20年代参与了中学国文新课标的拟定，且多次在《教育》《学生杂

① 新诗的读者与作者在这里呈现出一种交叉重叠的景象，他们在一些文化精英经常发表作品的报刊上读完流行的诗文，就拿起笔来自己做白话诗，再投递到《学生杂志》这样的较为底层化普及化的刊物上去发表。关于新文化运动期间新诗的读者构成与诗集的传播、阅读情形，可参看姜涛：《"新诗集"与中国新诗的发生》，北京大学出版社，2005年，第48—57页。

② 陈适："我之学新诗的回忆"，《陈适文存》，中国民族摄影艺术出版社，2006年，第61页。

③ 萧军：《我的文学生涯简述》，《萧军全集》第一卷，华夏出版社，2008年，第17页。

志》等杂志上阐述国文教学方法的东南大学附中教师穆济波，即在1924年的一篇探讨中学国文教学的文章中，列举了他拟定的东大附中初中一年级在国文方面的升级标准："能读日报或普通刊物（如《中国青年》《学生杂志》）及浅近短篇小说（如鲁迅《呐喊》）并有感发，可录为笔记。"① 再如北京高师国文系的董渭川，不仅自己爱读《学生》《妇女》《教育》《小说月报》等商务出的杂志，还在高师附属的文科补习学校讲授国文课时，也将《学生杂志》《新生活》《小说月报》等报刊指定为学生的学习参考材料。②

第三节　"赛先生"东来：科学新知的传播与接受空间

从清末以来创办的报刊中，引介西方科学知识一直是重要的门类；而新式学校创办的目的之一，也是要通过教育体制系统地接受并融合西来的科学。③ 前面已经提到晚清以来报刊在传播新

① 穆济波：《中学校国文教学问题》，《中等教育》2卷5期，1924年2月1日。

② 渭川：《我的暑期生活》，《学生杂志》10卷10号，1923年10月，第2—4页（文页）。

③ 从晚清最早的中文期刊《察世俗每月统纪传》到清末面向平民的科普杂志《格致汇编》《亚泉杂志》等，再到民初知名的学术社团所办的《科学》《学艺》等刊物，宣传普及科学知识一直是重要的目标。而现代教育体系中对科学教育目标的规定，也体现了对相关知识的重视。如《癸卯学制》《壬子癸丑学制》《壬戌学制》等近代实施的学制中都规定了详细的科学教育目标。一位学生也提到，"我国自有学校以来，人人心目中已悬有科学之字样。长此以往，词章帖括之中国一变而为科学充分之中国，行将跃侪列强矣。"于伟：《学生之须知》，《学生杂志》2卷2号，1915年2月，第16—17页（栏页）。

知中的作用，这当中科学（格致）新知就占了很大的分量。[①] 这些报刊构成学生学习科学知识的重要渠道。而《学生杂志》无疑体现了报刊、学生与科学这三种不同的文化装置在一个空间内的融合。通过细察我们可以看到，在该杂志近十八年的发行过程中，其试图传播的“科学”的内涵也在随着时代而不断发生变化。1920 年代以前该杂志以学生所撰写的学堂学艺内容为主，偏向具体的工艺技术知识，是一个各地学生分享自己掌握的学科知识的交流网络。到五四运动后，随着科学主义思想潮流的发展壮大，杂志中出现了较多介绍系统介绍科学精神、科学方法及科学门类的文章，并相继将西方最新的科学思想与知识传播到中国来；到后期，该杂志专门化程度逐步加深，科学相关文字的学生作者渐渐减少，其逐步演变为教育界及科学界人士向学生介绍传播科学文化的另一个教授平台。因此，《学生》试图传播的科学新知也在不断变迁中打上了时代的烙印。

一、科学的具体化：前期“学艺”名目下的工艺技术知识

前期《学生杂志》对于科学门类知识的登载主要是集中于中等学校的课艺内容上。这些与科学相关的课艺作品主要是中等学生的投稿，反映了他们在学校接受的知识类别和程度。从清末新政时颁布实行的《癸卯学制》开始，西学中的格致内容如算学、博物、理化等开始在学校教科中占到一定的比例，并逐渐增加。

① 如清末各地先后创办的《湘学新报》《东亚报》《大陆》《萃报》《求是报》《农学报》《工商学报》《新学报》《格致新闻》《普通学报》《亚泉杂志》《中外算报》等，就有许多专门辟有登载格致知识的栏目，以传输科技新知。可参阅张小平、潘岩铭：《中国近代科技期刊简介（1900—1919）》，收入丁守和主编：《辛亥革命时期期刊介绍》第 4 集，人民出版社，1986 年，第 694—712 页；姚远等编著：《中国近代科技期刊源流》(上)，山东教育出版社，2008 年。

《癸卯学制》中设定中学教育为五年。规定中学堂第一年就开设博物，每周为两课时；第四年开设物理，第五年开设化学，每周均为四课时。理化科的教学目标为，“讲理化之义，在使知物质自然之形象并其运用变化之法则，及与人生之关系，以备他日讲求农工商实业及理财之源。”1909 年，在《学部奏变通中学堂课程分为文科实科折》中，规定文科中学第三年全年，和第四学年一部分时间学习物理，每周两课时，理科中学第四学年学习物理，每周为八课时。[①] 到民国建立后颁布的《壬子癸丑学制》中废除了毕业奖励出身制度，并废除了读经讲经课，增加了自然科学类课程的学时比重，如博物与物理化学的课时比重均由原来的 4.4%增加到了 6%。[②] 当时的一些学校内部发行的校刊上也刊登有不少的科技工艺相关内容，发表本校学生的著译作品。[③] 因此，《学生杂志》前期登载全国各地学生的大量课艺作品，使之在大众传播媒介中呈现出来，既表现了民初学校教育的实绩，增进大众对新式教育的信心，又能促进我们对学生集体性格和精神世界的探求。这些课艺作品虽然粗浅，却反映了科学知识在中国传播初期的一些特点。

下面笔者将第一至第六卷该杂志上所登科学（包括自然科学与应用科学）相关文章篇数进行分类统计，列表见表 2－1：

① 朱有瓛：《中国近代学制史料》（第二辑上册），华东师大出版社，1987 年，第 387－392 页。

② 王伦信等著：《中国近代中小学科学教育史》，科学普及出版社，2007 年，第 19 页。

③ 姚远等编著：《中国近代科技期刊源流》（上），山东教育出版社，2008 年，第 99－101、107－109 页。

表 2—1　《学生杂志》前期所登自然科学与工艺技术方面的文章篇数（单位：篇）

卷次	科学界名人传记	数学（包括算术与几何）	理化	天文学	生物学	地学	测绘学	农林学	医学	工程技术
第一卷		14	9	2	3	1		1	1	1
第二卷	4	11	8	4	5	3		7	2	3
第三卷	3	16	12	3	6	5	1	4	2	6
第四卷	3	14	7	1	4	3	2	3	1	3
第五卷	1	19	6	2	7	6	1	2	1	2
第六卷		13	8	3	4	4		4		1

资料来源：《学生杂志》第 1—6 卷（1914—1919）。

从表 2—1 中我们可以看到，数学理化知识在其中占据相当分量，这几种科目是近代引进西方学科体系与科学系统的主要内容，在中等学生的课程里占有重要的地位，普及较广，因此学生注目最多；同时这也是与商务作为近代教科书出版重镇的地位是分不开的，因为许多学生作品所根据的教科书都是由商务出版的，商务自办的杂志自然乐意刊登此类作品，因为这样既体现了刊物的教辅功能，又为商务自身的出版品做了广告。不过值得注意的是工艺类知识在其中的呈现，这与近代中国学习西方强国之术的急迫性紧密相关。而在此期间，中国近代各门科学也正在各自学科的形成过程中，其内涵不断精细化与专门化，这些在媒介中公开发表的课艺类作品展示了科学各门类在中国正规学校体制内传播与接受的初步状况。此外，根据署名的作者情况，可以知道中学生与师范生一般以发表数学理化类等自然科学课程作品为主，中等实业学校（如工业、农林、医学等类别）的学生以发表实用工艺类作品为主，如广东农林试验场附设讲习所林学科学生张石朋一人就先后在杂志上发表了四十余篇农林知识相关的专门文章。这些文章分布趋向的不同体现了不同学校学生学习重心的区别。

值得注意的是，当时正在进行的“欧战”（第一次世界大战）对《学生杂志》传播内容的影响。不仅在期刊中的国内外新闻中登载了大量相关信息，而且欧战中出现的若干新式武器发明，也引起了杂志编者的关注，在“记载”“学艺”或是“杂纂”等栏目中不断编译出相关资料以做介绍。比如在二卷九号“记载”部之“欧战声中之发明科学”文中，就译述了英文《大陆报》的访谈资料，突出了“自战事作后，科学地位顿见显著”的议题。[①] 而在姚天沃的《欧战琐闻》里，则介绍了“自动车”“搬运车”等新式技术装置。[②] 在五卷九号的“学艺”栏中，就介绍了欧战战场上对付潜艇的重要武器“深水炸弹”[③]；而顾绍衣则在五卷十一号“杂纂”栏的《欧洲战场上之兵器》一文中，详细介绍了大批欧洲战场上之新兵器，如“四十二生之大炮”“榴弹炮与加农炮”“航空机射击炮”“飞行机距离测定器”等，在对这些武器做了学理上的介绍后，作者感叹了科学工业之发达与国运之关系，“国运强弱与国权隆替之消息，固随在与科学进步工业盛衰有密切之关系也”，但在作者看来，这也只是“强国之重大要素之一”，其根本的依托还在国民，“至论战争上之真正要素，则其责任惟在国民。苟有训练精良之国民，而济之以精良之兵器，供之以丰富之军需，则天下无敌，非虚语也。”[④] 从第六卷一号开始，编者连续几期在杂纂栏中介绍“欧战中之新知”，例如“活

① 《欧战声中之发明科学》，《学生杂志》2 卷 9 号，1915 年 9 月，第 50—51 页。

② 姚天沃：《欧战琐闻》，《学生杂志》2 卷 10 号，1915 年 10 月，第 30—31 页（栏页）。

③ 《深水炸弹》，《学生杂志》5 卷 9 号，1918 年 9 月，第 329—344 页（栏页）。

④ 绍衣：《欧洲战场上之兵器》，《学生杂志》5 卷 11 号，1918 年 11 月，第 73—80 页（栏页）。

动X光线影片”“新式救生船”“掩蔽军队之烟”“传信炮弹”“流火”“运货之‘坦克’”“活机房轮船”“德国之超飞机”等欧战中新诞生的科技知识。

随着科学传播的日益深入，1910年代后期，科学小说体裁也开始进入杂志的版面。进入商务不久就被调去帮朱元善编杂志的沈雁冰回忆道：“一九一八年的《学生杂志》，认真要登科学小说了。这一点也是我和朱元善商量好，由我负责收集材料。”沈氏根据商务图书馆所藏的欧美旧杂志《我之杂志》(My Magazine)、《儿童百科全书》等资料，编译了不少科学小说，如《三百年后孵化之卵》(《学生》四卷一至四号)，《两月中之建筑谭》(与泽民合译，发表于《学生》五卷一、四、八、九号)，《二十世纪后之南极》(《学生》五卷七号)，《探‘极’的潜水艇》、《第一次飞越大西洋的R34号》(均刊于《学生》六卷十二号)等。这些带有幻想性质的编译作品可以说是科学小品在中国的萌芽，成为以后面向青年读者写作科普作品的先声。[1] 此外，当时杂志除了发表学生在学校课堂上做的课艺作业以外，编者还鼓励学生们走出校门，利用假期做一些有关地方上各种自然资源状况的社会调查，并刊登出来。先后发表在《学生杂志》上的社会经济与自然环境调查作品，有张石朋的《粤东有用植物识(果物篇)》(三卷九、十、十一号)、管义达的《东内蒙古之农业》(五卷十二号)、李长傅的《江苏六十县实地调查录》(六卷六号)、袁克新与袁克明的《湖南水口山矿调查记》(六卷九号)、张正三的《兴宜之陶业》(七卷五号)、王有琪的《南京自生植物之调查》(八卷二号)、郑逸逸的《长兴物产调查记》(八卷三号)、汤在兴的《萧山风土志》(八卷五号)、田文炳的《四川蚕

① 参阅程民主编：《科学小品在中国》，北京 科学出版社，2009年，第60—61页。

业之近况》（八卷六号）、赵国宾（北大学生）的《西山地质调查》（八卷九号）、徐鹤林的《江山社会状况》（九卷四号）、舒宽鑫的《靖安社会面面观》（九卷六号）等，涉及地方社会经济、地理、风俗等状况的调查，类似作品在1919年前后数量增多，由此可以看出学生们在五四以后逐渐走出校园，关注社会状况的趋势。

可以说，此时杂志上传播的这些浅近适用的科技工艺知识，是与清末民初实业救国的思潮紧密相关的。自晚清中国屡败于欧美强国以来，国人认识到了西方“坚船利炮”的威力，自洋务运动以来开始掀起来了向西方学习先进工艺的潮流。不过正如论者所述，此时的朝野精英们看到的都还只是技术的威力，以及科学作为生产力的功用。他们对西方近代科学本身并没有全面而清晰的认知，像科学概念、科学方法、科学精神及科学研究等关涉科学本质的内容反而被忽略了。[①] 直至民初新文化运动盛行以前，这种“技术救国”或“实业救国”的思潮仍然占据主导地位，对国内知识界影响颇大。这种趋势反映到如《学生杂志》这样的科普性杂志上，便是较琐细的农林工艺知识占据了主流位置。

总而言之，这些具体的科技工艺类知识，加上杂志上生动活泼的科学小品、妙趣横生的科学故事、奇思妙想的科学幻想小说等，一起构成了民初这块向具有中等知识程度的青年学生传播科学知识的文化空间。

二、科学的精神、方法与门类：新时代语境下的科学知识引介

进入1920年代以后，随着“科学”与“民主”成为一个时

① 张剑：《从“科学救国”到“科学不能救国”——近代中国“科学救国”思潮的演进》，《自然科学史研究》2010年第1期，第27—44页。

代的口号，以及中国科学事业建制化的起步，发展科学也成为时人的共识。[1] 欧战结束后，中国思想界虽有欧洲文明破产论等种种批评物质科学的声音，但无阻“科学”成为那个时代的时髦话语。例如1930年代初就有人这样叙述道：

> “自科学昌明以来，‘科学的’三字已成为人类的口头禅，且在文字上普遍形成通用的形容词句，如什么‘科学救国’、‘科学教育’、‘科学的生活’、‘科学的管理法’等等，都是何等地好听的名词呵！尤其是在自名为智识分子的谈话中，我们常常会听见他们拿‘科学的’三字来责难人家，说什么不懂得‘科学的方法’，‘科学的原理’等；或拿‘科学的’三字以自夸，说什么‘根据科学的理论’，‘懂得科学的应用’等。”[2]

可见科学的权威在那时的社会上已经是无可置疑了，甚至成为批驳他人的利器。不过，值新文化运动蓬勃展开之际，就一直有人批评知识界只好空谈，由实入虚的倾向。如张禄就批评新文化运动过于偏于人文的一面，“试看所出的书报，莫不是以传播新思想为主。换句话说，就是只向人的方面研究，而将那根本实用的物质撇开了。再换一句话说，就是新文化所产出的二百多种书报，没有一种是鼓吹物质科学——理科——的。”许多自命为新文化运动家的人都群趋于文艺哲学，因为“理科是实验的科学，不是空洞洞凭笔墨口舌可了事的。就是提倡也不像文科容易，并且不深研究的人更不能提倡”。他进而提出“理科救国”

---

① 关于近代科学思潮变迁与科学建设体制化的情况，可参看范铁权：《体制与观念的现代转型：中国科学社与中国的科学文化》，人民出版社，2005年；张剑：《中国近代科学与科学体制化》，四川人民出版社，2008年；段治文：《中国现代科学文化的兴起：1919—1936》，上海人民出版社，2001年。

② 朱介民：《科学的生活论》，《学生杂志》18卷5号，1931年5月，第1页。

说，“就目下情形看来，要救中国，非极力提倡理科不可”，首先因为“理科切实人生，为富国强民的无上利器。……理科昌明，实业才能够发达。实业发达了，国还有不富强的吗？试看外国何以强、我们何以弱？就是在重理科与不重理科的缘故呵！”。①《晨报》上也曾发起关于“算学与诗人”问题的讨论，不少人对当时趋新学生抛弃“干燥无味”的基础科学的功课，跑去一味做新诗以赶时髦的习气大加针砭，甚至有人发出“代数几何考不及格的少年人根本上不配做新诗”的棒喝。② 若干年后有人回顾五四新文化运动的缺陷时也指出那时人喜浮泛地谈文哲之弊：

> “五四时代，时髦的学者教授们，多半闭口哲学，开口文学，……当时虽说有人高呼‘拥护赛先生’，但言之谆谆，听之藐藐，赛先生只得呼一声‘倒霉’而去。‘文哲’为什么像热包子刚刚出笼受人欢迎，科学——特别是自然科学，为什么像一副鬼脸子受人冷视？简单的原因，提倡新文化的公子哥儿们，多钟情于文学、哲学，而文学、哲学又似乎比自然科学容易恋爱，所以面目冷酷、专讲定理的自然科学在当时没有和文学、哲学争锋的资格。即使偶尔想变变口味去照顾一下科学，不过是名义上借用科学方法，而研究的对象依然是故纸篓里的东西，所谓自然现象还是孤零零地没人问津。”③

这些现象从一个侧面也反映出在当时环境下，青年人投身新

① 张禄：《理科救国》，《东方杂志》17卷6号，1920年3月，第90—92页。

② 参见桐伯：《算学与诗人》、蹇先艾：《读了“算学与诗人”以后》、温克威：《桐伯君的“算学与诗人”的讨论》、逐東：《读“算学与诗人”》、王守璐：《代数几何考不及格的少年人根本上不配做新诗》等各篇，分载《晨报》副刊1923年8月6日、12日、14日、18日、13日，第7版。

③ 简贯三：《科学运动与反读书思潮》，（重庆）独立出版社，1939年，第27页。

文化运动后的求知趋势，他们多趋易避难，虽一方面言必称“科学”，另一方面却又对真正的自然科学研究敬而远之。

值得注意的是，自清末民初以来，科学话语逐渐盛行，成为解释许多问题的重要方式，主导着现代知识界的言说趋势。[①] 在对于再造社会的青年主体的召唤中，陈独秀在 1915 年的《敬告青年》一文里即提出新时代的青年应该是“科学的而非想象的”这样的有力主张。[②] 五四新文化运动勃兴后，科学更是被作为一种文化系统与价值体系被时人广泛接受。因此，在面向一般学生发言的《学生杂志》上，“科学”也不可避免地成为自始至终被讨论的主题之一；并且此时科学已不再主要体现在琐碎的农林医工等基本技艺上，而更多地作为一种整体的态度或方法而被讨论。如陈广沅就从“推求事实是否真实的癖性”“观察时的精详和敏捷”“语言上的审慎”“洞明事物的要求”“宇宙万物互相关联的思想”等几个方面来阐释科学精神，他最终对“科学的精神”的解释为，“老实说就是爱真的精神。消极说是诚实不欺，积极说是追求真理，都是好德性”。[③] 他强调的是科学研究与科

① 可参阅郭颖颐著、雷颐译：《中国现代思想中的唯科学主义（1900～1950）》，江苏人民出版社，1998 年。关于科学话语对缠足与禁娼等问题讨论的介入，参见杨念群：《从科学话语到国家控制》，收入汪民安编：《身体的文化政治学》，河南大学出版社，2004 年，第 1—50 页；贺萧著、韩敏中、盛宁译：《危险的愉悦：20 世纪上海的娼妓问题与现代性》，江苏人民出版社，2003 年，第 245—266 页。从 1910 年代开始，批判“科学万能论”的声音也逐渐高涨，如杜亚泉的《静的文明与动的文明》《战后东西文明之调和》等篇即可作代表（收入许纪霖等编：《杜亚泉文存》，上海教育出版社，2003 年，第 338—350 页）；梁漱溟在他的《东西文化及其哲学》一书中，即批评以征服自然为第一要义的西方科学精神含有有害的生命观、粗糙的功利主义和过度的行为主义，使得人与自然、人与人之间都产生了极大的裂痕（参阅刘梦溪编：《中国现代学术经典（梁漱溟卷）》，河北教育出版社，1996 年，第 73 页）。后来有名的“科玄论战”，更是与此直接相关。

② 陈独秀：《敬告青年》，《青年杂志》1 卷 1 号，1915 年 9 月，第 5—6 页。

③ 陈广沅：《什么是科学的精神》，《学生杂志》10 卷 3 号，1923 年 3 月，第 4—8 页（文页）。

学精神的普及性，认为它们都是普通人在生活中都可以养成的。更有读者主张“科学思想的人生化”，将科学应用于“精神的理想生活方面”，学生们应当“认定人生的意义和价值，本着科学的方法，去研究一切学问”。文艺等是超脱了人生的利害关系，只是“为真理而求真理”，应该实现艺术与科学的调和，“研究科学应当抱有艺术的思想，而从事艺术哲学，也应当以现实人生为基础。这是艺术与科学的调和，也是浪漫和现实的调和，也是现实人生之本原的调和！”。[①] 从中可看出接受了西方新思想的知识青年力图利用科学来为大众提供一种新的生活哲学的企图。因此，我们可以看到，在这个论域空间中，具体知识的呈现与科学价值的探讨共同构成了杂志传播新知的启蒙实践，科学的内涵与外延的不断拓展深化，使得科学逐渐由单一语词过渡到一种科学话语体系，包含了价值体系、评判标准与人生观等内容，成为一种几乎涵盖一切的时代主导话语。[②]

一直坚持向普遍学生传递通俗有趣的现代科学知识的《学生杂志》，在五四后学生界这种急需科学知识而又多回避实质性研究的风气中，仍然不变普及传播新鲜适用之科技知识的初衷，以大量篇幅登载科学工艺相关著译作品。这对于激发当时青年的科学兴味，引导青年学生从事于扎实的基础科学研究，起到了比较重要的作用，满足了许多学生蓬勃的求知欲。

在该杂志彻底革新以前，大批科技相关（主要是农林工艺）材料均集中于像“科学新语”“学艺”栏等这样一些以普通的自

① 洪瑞剑：《艺术的与科学的思想之调和》，《学生杂志》9卷9号，1922年9月，第77—80页。

② 我们可从胡适当时所作的《〈科学与人生观〉序》一文中看到“科学”这一价值在当时的地位，“这三十年来，有一个名词在国内几乎做到了无上尊严的地位；无论懂与不懂的人，无论守旧和维新的人，都不敢公然对他表示轻视或戏侮的态度。那个名词就是‘科学’。”见胡适：《〈科学与人生观〉序》（1923年），收入《胡适文存（二集）》（卷二），黄山书社，1996年，第140页。

然科学知识为主体的园地。而到了《学生杂志》1921年改版前后，有不少读者纷纷提出期望，希望该杂志改变以往的琐碎做法，有系统有目的地介绍科学。这是因为科学“虽然可以代中国开发利源，惩戒虚妄。然中国人对于他的态度，还是认为一个生客，到处有人骇怪他疑惑他，总不肯和他亲热”！不仅中国人在物质上需要科学来“替他出气”，在精神上也有许多需要科学的地方。特别是把被后代弄得云里雾里的古国文化发扬出来，非赖科学不可，“要想这旧不见的光彩再辉映出来，要想这久不整理的国故再有条理起来，我们不得不用科学的方法。科学的方法，就是在杂乱里寻出个头绪来、在不真中寻出个真理来的方法。”当代的中国急需科学，“科学的应用、科学的方法，以及科学的精神，都为中国现在所必需。”科学功能也被极度泛化：“研究科学的结果，不止直接利益人生，间接高尚德性；甚至影响及于思想，则其所处地位的重要岂不明显？”值得注意的是，他在对待科学的态度上与倡导整理国故的胡适等人意见类似，重视科学的精神与方法，“因为彼可以告诉人们科学全恃方法之正确，而不恃材料之种类，全恃精神底勇猛精进，而不恃虚浮底眩人眼目”。[①] 还有人是从中等学生的责任着眼的，“中等学校毕业生，是社会里中坚分子；要使我国民进于文明之邦，尤须他们科学化。本志是课本外辅助学生的知识物，于学生方面很大的，所以很希望多介绍科学方面。”[②] 有人更针对五四以后青年学生界多重文哲，却忽视科学的角度立言，“(新文化运动展开后) 哲学和文学艺术的作品一天多似一天了，玄想的神秘的浪漫的思潮澎湃弥漫于此等作品之中——但科学的探讨和实业的研究的著作，却

① 陈广沅：《我所希望于今日之〈学生杂志〉》，《学生杂志》10卷1号，1923年1月，第6—12页(栏页)。

② 李一飞：《对于本志将来的希望》，《学生杂志》10卷2号，1923年2月，第5页(栏页)。

寥寥无几，鲜人过问。这很可以知道从事于艺术哲学者之多，和科学界之沉寂状态。”因此，“此种现象是思想界混乱的主因，也是现代青年思想缺陷的表征”，只能用常识与科学来进行救济。[①]

因此，随着时代思潮的变迁，《学生杂志》所试图传播的科学新知，前后有着明显的趋势变化。早期着重介绍学生自身在校所学习的一些无所不包的日常实用技艺方面的知识，从六卷四号开始的一段时间里，又不定期的设置了“科学新语”栏，向读者介绍一些最近出现的有关科学界、工艺界及自然界的新知识，如爱因斯坦的万有引力说、爱迪生的心理测验术、实用电学、空气压力试验等。到科学启蒙浪潮深入发展的 1921 年前后，该杂志除了继续刊登科学名人的传记以外，还发表了不少探索科学性质、类别和内涵的文章，有意识地努力培养青年的科学兴味，并提倡以科学改良不合理的旧生活，将科学作为思想与知识的底色，与时代潮流共振。这方面的努力标志着其在科学启蒙层次上的进一步提升。下面以表格形式大致介绍该杂志中期有关科学概况方面的主要论著及其主题（见表 2—2）。

表 2—2　《学生杂志》中后期主要科学相关文章篇名表

期号	著者	题目	主要观点
八卷五号 1921 年 5 月	杨贤江	科学研究的精神和现代思潮	科学研究的结果，给现代社会组织、经济组织以很大的变动；而在科学研究的根本精神当中，已经有变化思想的原因存在。
八卷十二号 1921 年 12 月	江一	青年的科学兴味	希望出版界多出通俗的，有趣的，关切日常生活的或是满足好奇心理的读物，希望青年设法培养科学的兴味。

① 洪瑞剑：《艺术的与科学的思想之调和》，《学生杂志》9 卷 9 号，1922 年 9 月，第 77—80 页。

续表2—2

期号	著者	题目	主要观点
九卷三号 1922 年 3 月	兼善	人类在自然界中之位置	介绍了人类的进化历程及现在所处之地位。
九卷六号 1922 年 6 月	程小青	科学的使命	科学的基础建筑在唯一的真理上面，如果想改造政治和社会的问题，也要采取纯粹的科学态度和方法，社会的基础才能稳固。
九卷六号 1922 年 6 月	周邦道	近代科学之进步	译自美国鲁滨孙及比尔德所著《近代文化史》第 27 章，介绍了 100 多年来科学的进化历程及未来。
九卷七号 1922 年 7 月	陈杰夫	学生科学的生活之养成	学生应做到生活科学化，不仅应以秩序谨慎的方法研究科学，还要依此方法与习惯以营一般普通之生活，以达到生活上的新气象。
九卷八号 1922 年 8 月	刘延陵	科学之树底两片模糊的远景	现在是学艺底专门化的时代，一个人所研究的学问底范围，必须小之又小才行。讨论了西方若干科学家对科学系统的类别划分，强调学生对科学研究应取的正确态度问题，即在致用与研究之间寻找平衡。
九卷十二号 1922 年 12 月	陈广沅	科学是什么?	科学是研究吾人所在星球本身及各事各物与宇宙间其他星球本身及各事各物之性质及相互关系的，又研究吾人与吾人所在星球本身及其上各事各物之性质及相互关系的学问。
十卷一号 1923 年 1 月	周建人	生命界中的两大问题	饥与爱是生命界中最重要的两件事体，是生命进化不休的动力。

续表2—2

期号	著者	题目	主要观点
十卷二号 1923年2月	陈广沅	科学底功用	科学本身的价值很重要。“为科学而科学”就像“为艺术而谋艺术”一样，是一件值得奋斗的事。科学的搜讨以及艺术的发明，是进化着的人类精神底自然并且应有的表现。
十卷三号 1923年3月	陈广沅	什么是科学的精神?	科学精神的要素是：推求事实是否真实的癖性、观察时的精详和敏捷、语言上的审慎、洞明事物的要求、宇宙万物互相关联的思想。
十卷五号 1923年5月	陈广沅	什么是科学的方法	完全的科学方法是：演绎法、归纳法、类比法三者的综合。
十卷七、八号 1923年7—8月	殷佩斯	科学之分类	作者介绍了培根、孔德、斯宾塞、倍恩、凯尔斐尔生等人的分类方法，以及科学分类之利益，与科学间相互之关系。
十卷七号 1923年7月	祝其乐	科学史报告	作者介绍了人类之起源、自然界之征服、人类生活之演进等过程，并号召继续努力为后人造幸福生活于将来。
十一卷十号 1924年10月	皆平	科学的远观与努力	作者介绍了三百年来的科学发展史，并提倡青年要不为名利，仅为爱智识和喜发现的心理研究科学。
十一卷十一号 1924年11月	皆平	科学的信仰和根据	介绍科学发展之史迹，强调理性是人所共有的，科学不是私家的学问，有心人都可从事于自然研究。
十二卷一、三、五、八、十二号 1925年1—12月	殷佩斯	人与世界	介绍世界从远古时代开始到近代的自然与人类进化史。资料翔实，图片丰富。

续表2-2

期号	著者	题目	主要观点
十三卷二号 1926年2月	钟富远	科学的治学方法	应将科学精神应用到治学方法上，以独立的思想、审慎的态度、怀疑的精神、科学的观察等手段治学。
十三卷三号 1926年3月	皆平	科学的英雄	介绍英国著名生理学家巴克罗教授的生平事迹与科学成就。
十三卷十号 1926年10月	朱皆平	科学的心性	介绍从事科学研究应具有的品质，如有探求真理的兴趣、道德上的勇敢等等。
十四卷一号 1927年1月	应康	近代科学的产生	系作者译加拿大皇后大学罗伯特森介绍近世科学发展历史的文章。
十四卷二号 1927年2月	王历农	休养之科学的研究	介绍如何利用科学方法进行身体修养，以更好地投入工作中去。
十四卷三号 1927年3月	尤佳章	物质的构造	介绍了最新的物理学知识，如原子、分子、放射性电子等内部构成的知识。
十四卷六号 1927年6月	捷菴	谈谈中国的科学思想	梳理了从远古开始到近代中国自身科学思想与事实的发展，强调重视传统。
十四卷十二号 1927年12月	汤荷骧	科学研究与工业的关系	叙述美国科学发展促进工业进步、国力强盛的历史，意在提倡中国科学发展。
十五卷五、六号 1928年5月	邵子风	什么叫做科学的思想方法	科学的思想方法之要素：有目的的观察、分析和综合；保障条件是精确、广博、细致观察、精密实验等。详细介绍了应用科学思想方法进行推理的过程。

续表2－2

期号	著者	题目	主要观点
十六卷六号 1929 年 6 月	缪超凤	现代科学的基本观念	分析了现代科学的三种基本观念：恒然（Uniformity）、联续（Continiuty）、进化（Evolution）。
十七卷十号 1930 年 10 月	赵涵川	科学方法的目的	介绍了类比的解释、物性的旧理论、物质运动说、热的性质等学说。
十八卷五号 1931 年 5 月	朱介民	科学的生活论	分析了什么是生活、什么是科学，提出科学的两种本质：方法、真实。科学的生活便是：便是人类在自然界和社会里为求存在而适应它们或求它们适应于自己的全行为的历程。科学的生活与社会有紧密的关系：科学的生活是那种社会下的生活样式。处于现在情景的中国急需科学人生观指导之下的科学生活。

注：1. 资料来源：1921—1931 年《学生杂志》各卷期；

2. 本表主要列出从一般意义上讲科学的性质、分类、范畴，以及科学与生活之关系等属于科学概论、通论方面的篇目；有关各门学科具体知识的篇目因数量庞大，类别杂糅，不收入表内。

在这些丰富的材料中，有不少文章都将科学与学生生活的营造联系起来，以提高论说的针对性与普及性。例如一些专家就从各个细致的角度对欲学习某门科学的学生进行指导，使他们能更好地培养自己的兴趣。[①] 此外，《学生杂志》上也经常介绍一些前沿的学科知识。如孟德尔的新遗传学说，在 1920 年代逐渐取

① 参看黄绍绪：《告有志从事农业者》、王崇植：《告有志做“工程师”者》，《学生杂志》12 卷 7 号，1925 年 7 月，第 73－81 页；余新恩：《与准备学医的中学生说几句经验话》，《学生杂志》16 卷 9 号，1929 年 9 月，第 4－6 页，等等。

代了达尔文的进化论成为生物学界的主导学说，这其中就有《学生》配合《东方杂志》《科学》《民铎》等期刊进行宣传介绍的功绩。①

仔细分析其内容，我们可以看到，在《学生杂志》相对漫长的历程中，其所登载的较为具体的工艺技术方面的内容不断在弱化。这是因为，一方面以往占很大篇幅的学艺栏的地位逐渐被许多新兴的栏目如“青年文坛”“学生生活研究”“时论要目”“通讯”“答问”等所代替；另一方面，传输科学知识的重心已随着时代发生变化。除了与中学课程相关的数理知识，以及介绍学界最新知识的科学小品和科学名家传记以外，该杂志原先作为普通中等学生课艺作品发表园地的性质在1921年后逐渐淡化了。

受西方思想影响的具有启蒙意识的青年知识分子们，有意识地利用这块园地以唤起青年学生的科学信仰和兴味，因而从总体上对科学系统与性质进行分梳的文章逐步增多。笼统地谈论科学问题在新文化运动时期，亦是其时知识界流行的风气。如著名的新诗人刘延陵在《科学之树底两片模糊的远景》中，即着眼讨论科学的门类划分问题，“现在是学艺底专门化的时代，一个人所研究的学问底范围，必须小之又小，而后才能有济”，在讨论了西方若干科学家对科学系统的类别划分后，最后强调了学生对科学研究应取的正确态度问题，即在致用与研究之间寻找平衡。②有的评论则是针对当时在“期刊繁荣”的出版状态下，读书人热

① 子风：《孟德遗传定律今释》，《学生杂志》15卷3号，1928年3月，第23—26页。陈兼善认为：“现在差不多只要有一点生物学知识的人，没有不知道这位奥国教徒曼兑尔了。”陈兼善：《进化之方法》，《民铎杂志》3卷4号，1922年4月，第2页。周建人则提出因孟德尔遗传学说重新流布到科学界，使得“达尔文时代以后的新世纪开始了”。周建人：《曼兑尔的教训中》，《妇女杂志》8卷9号，1922年9月，第78页。

② 刘延陵：《科学之树底两片模糊的远景》，《学生杂志》9卷8号，1922年8月，第16—21页。

衷于读较浅薄易懂的杂志文章，而忽略精深科学研究的风气而发的。江一就批评道："至于现代学科学的人呢，数理上当然不在少数。然我先从出版界一看，要想找几册通俗的科学书，足以引起科学研究的兴趣，理解人生日常生活的实际的，实在是少极了。至于专门的高深的科学书，更是难得。宏大的实验室研究所，益发没有了。"① 此时南洋大学机械科的毕业生陈广沅也屡屡在杂志上发表论科学的文字，探讨科学的定义、精神、功用、方法等问题。②

从《学生杂志》抗战前的整个历史过程中来看，科学内容在其版面上始终占到很重要的篇幅，这与现代中国的国家发展历程

---

① 江一：《青年的科学兴味》，《学生杂志》8卷12号，1921年12月，第3页。其时郑振铎就曾针对此现象有所评论："我又看见许多朋友，每见一种杂志出版，都去买来看，他们的案头却不见别的科学的书籍。"并就此向思想界呼吁："诸君！杂志不过是供我们参考的，不能在那里做我们的科学研究的功夫吓！"参见郑振铎：《一九一九年的中国出版界》，《新社会》第7期，1920年1月，收入《郑振铎全集》第3卷，花山文艺出版社，1998年，第386－387页。

② 在新文化运动中，陈广沅一直就积极地提倡出版界应多传播普及"物质科学"相关知识。在1920年致邵力子的信中，他就表示，"觉悟栏出世将近一年，伊供给觉悟的青年发表意见和讨论问题的地方，社会上受的影响自然不少，不过物质的科学不大见面，未免有点缺憾。中国科学界（物质的）的传布品觉得太少了，从前只有《科学》，而他的销场也实在太小，没有多大的势力。后来《科学的唐山》与《科学的世界》两姊妹出世，蛮想伊们可以持久，可以远播，可以造一个科学的中国，哪晓得只两姊妹又沉寂了，又被经济的压迫逼得不能开口了。再看各种日刊的报纸上有物质科学的文字的，很少，即使有的，每天只有十数行的科学丛谈，显出一种敷衍局面的态度。这是何等现象！"陈觉得应该扩充栏目添加科学一门，"这里面要注意科学通论，引起中国人注重实质科学的兴趣，渐渐加点新发明新发现，再渐渐引到科学专论上去，日子久了，社会上受的影响，一定会比定期出版品大！"但邵力子回信表示难以办到，因为"做科学的文章实在不容易，浅了，没甚意味；深了，又很少能够领解的人。而日刊的性质，更不比杂志，稍微艰深一点的论文，便不能引起读者底兴趣；要用浅显的笔，达深妙的理，很难得此种材料。"这样的说辞也表明在学术资源的传播上，杂志与日刊存在着本质区别，杂志的篇幅可以容纳一些较系统的论说，而日刊却明显受限。参见《本栏应添"科学"一门的讨论》，《民国日报·觉悟》1920年9月26日，第4张第4版。

与时代脉络是相一致的。在强国存种的紧迫任务下，科学始终是引介西学中的一大中心。民国时期的许多综合性期刊或多或少都在传播各门类的科学内容，虽然对象不同，但目标一致，即希望通过这种努力为中国的现代化历程奠定学术根基。①

第四节　“社会科学”知识与话语的登场及流变

社会科学作为一种与“西政”相关的学问，从西方传入中国后，就经历了不断被吸收与变化过程。尽管不少学者开始有意识地对其进行现代学科意义上的区分，但其从混沌状态进入各学科界限分立的现代教育体制化架构，却仍经历了相当一段历程。简而言之，这个学科门类在清末民初呈现出混沌多歧性，到1920年代后则染上了一定的政治色彩，一直到国民政府建政后，它的学科疆界才逐渐厘清，稳步走上了学院化的路途。西方学术资源的引介传播少不了新式学校与报刊媒介等现代性建制的中介作用。

五四以后，青年学生在吸收新知、熔铸自身概念方面最为活跃。因此，在与青年学生相关的报刊中，我们能看到种种“社科”知识的传播与呈现，学术话语与动员话语并存。在《学生杂志》《中国青年》等报刊构成的知识、话语空间中，我们可以看到近代中国“社会科学”如何伴随知识的传播、接受过程和教育

① 那时急于向西方学习强国之术的青年学生们，对科学的需求十分旺盛。一位读者对于《新潮》初期只介绍文学、哲学之新潮而忽略科学之新潮就表示过不满，“近读贵志，佩羡无似。但览首期所载多哲学及文学之新潮，于科学之新潮，尚未能充分提倡。弟愿足下三者并论，于科学之实用者，尤当出以供人需要，庶不负新潮之旨趣也。”傅斯年在回信中也承认这个缺陷，表示要改进，“我们杂志上没有纯正科学的东西，是我们的第一憾事。以后当如尊命，竭力补正。”史志元来函，斯年复函，《新潮》1卷3号，1919年3月。

制度的不断完善，乃至于政治局势的影响，呈现出不同的历史面貌。作为一种范围相当宽广的知识门类，社会科学本身的内涵具有极大的丰富性与包容性，当时人对此的指称也并不明确，并处于不断变化中。因此，笔者此处所讨论的并不是像今天一样学科边界与概念范畴明确无疑的知识对象，而是随着具体时代语境变化的知识类型与历史对象。① 在本书中，有时它是指称以解释社会问题为主的社会学，有时又是包括历史、政治、经济、公民等学门在内的一种知识类别的总称。

一、进入教育空间："社会科学"知识的建制化

西学东渐之初，"社会学""社会科学"等名词及其内涵是纠缠在一起难以区分的。严复、章太炎等人早期的译介活动往往被作为社会学知识传入中国的起点。② 据学者研究，社会科学进入教育体制中的学院化历程，最早大约始于晚清的教会学校，与之相关的社会学、经济学、政治学等社会科学课程从清末以来亦逐渐被列入正式的学校教育规程，并于1910年代后期开始进入个别大专院校的课堂。③ 社会科学知识进入教育空间，为其在社会

① 迄今为止，相关学界已有不少论著涉及了民国时期社会科学知识——尤其是马克思派社会科学在大众中的传播与影响乃至学科自身内部的歧异等问题。较有代表性的论著列举如下，姚纯安：《社会学在近代中国的进程：1895—1919》，三联书店，2006年；杨雅彬：《中国社会学史》，山东人民出版社，1987年；郑杭生、李迎生著：《中国社会学史新编》，高等教育出版社，2000年；程伟礼主编：《寻求马克思主义研究的新起点》，上海社会科学院出版社，2008年；向燕南：《新社会科学运动（1920年代末至1930年代中）与中国社会科学的发展》，《学术研究》2005年第4期，第56—62页，等等。但从该学门的知识传播空间与路径特征着眼的个案微观研究仍较为少见，尤其是从"社会科学"资源内部的话语竞争与动员模式区分等角度出发的学术成果，就笔者目力所及，迄今尚付诸阙如。

② 有关早期社会学知识在中国的传播情况，可参考姚纯安：《社会学在近代中国的进程：1895—1919》，三联书店，2006年。

③ 杨雅彬：《近代中国社会学》（上），中国社会科学出版社，2001年，第65—67页。

层面上的广泛传播提供了充分的学理基础和受众基础。

然而，上述相关学科在现代学校中正式设班或设系，则是进入民国以后才逐渐开始的。以时人理解中与“社会科学”基本同构的社会学为例，其以现代学科形态正式进入中国人自办学校的课堂，是以学者康心孚 1916 年在北大自编讲义开讲社会学课程为标志的；次年清华学校亦开设社会学课程。不过，该学科正式在中国境内的大学里设系则要略早于此。例如，1913 年美国教会开办的沪江大学中就设置了社会学系，并延请美国布朗大学的众多教授来校讲学。据社会学者许仕廉于 1927 年所作调查显示，在 1920 年代开设社会学课程的约六十所大专院校中，设置最多的课程是“社会理论”和“社会问题”，而开设调查、立法、服务行政等专业性较强课程的院校则并不多见。① 这说明社会学在进入学术体制的最初阶段，受时代环境影响亦倾向于解决实际问题。曾任国民政府立法委员的政治学家杨幼炯即曾明言“社会科学是推倒一切封建社会中神秘性文化的利器”，希望利用其来改造中华面貌，以解决中国人心麻木、愚昧守旧的思想问题与封建割据、生产落后的社会问题：“我们应该根据科学的方法，把中国目前的现象，作根本的考察，而求到一个正确的结论，并传播社会科学的基本智识，使民众明察社会现象，求解决中国社会问题的方法，抛弃其‘苟安任命’的思想，而积极斗争!”②

而值得注意的是，各派社会学知识在中国这个“场域”里的传播，从一开始就存在相互竞争的态势，这种趋向在新文化运动兴盛后更加明显。有社会学史研究者即认为在 1949 年之前，一般学院的社会学家往往站在所谓“纯正”的社会学立场，对马克

---

① 杨雅彬：《中国社会学史》，山东人民出版社，1987 年，第 54 页。

② 杨幼炯：《民众思想与社会科学》，《现代评论》第 3 卷第 63 期，第，1926 年 2 月，第 209 页。

思主义或辩证唯物派的社会学进行排斥。[①] 如许仕廉就屡屡撰文批评“把社会学混作社会主义”的现象，并颇带讽刺意味地说道：“某国立大学的社会教员，自命社会学大家，人家也很欣仰他。他一年级社会学入门科内所讲的，尽是马克斯、克鲁泡斯金等的学说。把社会学简直的当作社会主义！幸喜我国官长很不管事，不然，把所有的社会学家当作社会革命家，我们要进监狱了！”[②] 学院派社会学家、燕京大学社会学系教授赵承信亦在天津《益世报》上发表的《中国社会学的两大派》一文，将中国早期社会学划分为两大主流，一为文化学派，一为辩证唯物论派。他认为前者方是正宗和主流；后者尽管影响较大，但并非正宗。他把早期社会学中的马克思主义学派的研究工作归于“主义学说的范畴”，认为它们“非是科学的探讨”。[③] 赵氏之观点未必不可以商榷，但也确实反映了民国时期不同社会科学知识之间彼此竞争及所处态势的部分实情。

不过，虽马克思派社会科学非民国学界主流，但在当时的影响亦颇大，正如论者所谓，“马克思主义在中国经过了早期的传播，至 1927 年达到了一个高潮。尤其是唯物辩证法风靡了全国，其力量之大，是前所未有的。”[④] 左翼学者艾思奇则不无夸张地表示：“学者都公认这是一切任何学问之基础，不论研究社会学、经济学、考古学或从事文艺理论者，都在这哲学基础中看见了新的曙光，许许多多旧的文学者及研究家都一天一天地‘转变’起来……任何顽固的旧学者，只要不是甘心没落，都不能不拭目一

① 韩明谟：《中国社会学史》，天津人民出版社，1987 年，第 2—6 页。

② 许仕廉：《对于社会学教程的研究》，《社会学杂志》1925 年第 2 卷第 4 期，第 1 页。

③ 赵承信：《中国社会学的两大派》，《益世报》（天津）“社会研究”专刊第 23 期，1948 年 1 月 22 日。

④ 程伟礼主编：《寻求马克思主义研究的新起点》，上海社会科学院出版社，2008 年，第 77 页。

观马克思主义的典籍，任何敢于独创的敏锐的思想家也不得不向《资本论》求助。”[①]

上述此点从“正统”的社会科学知识进入民国体制化教育空间的历程也可看出来。揆诸历史，具备社会科学性质的学术资源从1920年代初开始也逐渐正式地进入中小学校的教学体系。1923年夏，全国教育会联合会组织编订了《新学制课程标准纲要》，在小学、初级中学和高级中学设立社会科，具体的课程设置情况如下：在初级小学阶段，社会科实行混合教学，由公民、历史、地理和卫生组合而成；在高级小学阶段，社会科允许实行分科教学，但是强调各科之间要注意联络。社会科在小学阶段的授课时间仅次于国语，占总课时的20%；在初级中学阶段，亦设立社会科（包括公民、历史和地理）；至于高级中学，则采用综高中制，分设普通科和职业科，普通科又分为两组，第一组注重文学及社会科学，第二组注重数学及自然科学。普通科的公共必修科目包括人生哲学、社会问题、科学概论、文化史等课程，并且第一组的专修科目除了心理学初步、伦理学初步外，还包括“社会科学之一种”。[②]《新学制课程标准纲要》除了对小学、初级中学和高级中学普通科的“社会科学”课程设置做了规定外，还对“社会科学”教学内容及最低限度标准做出了详细规定，是一份相当完整的课程标准，对各级学校的课程设置起到了指南作用，有力地推动了社会科学知识在中小学校中的传播。这说明社会科学的学院化历程，不只是在大学里展开，在民国初期的中小

① 艾思奇：《二十二年来之中国哲学思想》，载忻剑飞等编：《中国现代哲学原著选》，复旦大学出版社，1989年，第396页。

② 全国教育会联合会新学制课程标准起草委员会编：《新学制课程标准纲要》，上海商务印书馆，1925年6月，第41—45页。

学里也逐步开始了。[1]

当然，除了学院派社会科学知识以外，激进的马克思派社会科学也有建制化的教育空间可以依托。如当时享誉东南地区的“革命学府”上海大学，就聚集了如瞿秋白、施存统、蔡和森、恽代英、张太雷等一批共产党人，由瞿秋白担任社会学系主任，开展马克思主义社会学的教育教学活动，借讲授以社会科学名目为主的课程之名义，宣扬马列学说与革命理念，上海大学社会学系也因之成为革命干部的培养摇篮。[2] 据时人回忆，在上海大学各院系中，规模最大、最活跃的就是社会学系，全校的本科生中社会学系学生占 60%。他们除了在课堂上学习马列主义理论，还组织参观工厂、农村，有不少人后来成为共产党干部。上大还组织了社会问题研究会，类似于北京大学的马克思主义学说研究会，但更加注重探讨实际问题。[3] 马克思主义哲学家李达也是依托学院空间传播唯物派社会科学理论的重要人物。1922 年前后，他即应毛泽东之邀，赴长沙任湖南自修大学校长，并讲授马克思派社会学说，不久学校被封。此后，他先后到湖南公立法政学校、湖南大学、湖南第一师范学校继续讲授唯物史观，并进行相关著述活动，结果遭到政府通缉。再有，如当时著名的马克思主义社会学者许德珩、邓初民、陈翰笙等人的遭遇，也与之类似，他们在暨南大学、中山大学、北京大学等众多高校讲授辩证唯物论与历史唯物论，深受学生欢迎，但却往往为时不长，屡失教职。

---

① 姚纯安：《社会学在近代中国的进程：1895－1919》，三联书店，2006 年，第 276－280 页；郑杭生、李迎生著：《中国社会学史新编》，高等教育出版社，2000 年，第 66－68 页。

② 程永言：《回忆上海大学》，黄美真等编：《上海大学史料》，复旦大学出版社 1984 年版，第 46 页。

③ 《阳翰笙同志谈 20 年代的上海大学》，在上海大学社会学系《社会》第 3 期，第 1－4 页，1984 年 6 月。

除此之外，在当时许多大中学校成立的左翼学生读书会乃至中共党团外围组织，都往往是标举着“社会科学研究社”“社会科学读书会”等旗帜，以此在校园中传播马克思派社会主义学说，吸引激进青年，不断发展。如1920年代中期的北京大学、成都大学、成都高师、齐鲁大学等高校均是如此。[①]

至于当时传播的学科知识内容，也是歧异多元。按照民国学者蔡毓骢的说法，萌芽时期的中国社会学界，大致可分成文学学派、社会行政学派、唯物学派等三种。[②] 唯物派社会学虽在清末的报刊上即有零星的介绍，但其被广泛引入国内思想学术界并引起极大注意，是从五四前后开始的。尤其是五四时期新兴思想界对社会问题与社会改造的讨论与关注，以及社会主义思想的传入，致使唯物派社会科学方法渐流行，在青年学生界中也逐步被接受。但这也造成了初期的混沌情形。著名社会学家孙本文曾指出，在社会学发展初期，许多人对这门学科不了解，结果因其同社会主义的名词接近而产生误会。他说：“夫社会学是一种科学，社会主义是一种主张，二者各有领域，不容相混。我人并不反对研究社会主义，我人反对误以社会主义为社会学，使社会学与社会主义混淆。”[③] 李大钊也曾在1920年下半年北京大学经济学系的课堂上对此进行澄清。[④] 但情况并无多大好转，直到三十年代，仍有军警到学校搜捕进步青年时，常常把题为社会学的书

---

① 周良书：《1924年——1927年：中共在高校中党的建设》，《北京党史》2006年第2期，第19—24页。

② 蔡毓骢：《中国社会学发展史上的四个时期》，《社会学刊》第2卷第3期，1931年4月。

③ 孙本文：《孙本文文集（第一卷·社会学原理）》，社会科学文献出版社，2012年，第461页。

④ 李大钊：《社会主义与社会运动》，《李大钊文集》，人民出版社，1984年，第373—374页。

籍，与社会主义，甚至共产主义混为一谈，统统没收。[①]

在学校课堂等制度化平台外，我们再来看作为西学新知接受者的青年们在当时的思想趋向与人生态度对学科知识竞争的影响。五四运动前后，伴随着知识青年社会意识与政治意识的萌生，关注社会问题、讨论社会改造方案渐成一种时代风气。尤其是经过新思潮洗礼后，青年们在涉及自身问题时，开始从社会中找原因，更是蔚为潮流。当“改造社会”的诉求成为一般新式读书人关怀与论说的中心，觉悟后加以奋斗，以创造一个想象中的新“社会”，便成为此时大多数知识分子的理想规划。正如论者所述，此时，“社会”成为新青年们的“觉悟”所指向的目标，“青年们努力寻找另一个‘根本的觉悟’，‘社会’是他们的答案”，人为地建造一个全新的社会，才是彻底解决中国问题之道。[②] 而时人的宣称也不免带有理想主义的气息，“我们改造的目的就是要创造德谟克拉西的新社会——自由平等，没有一切阶级一切战争的和平幸福的新社会”[③]。甚至在五四以后一些中等学校的课堂上，社会问题的讨论也取代了常态教学的内容。如罗常培在京师第一中学教国文和修身的时候，“修身一课，也不‘讲道德、说仁义’了，而是拿‘社会学’及‘社会问题’做课本。”因此他在当时就被认为是“崭新的人物”。[④] 时在浙江省立一师念书的曹聚仁也述及此时该校的国文课堂已变成讨论社会主义与妇女问题的场所：“原来五四的第二年，……国文课变成了社会问题研究会。后来，上海新文化书局出版的《社会问题讨论

① 萧瑜：《社会学书目类编》，北平：立达书局，1934 年，第 3 页。

② 王汎森：《思潮与社会条件——新文化运动中的两个例子》，收于《中国近代思想与学术的系谱》，河北教育出版社，2001 年版，第 259 页。

③ 郑振铎：“《新社会》发刊词”（1919 年 11 月），收于《郑振铎全集》第三卷，花山文艺出版社 1998 年版，第 4 页。

④ 罗常培：《罗常培自传》，全国政协天津市委员会文史资料研究委员会编：《天津文史资料选辑》第 43 辑，1988 年，第 8 页。

集》《妇女问题讨论集》，便是我们的国文讲义。”[①] 然而，改造行动得以进行的起点和方案自是言人人殊，如研究学问、端正品行以及陶冶情趣等都可以纳入这个范畴，但在这种一切都被问题化了的探索时代，青年们既充满活力，又茫然四顾、不知所从，他们急需一种能够有效地为他们指明活动方向的知识。而在后五四时期风头正旺的马克思唯物派社会科学知识体系，恰在此时步入历史前台，在许多左翼知识人的宣传鼓吹下，吸引了不少青年学子的目光。

二、报刊媒介与话语类型：“社会科学”之多面呈现

根据现有史料可以看到，新文化运动兴起之后，各类社会科学知识多以报刊为媒介向青年学子传递。例如，由郑振铎、瞿世英、许地山等人主持的《新社会》杂志，就将社会学作为一门新兴学科大力宣扬。该刊前后也发表了不少社会科学方面的文字，并议决：“须注重社会学说的介绍，每期应有一篇社会研究的著作，由瞿世英、许地山、郑振铎三君担任。”[②] 这种趋势在《中国青年》《学生杂志》等当时面向青年学生发言的舆论平台上展示得更加充分，反映了报刊媒介中“社会科学”知识的多元面向。因此，了解它们此时大力提倡“社会科学”的意图及其内涵，有助于我们认知当时的思想地图与舆论环境。下文就主要以这两种报刊中的资料为主，分析探讨其时呈现在报刊传媒中的这类知识面相的丰富性与多样性。

（一）猛力鼓吹与直接动员：《中国青年》的姿态

《中国青年》在创刊伊始，即发表了不少文章批评当时青年内部的颓废之风，如对沉迷于恋爱或悲叹人生无常的诗歌文艺集

① 曹聚仁：《我与我的世界》，北岳出版社，2001年，第148页。

② 《北京社会实进会消息》，《新社会》第7号，第11页，1920年1月1日。

中火力进行抨击，呼唤“雷霆般有力的”革命文学，对于“躺在草地上作新诗”“翻翻字典译些大错的小说”等“文学青年”的生活习气进行了猛烈抨击。[①] 在批评五四后新文艺风潮中青年们追求浪漫浮靡的“务虚”之风时，该刊的作者们却在大力鼓吹对“社会科学”知识的追求与实践。因为在《中国青年》作者群的眼中，与当下政治需求紧密相关的学问才具有时效性。“《中国青年》是提倡社会科学之研究的”，成为杂志标举的一个口号，并且其所推崇的“新社会科学”是与从资产阶级社会里孕育的“旧社会科学”截然不同的。[②]

值得注意的是，这种“社会科学”的重要性被提到相当高的地位。1923 年底，恽代英发表《学术与救国》一文，即明确宣示：“我们觉得要救中国，社会科学比技术科学重要得多”，并径直称之为“救国的学问”。[③] 不仅有人提倡“无论何人，每日至少应有一小时研究社会科学”，更有人认为“无论在理论上，无论在实际运动上，做医生的，做工程师的，做新闻记者的，当教员的，研究自然科学的，……甚至于商人，——一切非专攻社会科学者，都应当‘同时是一个社会科学研究者’。”[④] 素以严于律己、生活规律严苛的恽代英，在为“有志青年”规划日常生活节奏时，就特意提出他们应当“每星期至少牺牲六小时作时事与

① 参见秋士：《告研究文学的青年》，《中国青年》第 5 期，1923 年 11 月 17 日；邓中夏：《贡献于新诗人之前》，《中国青年》第 10 期，1923 年 12 月 22 日；远定：《诗人与诗》，《中国青年》第 17 期，1924 年 2 月 9 日；张乃光：《中国所要的文学家》，《中国青年》第 80 期，1925 年 5 月 16 日，等等。

② 启修：《俄国的社会科学》（编者前言），《中国青年》第 22 期，1924 年 3 月 15 日。

③ 任武雄、张注洪编：《恽代英文集》（上卷），人民出版社，1984 年，第 385—388 页。

④ 徐文台：《社会科学与择业问题》，《中国青年》第 11 期，1923 年 12 月 29 日。

社会改造理论与办法的研究”。[①]

但是，在同样一个“社会科学”的名词之下，却存在强常识性、弱规范性的问题，时人对其内涵莫衷一是，语焉不详。如瞿秋白即认为“社会科学是研究种种社会现象的科学，譬如社会学、经济学、法律学等”，其中，“研究社会现象之总和的，乃是社会学”，而研究具体的社会现象或社会的某一种职能的，就是政治学、经济学、法律学，等等。[②] 瞿氏与同在上大任教的施存统等均强调“社会学是综合其他社会科学而研究社会全体总现象的科学”，并赞同“把社会学当做综合的科学，看做统一所有社会科学的东西”这样的观点。[③]

就算在《中国青年》上发言的诸人，对“社会科学”这门“学问”的定义与规范也是分歧不一的。如某些作者强调一种以社会科学为基础的笼统的“现代研究”，舜生即在一篇文字中提倡道：“在今日真正值得多数青年努力从事的，只有‘现代研究’。所谓‘现代研究’，范围是极其广大的：要靠许多社会科学的帮助，尤其要具备历史的素养，统计的头脑，敏锐的眼光，正确的批判能力，才能得着一个下手处。”[④] 有的作者将其提高到超越于所有学科的“元学科”地位，萧楚女就决然声称：“在人间世，只有社会是唯一的，根本的，究竟的真实学问，……其余一切哲学、科学、艺术，都是完成这个学问的工具!”[⑤] 而恽代英则认为与其攻读理论，不如从具体的时事与历史下手，而方法

① 代英《对于有志者的三个要求》，《中国青年》第1期，1923年10月20日。

② 瞿秋白：《现代社会学》，收于黄美真等编：《上海大学史料》，复旦大学出版社，1984年，第406—407页。

③ 施存统：《社会问题》讲义，《上海大学史料》，第387页。

④ 舜生：《中国青年与“现代研究”》，《中国青年》第10期，1923年12月22日。

⑤ 楚女：《一切学问都是研究社会科学的工具》，《中国青年》第14期，1924年1月19日。

无非是遍读各种报纸、杂志等时事类杂志及近代史书籍。[①] 尽管众说纷纭，该刊试图宣扬的“社会科学”的界限愈到后来便愈加清晰，那就是以马克思学说为中心的知识体系。面对读者来信要求多介绍些社会科学方面的具体知识和新书批评，《中国青年》便先后开出了几个书目，明确以唯物史观、科学社会主义等马克思学说核心理念为中心，鲜明地提倡以唯物论社会科学去解决实际的社会问题。正如施存统所言：“什么是最合理的社会科学理论呢？我以为莫如马克思派的社会科学，因为只有它最能圆满解释各种社会现象。”[②]

在左翼舆论界的某种语义上，“社会科学”——尤其是具有“正确”“先进”标签的社会科学此时已成为共产主义的代名词。无独有偶的是，这时已经成为中共中央机关刊物的《新青年》季刊在其发刊词中，就明确强调“《新青年》当为社会科学的杂志”，并论述道：“新青年之有革命性，并不是因为它格外喜欢革命，‘爱说激烈话’，而是因为现代社会已有解决社会问题之物质的基础，所以发生社会科学，根据于此科学的客观性，研究考察而知革命之不可免”；而这种所谓的“社会科学”无疑是改造中国的利器：“《新青年》当研究中国现实的政治经济状况。研究社会科学，本是为解释现实的社会现状，解决现实的社会问题，分析现实的社会运动；真正的科学，绝不是玄虚的理想。”[③] 于此可见当时左翼期刊理论传播与动员模式的趋同。

根据对《民国时期总书目·社会科学》中涉及“社会科学概

---

① 代英：《怎样研究社会科学》，《中国青年》第 23 期，1924 年 3 月 23 日。

② 冰冰：《一个马克思主义研究的书目》，《中国青年》第 24 期，1924 年 3 月 29 日；施存统：《略谈研究社会科学》，《中国青年》第 26 期，1924 年 4 月 12 日。

③ 《新青年之新宣言》，《新青年》（季刊）第 1 期，1923 年 6 月，引自中共中央马恩列斯著作编译局研究室编：《五四时期期刊介绍》（第一集下册），三联书店，1978 年，第 387—388 页。

论”的相关著述数量的粗略统计，包括修订或更名重版的在内总体上约有 60 多种，而由共产党人及左翼文化人所著译的就达到 40 多种，占到总数的 70%以上。目前可搜集到的四部由当时国人自编的题名为“社会科学”的辞典，也有三部是左翼文化人所编著。正如研究者所论：“可见好谈‘社会科学’，乃是民主革命时共产党人的思想传统，也可见辩证唯物主义主导的社会科学在当时中国社会科学界的影响，的确不可小觑。”①

值得注意的是，在这种面向青年并以行动为指向的知识传播过程中，《中国青年》并非是孤立的。作为在普通学生大众中相当流行的商务印书馆旗下的期刊，《学生杂志》也在这种时代语境的形塑过程中与《中国青年》彼此呼应。不过，由于该刊的特点，这种呈现过程并不是一元化的，而反映了各种声音多元并呈、竞争互动的态势。

（二）学理阐释与间接动员：《学生杂志》的路径

在 1922 年以前的《学生》上，社会科学方面的内容非常稀少。之后随着社会科学知识逐渐进入大中院校建制空间，与教育市场紧密联系的《学生》上，有关社会科学方面的知识供应便开始专门化、体系化了。因应学制的变革，在该刊 1926 年第 3、4 号上分别刊登了《初中学生适用各科参考书》和《高中普通科第一组学生适用必修科目参考书》两个参考书目，为中等学生和相当程度的自学青年提供教科书与参考书的选择指南。② 值得一提的是，这两个书目中的相关名目下列举了大量的马克思派社会科学著作目录，鉴于《学生》在中等学生和同龄青年中的巨大影响力，应当不乏依据此类书目购读新书者。

① 刘辉：《中国共产党人的文化自觉：新民主主义文化思想再研究》，中共党史出版社，2008 年，第 119 页。

② 分见《学生杂志》13 卷 3 号，第 58—67 页；13 卷 4 号，第 54—58 页。

与时代相应，在1920年代的该刊中，也开始出现一些阐释及提倡社会科学研究的文字，虽然为数不多，我们也能从中看到，不同的学术、政治立场亦会表现在着重学理阐释的引介性文字中。相对于注重政治理论宣传与动员的刊物，《学生》上的话语类型是以温和的学术推介及常识介绍、讨论为主，即使有着国民党、共产党等左翼身份标识的激进青年，在《学生》上发言时也是相当温和的。例如，在《中国青年》及其他共产党机关刊物上大力宣传马克思派社会科学知识的萧楚女，在发表于《学生》上的文章中，也一改往日态势，立足于学理进行言说。他认为达尔文满足了人类在生物意义上自我意识的需求，而马克思则是满足了生物体对于自己生活于其中的那个“生活法”之意识的需求。这个生活法就是“社会之结构与演变”。因此，“达尔文主义与马克思主义平行着是这样的叫我们意识了我们的整个自己”。最后则发出呼吁：“青年朋友们！你们天天生活在这个社会里，你们可也曾知道了这个社会的生成、发展、变化底过程么？……无尽的钻研中，我们已读过达尔文，自然现在也要读一读马克思了！但这却不是要做一个主义的信徒，这只是要获得一个自我之意识。”① 我们在这里可以看到，从学理出发的温和诉求，替代了直截了当的高呼动员，在“但这却不是要做一个主义的信徒”与“一切学问都是研究社会科学的工具”的鲜明对比中，我们可以看到杂志的形态、功能对发言者论说方式的影响与制约。

从另一个共产党的理论宣传家施存统的文字中，我们也能看到这种发言位置不同所带来的微妙区别。他在表达了对当下青年的社会常识混淆与学理紊乱的担忧后，力图以一种简洁明快的方式为他们提供关于社会科学方面的知识：“全国人民大多只知有

① 楚女：《社会主义与我们的“社会生活”之意识》，《学生杂志》11卷4号，1924年4月，第15—18页。

个人不只有社会，所以无论心理上和物质上，要求社会化都非常迫切。我们青年要改造中国社会，一方面固须从物质（经济）上努力，造成社会化的物质条件；同时也须从心理（教育）上努力，养成社会化的心理要素。”① 在另一篇讨论社会学的定义、范围、材料及界限的文章中，他明确以马克思的学说为指导来解释社会学的基本内涵，强调其针对现实问题的实用性、急切性：“现在社会问题一天紧迫一天，研究社会学的需要也一天增加一天。有志改造社会的朋友，对于社会学的研究，是不能疏忽的。”② 在稍晚的另一篇文字中，施氏正式使用了“阶级”这一概念对学者与学问进行了谱系划分，“我们有什么方法知道真实的科学，使自己获得科学的智识？有一个方法：就是自己站在被压迫阶级的地位，多研究被被压迫阶级的社会科学。”因此，只有站在无产阶级的立场上来研究才能得到正确的社会科学知识。③ 他的种种言说都显示出与学院派社会学研究的相异之处。

当然，上述这种蕴藏于学理梳理与常识普及中的知识传播过程，背后也潜藏着意识形态动员的意图，但无疑却比直接的宣传鼓动更加理性化一些，更加适合《学生》这个以传递中性客观的“学识”为主的言论空间的特质。我们可以看到，此类将学问阶级化的做法在作为正式建制的学校中虽不占主流，但在后来的一些学生那里仍有所延续与回应。1930 年代江西心远中学的一名学生即认为：“社会科学不是完全与自然科学一样的。它除了含有现象间的因果关系外，还带有阶级性。”他还区分了布尔乔汜西（即布尔乔亚）与普罗列特利亚（无产阶级）两种“社会科

① 存统：《社会化的意义》，《学生杂志》11 卷 4 号，1924 年 4 月，第 8－11 页。

② 存统：《社会学要旨》，《学生杂志》11 卷 6 号，1924 年 6 月，第 49－55 页。

③ 存统：《告有志于研究社会科学者》，《学生杂志》12 卷 7 号，1925 年 7 月，第 101－108 页。

学”之间的异同，并明确赞同前者。[①]

除了青年学子，《学生杂志》上的声音也不断回响在多年以后的民国学术界与思想界中。例如，在白色恐怖相当严重的1930年的沪上，仍有政治学者公开声称：“真正的社会科学，只是从马克思恩格斯始。……马克思恩格斯根据客观的事实，进一步作深入的研究，说明了社会发展的动力、发展的规律以及发展的前途。只有根据马克思主义，我们才能对现社会有深刻的了解，而彻底地暴露社会一切现象的实质。因之，马克思恩格斯可说是真正社会科学的创造者。”[②]

不过，与《中国青年》不同的是，因为《学生》更为浓烈的商业色彩与学院色彩，在其直接面向青年学生发言时，占主导地位的还是一种以温和理性的学理阐释为主的论述风格，多从现代学科建设而不是政治需要的角度出发，提倡客观研究，普及学科知识。与施存统否定社会科学的超越性客观立场不同，笔名种因的作者便反复强调学生在研究时应持客观超然的态度：“社会科学只是供给一种对于社会的看法，决不是宣传。社会科学与自然科学一样，都不过供给一种科学的态度。”但是现实中两种科学的命运是不同的，“两种科学的性质，虽然如此相似，但是实际上社会科学常遭极可怜的摧残，它的科学的性质常被剥削，只留许多信条，供人传诵宣传而已。”他指出当时的学生只是好谈政治，其实并不关心其学问上的根据，“现在学生日日谈政治运动，谈社会问题，但在学校里对于社会科学并没有十分注意。学校当局，也大多把那些科目，当作次要非要科目。”他反复强调社会科学的“科学”性质：“既是把社会学科当成科学，就应当用纯

---

① 伯雄：《社会科学的任务》，《心远周刊》第3期，1932年11月1日，第1—2页。

② 梁平：《中国社会科学运动的意义》，《世界文化》1930第1期，1930年9月。

粹的科学方法、科学态度去研究，不含丝毫成见，不问什么利害。然后学力方能长进，社会才有曙光”。[①] 瞿秋白亦曾明确指出：“研究社会科学，当严格的以科学方法研究一切，自哲学以至于文学，作根本上考察，综观社会现象之公律，而求结论。”[②]

通过考察可以发现，该刊愈到后来，纯学理和学科建构方面的意味也愈浓，发言者都力图排除现实环境的直接影响，在与现实联系的同时，也在力图与之做出区隔，用引入的现代学理来确立学科的独立性与自洽性。上述现象表明，伴随着社会科学作为一种知识门类发展的日益成熟，在其不断体制化、学科化的过程中，规范性的知识逐渐以主流的样态呈现于报刊之上。当然这也与时代语境的转变，期刊自身内外人际脉络的变化有关。总体而言，这种趋势亦体现出“新学术”与“新主义”这两种时代趋向之间的纠结互动。[③]

三、民国前期马克思派“社会科学”的传播空间与动员路径

作为一门贴着“西学”标签进入中国的知识种类，“社会科学”向下层普及传播的最初渠道，主要便是新式学校系统与报刊出版媒介这两种在近代中国西学东渐的历程中发挥了重大作用的文化基层建制（cultural infrastructure）。不过，这两种基层建制并非是截然二分的，它们往往在教育场域中融为一体，共同发挥影响。例如，从当时某些面向青年学生的刊物的“通讯”或“读者来信”栏中，我们便可以得知，许多青年便是一边在学校课堂

---

① 种因：《社会科学研究法》，《学生杂志》15卷2号，1928年2月，第19—26页。

② 《瞿秋白文集》（政治理论编）第2卷，人民出版社，1998年，第8—9页。

③ 参见王汎森：《“主义”与“学问”：1920年代中国思想界的分裂》，收于许纪霖主编：《启蒙的遗产与反思》，江苏人民出版社，2010年，第221—255页。

上学习社会科学相关知识，一边又在课外阅读传播各类相关知识的书刊，从而获得知识与心智上的启发。[①]

时人曾观察到："1929 年这一年的出版界，可以说是一个关于社会科学的出版物风行一时的年头。"[②] 鲁迅于 1930 年也评论说："从去年以来……出版界的趋势，已在转向社会科学了。这不能不说是好现象。"[③] 一方面是不断增多的相关出版物，另一方面是趋新求变、不满现状的新知识分子群体的急剧壮大，这种种因素的结合，促成各种社会科学知识与理论在激进知识青年中广为传播与被接受。

当然，在这些"文化空间"中流传的知识话语，彼此之间也存在着竞争与互动关系，马克思派社会科学虽非位居学院主流，但在青年学子中影响并不小。尤其是在国民革命前后，左翼社会科学理论在校园内外的知识青年中广为流行，在 1920 年代中前期确有不少激进青年受到这种意图为中国革命提供理论指导的学说影响而走向革命。如王凡西就述及他在那个时期所经历的"知识转向"："我几年来的自以为追求的'真正学问'——乱七八糟地阅读杜威、罗素以至柏格森等辈的大作，这时却被证明出非常无知与混乱的。这时我初次接触到马克思主义，从那两位'搞国民党'的同乡前辈手里看到一些浅近的社会科学书籍，觉得这是一种切实而有用的学问，与我先前所学的一些不同"。[④] 大革命失败后，虽共产革命一度走向低谷，但马克思派社会科学理论的传播不仅并未中断，反而有蓬蓬勃勃继续发展之势。进步学者吴

① "哪种科学可以改造社会"，《学生杂志》11 卷 3 号，1924 年 3 月，"通讯"栏。

② 君素：《1929 年中国关于社会科学的翻译界》，《新思潮》第 2、3 期合刊，1930 年 1 月。

③ 鲁迅：《我们要'批评家'》，载《鲁迅全集》第 4 卷，人民文学出版社，1981 年，第 112 页。

④ 王凡西：《双山回忆录》，东方出版社，2004 年，第 10—11 页。

亮平曾于1930年在左翼杂志刊文宣称："在那经过一九二五——一九二七年大革命激荡的中国，新兴社会科学运动的发展更是必然的现象。……中国正处于伟大变革的时期之中。在这一伟大的革命斗争的时期，对于革命理论的热烈的追求，自然是意中之事。……于是新兴社会科学——马克思主义社会科学——在中国遂蓬勃怒发，社会科学的书籍，遂如雨后春笋，普遍于全国。"① 这从一个方面勾勒出马克思派社会科学在民国文化界的生命力与吸引力。

然而，历史面貌的多重性决定了其不可能只顺着一种轨道发展。在左翼的社会科学知识得到再生产与传播的同时，学院式的社会科学知识也在大规模地进入学校建制和书报刊物营造的知识空间，在青年中同时发挥着影响力。国民政府建政以后，随着学科分类日渐明确，各门学科知识的自洽性与独立性彰显出来，学院派社会科学开始在教育体系中占据主流，虽然此时译介马克思主义社会科学理论的活动仍方兴未艾，但其学术性已大大增强了，不似1920年代前期直接以社会动员为目的，以浅显性与实用性占主导的状态。②

综上所述，在整个1920年代，尚处于学科分化组合的混沌状态的社会科学知识，其传播空间以学校与报刊这两种文化基层建制为主体。在学校空间中，主要是以学院派知识类型的传授为主；而在报刊媒体所构成的"舆论与知识空间"里，则有从早期的动员性话语向后期的学术性话语转型的趋势。可以说，这个时期社会科学知识传播空间的特点之一便是游移纠结于学理与动员之间。青年学生所受影响也歧异多元，有的由此走上革命道路，

① 梁平：《中国社会科学运动的意义》，《世界文化》1930第1期，1930年9月。

② 向燕南：《新社会科学运动（1920年代末至1930年代中）与中国社会科学的发展》，《学术研究》2005年第4期，第56—62页。

有的却进而埋首书斋，要进一步了解这其中的多元图景，便需另作探讨了。

总而言之，上述这些紧跟时代而来的革新与流变，在在体现了《学生杂志》由单一呈现学生声音、埋首探讨学生问题的舆论空间向兼具训导性与学术性的公共论坛的转变。

第三章　参与之道：政治、社会与学生之间的对应关系

自从近代中国学生群体诞生以来，就与政治之间存在着剪不断理还乱的关系。从清末的留日学生与国内学堂学生的谈论与践行革命开始，到辛亥革命时期大批学生的投笔从戎，再到民初学生群体的短暂消沉，而最后又以五四运动的形式将积聚的力量喷发而出。五四以后的学生群体更是在与政治局势的若合若离之间，游走不定，寻找着自己的应有位置。不论是学生自己本身，还是社会的精英群体，都对学生该如何处理与政治的关系这一议题保持着长久的兴趣，在各种言论中不断触及此问题，试图厘清、规划学生与政治关系的努力也持续不断。而作为即将进入社会的知识群体，他们应如何行为以践行自我责任与实现身份转移，也是一个弥久常新的讨论话题。而教育本身与政治、社会的相关性，也决定了时人对学生群的期望和规划必然随着时代的变迁而在历史的光谱中摇摆不定。经历了急剧时代变化的《学生杂志》，为我们提供了一个切入相关问题的考察视野，本章就将结合该杂志中呈现的丰富信息与其他相关材料对此议题进行初步梳理。

第一节　清末民初政治之变局与“学生社会”的兴起

随着清末兴学救国潮流的兴盛，新式学堂数量的增多，学生群体逐渐成为一个脱离旧士人而独立的知识分子群类，形成了一些特有的自我属性。1901年后，随着新式教育在制度上逐步落实，各地遍设各类新式学堂，全国学生总数迅猛增长。据有的统计材料显示，学生人数从1902年的6912人猛增到1905年的258876人，到1909年，更是达到了1532746人之多。① 学堂学生的学习生活方式与传统私塾式很不一样，来自各地的年轻学子集中在一起，纵论天下大势，在思想上相互推动，行动上相互激励，在这个萌动着历史大变局的时代，必然要与现实的社会政治发生碰撞。而随着清末革命风潮之激荡，追求自主、向往新生活以及排满革命的思想，在学生群中日益流行且高昂。这表现在校内生活上就是风潮纷起，表现在社会政治上则是向往乃至投身革命。②

此时的学生生活无疑是更多地与政治脉动联系在一起，不像五四以后那样被恋爱、婚姻及出路问题紧紧缠绕。经历过那段岁月的夏丏尊，就忆及自己的中学时代是在与三四友朋聚谈革命中度过的，而革命的内容就是排满，后来学生们所关心的话题，尚未进入他们的视野。③ 重要的是，随着学生群体地位的上升，他

---

① 参见吴研因、翁之达：《三十五年来中国之小学教育》，收入庄俞、贺圣鼐编：《最近三十五年之中国教育》，（上海）商务印书馆，1931年9月，第26—27页。

② 参见桑兵：《晚清学堂学生与社会变迁》，广西师大出版社，2007年；马自毅：《辛亥前十年的学生、学堂与学潮》，《史林》2002年第1期，第43—50页。

③ 夏丏尊：《我的中学生时代》，《中学生》第16号，1931年6月，第134页。

们的自我意识及使命感也逐步萌生，并通过一次次行动不断强化。如在湖北留日学生所办杂志《湖北学生界》上刊出的《学生之竞争》一文里，即将学生列为一个独立的群体，认为“学生介于上等社会、下等社会之间，为过渡最不可少之人。”上等社会已崩溃，下等社会也愚昧而无爱国心，唯有学生能担当起救国之重任。[①] 浙江留日学生所办《浙江潮》上的议论也同样认为：“学生之能自拔于奴界，共同一致而成一学生社会，为中国将来之主人翁，前途殆不远矣!”[②] 国内学生界也有着同样的意识。南洋公学学生在思想激进的教习吴稚晖等人影响下，“思想日以浚，意气日以壮”，并且相信“学生社会一日不立，则新党一日不能结，中国一日无望”，因之发起成立公会。[③] 在开风气之先的沿海地区，部分学生社群已经行动起来，谋求形成团体力量。1904 年《警钟日报》的一则消息即称：“杭垣各学堂学生以工商社会皆有会馆公所以为集合团体之地，惟士社会散漫无纪，故创议欲于省城建立全浙学生会馆”。[④]

不仅学生自视甚高，向来自居为社会模范的精英士人们也在充满希望地看着这个读书人中新生次群体的发展壮大。20 世纪初年，曾在上层官绅中大肆鼓吹变法图强的梁启超，转而寄希望于留学生，他认为唯有这个新知识群体才能担负起救国之天职，社会各界均“相与矫首企踵，且祝且祷，曰：庶几学生乎!”，当今学生界责任重大，备受期待，“夫以前后一二年之间，而诸君

① 李书城：《学生之竞争》，《湖北学生界》第 2 期（1903 年 2 月），收于张枬、王忍之编：《辛亥革命前十年时论选集》（第一卷上册），三联书店，1960 年，第 452—459 页。

② 《杭州美国浸礼会蕙兰书院学生退校始末记》编者附识，《浙江潮》第 4 期，1903 年 4 月。

③ 爱国青年：《教育界之风潮》，上海，1903 年，第 2 章。转引自桑兵：《晚清学堂学生与社会变迁》，广西师大出版社，2007 年，第 67 页。

④ 《学生会馆之建议》，《警钟日报》1904 年 6 月 12 日，第 3 版。

之被推崇受期望也，忽达于此高度之点，是一国最高最重之天职，忽落于诸君头上之明证也。”① 以学生界为社会动员基础的言论比比皆是，学生也被提高到优越于其他所有社会阶层且代表未来希望的地位，“学生社会果何以有希冀于中国之前途也，盖学生者，实能于方今各社会中独树一帜，有吸取新思想之资地，有备受新感情之脑筋，有担任新中国之学问。社会主义倒欧风、倾亚雨而来，旁皇而无所著，而直接承受之力不得不以学生为之嫁。倘海内外之所谓学生者人人自厉（励），相与联合，日以磨砺，将来新中国主人翁之资格毫无放失，果何得谓中国不可为也。迩来国家存亡之问题，当局者皆熟视而无睹，而一经发起于学生，风驰而电掣，几披靡全国，学生社会之影响亦大可观矣！”②

自晚清以来，这种“学生社会”兴起的趋势不仅仅呈现在舆论界的话语潮流中，更在某种程度上影响到了中国近代的实践历史走势。晚清社会现状的改良，乃至立宪政治的推动与辛亥革命的酝酿，都离不开学生群体的积极参与。③

值辛亥革命之时，各地学生军之风起云涌无疑也是学生群体力量的一次大展示。但自 1913 年“二次革命”后，受国内政局

① 梁启超：《敬告留学生诸君》，《饮冰室合集·文集》之十一，中华书局，1989 年，第 21 页。

② 《江南水师学堂之鬼蜮》，《苏报》1903 年 6 月 20 日，转引自严昌洪、许小青：《癸卯年万岁——1903 年的革命思潮与革命运动》，华中师大出版社，2001 年，第 119 页。

③ 关于清末兴学堂后“学生社会”的兴起对当时社会、政治变迁所产生的影响，可参看桑兵前揭书，第 376—425 页，以及严昌洪、许小青前揭书，第 103—121 页。

影响，学生界渐趋消沉，社会影响力大为减弱。[①] 此一时段的学生除了偶尔的骚动外，基本沉浸在自己的天地里，不与闻外事。而且，民国初年完全脱离了旧有以追求科举功名为目标的教育轨道的学生们，也面临着如何重新融入社会的难题。当时即有人认为"学生"在这个时代已成为一个严重的社会问题，"独吾国今日之学生问题，乃为社会最近所自造之阶级身分，而被造就之人人，一入此阶级、一得此身分之后，乃以此阶级、身分之故，社会反与为冰炭之质，枘凿之势，所学无论其为何科，社会皆不能消纳之应用之。"[②] 还有人批评在科举既废之后，学生反而丧失了求学的目标与动力，"求学者或手小说，或披淫词，向者孜孜求进之风，忽反变矣"，今日学生"除求得考分外，其目的果何在乎？若谓吃饭穿衣，则今之有力入学者，大多不虑此也"，既然学生"无目的可言，何怪乎学风愈下，文艺将坠，科学不兴，无以为存亡绝续之资乎！"[③]然而进入民国以后，混乱的时局，仍然反复刺激着象征社会未来的学生群体起而应对，以求有所改变。虽然作为一个社会亚群体的学生形象屡被质疑，但这或正说明了社会人士对他们期望之深。那些受恶习旧俗熏染已深的成人们，在许多人眼里已经腐朽而无可救药了，唯有青年代表着未来

① 关于辛亥至五四前后学风之演变，可参看杨贤江：《十年来的学生活动情况》，他描述了清末革命风潮正盛时学生的意气昂扬之态，"在清朝晚年革命主义宣传最盛的时候，学生都怀着革命的思想，跃跃欲试，就在学校里面试验起来，所以那时的学校风潮甚多（参看第三篇）。而青年心理的态度，从尊师、尊君的变到反对学校主持人和清朝的，也可谓大大的变迁了。正当革命的时候，男女青年激于义愤，很多'投笔从戎'的。所谓'学生军'及'女子北伐军'者就是。"此文为作者的系列文章《十年来的中国与学生》中的第 4 篇，《学生杂志》10 卷 1 号，1923 年 1 月，第 30 页（文页）。

② 李大钊：《学生问题》，原载 1917 年 4 月 3 日《甲寅》日刊，署名守常，收于《李大钊文集》（上册），人民出版社，1984 年，第 425－428 页。

③ 丁冠伦：《学生与社会》文后吴研因附识，《学生杂志》6 卷 3 号，1919 年 3 月，第 16 页（栏页）。

的希望。正如李大钊所说，青年应当“取世界一切白首之历史，一火而摧毁之”，从而“新造民族之生命”，“吾族青年所当信誓旦旦，以昭示于世者，不在龈龈辩证白首中国之不死，乃在汲汲孕育青春中国之再生。吾族今后之能否立足于世界，不在白首中国之苟延残喘，而在青春中国之投胎复活。”①

另外，此一阶段以学生或青年为诉求对象的专门报刊不断出现，也显示出以建设国家、改造社会为目标的社会动员，再次聚焦于这个预示着中国未来的群体身上。在创刊于民初的《学生杂志》这样一份专门面向青年学子立说的期刊上，普遍凸显的是对学生特殊责任与身份意义的强调，各地学生们通过言论表达出强烈的身份优越感与群体自觉意识。他们有意无意间不断把自身与社会其他群体进行有效区隔，以此体现出自身群体的独特性与优越性：“就人群而言，将来国家之隆替，视乎今日学生之贤否。”② 这样一种以塑造即将担当国家重任的学生形象为主题的论说，基本上已成为当日青年学生们与社会人士的共识。正如陈独秀在《青年杂志》创刊号中所论，“青年之于社会，犹新鲜活泼细胞之在人身”，而他所寄予希望的也在此一群体，“予所欲涕泣陈词者，惟属望于新鲜活泼之青年，有以自觉而奋斗耳！”③ 而在同年由中华书局创刊的《中华学生界》上，陆费逵也撰文指出，中等学校学生无论是继续升学还是谋职就业，都是“中等社会”的主要构成力量，“他日国家社会将以中等学生为之中坚，可断言也。”④ 民初中华编译所函授学社创办的《学生周刊》，虽

① 李大钊：《青春》，《新青年》2卷1号，1916年9月，第11页（文页）。

② 朱毓魁：《今日国家所要求于学生者》，《学生杂志》4卷9号，1917年9月，第99页（栏页）。

③ 陈独秀：《敬告青年》，《青年杂志》1卷1号，1915年9月，第1页（文页）。

④ 陆费逵：《敬告中等学生》，《中华学生界》1卷2期，1915年2月。

仍倾向从四民分途的方式来论证学生地位，但其珍视学生价值的内在言路与其他报刊并没有区别："士农工商，谓之四民。……四者之中，惟士为贵，则士应尽之天职，扬于万众之上，而为国民之表率者矣。虽然，为士者岂能成就于崇朝哉，盖涵煦于为学生之时也。学生者，将来之为国负重任荷重责者也。国之兴废存亡系于学生，国之贫富强弱在于学生。是学生为国家之枢纽，而天职尤为学生之关键也。"① 再往后一些，已成为中共总书记的陈独秀在一片"到民间去""劳工神圣"的喧嚣声中，却仍在团中央机关刊物《中国青年》创刊号上强调青年学生地位的重要："死的中国社会，自戊戌变法以来，除了少数知识阶级的青年外，都是一班只知道吃饭穿衣生儿子的行尸走肉。现在这班行尸走肉，比较戊戌变法、辛亥革命、五四运动时，更要沉睡过去，在社会上奔走呼号的，不过是少数青年学生，这班青年学生愈为一班行尸走肉所厌恶，他们的责任愈加重大呵！"② 总之，作为社会未来精英的学生，理应受到社会的敬重，"学生者，得有良道德、新智识、优美教育，高尚人格之分子也，宜为社会敬重而矜式矣！"③

1910 年代的这些言论主要还是重在未来主体的塑造，不过时代潮流的冲击会应时改变此类形塑冲动的方向。对于全国学生群体而言，五四运动是一个重要分水岭；在这以后，学生逐渐走出校门与社会接触。呼吁他们参与社会改造和"到民间去"的声音日益高涨，社会舆论乃至学生自身对于该群体所具有的身份意义与角色担当，都产生了不同的认知。社会赋予和学子自己营造

① 马大椿：《论学生之天职》，《学生周刊》第 4 期，1917 年 5 月 5 日。

② 实庵：《青年应当怎样做》，《中国青年》第 1 期，1923 年 10 月 20 日，第 2 页。

③ 萧公弼：《改良社会为学生应尽之天职》，《学生杂志》3 卷 4 号，1916 年 4 月，第 38 页（栏页）。

起来的内外对应关系，在五四前后经历了一个明显的变化。不同群体对学生的角色期待多从“预备”转向“行动”，言行指向从“个人”进于“社会”，时人建构起了一套与以往不同的学生参与政治、社会标准，从中我们可以看到时代趋向的转变。不过，值得注意的是，在主流意见外，还有支流，不同的声音反映出的是多元的历史过程。

第二节 对学生参与政治方式规划的前后转变

一、“今日之学生，他日之国民”：“五四”以前对学生与政治关系的一般看法

自从晚清救亡运动勃兴以来，维新人士努力于创造民族国家与打造现代国民的努力就一直不绝如缕。如梁启超在他广为人知的名文《少年中国说》中，就力图区分朝廷与国家的概念，数千年来，中国只是“一家之私产”的“朝廷”，而不是现代意义上的作为“人民之公产”的“国家”。现代国家的特征是“有土地，有人民，以居于其土地上之人民，而治其所居之土地之事。自制法律而自守之；有主权，有服从，人人皆主权者，人人皆服从者。夫如是斯谓之完全成立之国。”① 民族国家的意识在晚清逐渐为青年学子们所接受，当然最初是以反对满清政府为出发点

---

① 梁启超：《少年中国说》，《清议报》第 35 册，1900 年 2 月 10 日。张灏曾指出梁启超的思想代表着世纪之交儒家经世致用的理想与现代新思想方向之间的一个重要过渡纽带。天下大同的理想逐渐被抛弃，国家被承认为最高群体，同时国家的道德目标已转变成为集体成就和增强活力的政治目标。参见张灏著、崔志海、葛夫平译：《梁启超与中国思想的过渡（1890—1907）》，江苏人民出版社，1993 年，第 211 页。

的。伴随着整个体制的转型，新成立的共和国要求一种新的国民与政治间的关系，即从族群认同转向制度认同。[①] 这就需要一定的公民政治常识。而民国建立后的中国一般国民之政治常识状况，却远不尽如人意。学生群体作为一种新知的载体，处于社会中相对的“精英”或未来精英的位置上，自然被时人赋予厚望。在五四以前，强调学生应关注政治现实的论说很是不少。如曾任民国教育总长的范源濂，就曾在《学生与政治》一文中强调普通人民政治常识的缺乏及其对于一般国民与共和国家的双重重要性，“吾国承数千年专制之敝，改革以远，而多数民众犹未识政治为何物。夫国危则民无以安，政敝则国无以存，既为国民，斯当留心于国政。……今欲图政治之进步，在内不负国民之责，对外能求国势之保持与国力之伸展，舍人民能自增进其政治常识之外，岂尚有他道耶。”而学生在普及政治常识于广大国民的这个过程中扮演着重要的中介作用，因为“学生之于研究政治，既获有至多之便利，而亦实有其责任也”，他们的中介功能不可或缺，“然政治常识非有藉于学生不可得也。则为学生者，安可置国事于度外漠不关心而自以为无责耶?”[②] 这里呈现出来的学生与政治之间联系的期待，是一种间接的关系。即对学生不是直接地要求他们参与政治，而是强调其作为有关政治的知识的间接媒介作用，希图他们将其所掌握的知识进一步传播普及到平民大众那里去。不止社会精英如此认为，北京政府也反复告诫学生界“修养学行”才是他们现时参与政治的唯一可行之道：“须知改造个人，

① 台湾地区学者江宜桦曾将国家认同区分为三个层次：首先是族群认同，其次是文化认同，最后是制度认同。从客观的血缘纽带与族裔身份认同，到主观地建构起一种基于特定的政治、经济、社会制度而产生的对于某一政治共同体的主动归属感，这是一种在层次上的向前推进。江宜桦：《自由主义、民族主义与国家认同》，台北扬智文化事业股份有限公司，1998 年，第 5—24 页。

② 范源濂：《学生与政治》，《中华学生界》1 卷 5 期，1915 年 5 月。

乃建设国家之根本，而修养学行即诸生唯一报国之道也。”[1]

民国初年政治局势的紊乱不安也是政府当局对学生政治行为加以禁抑防范的重要原因。民初共和告成，政局活跃，党会繁多，各种政治活动层出不穷。据学者统计，民初共出现了312个政治性的党会，刊发了大量报刊及各种宣传出版品，显然富有活动能力的学生也是他们动员的对象。[2] 而正处求学阶段的青年学生们基于政治激情也往往乐于加入各种党会，积极活动。[3] 后来随着北洋政府统治权威的确立，学生直接的政治参与行为逐步被禁止。据《教育杂志》记载，教育部于1913年8月28日正式发布训令，禁止学生投身政党：“本部迭接直隶山东等省都督民政长函电，现在党派纷歧，学生往往入党，因党荒学，流弊滋多，拟请禁止等语。查学生在校，正当修业时期，自应以学业为重，如有投身政党，因党务而荒废学课，非特一己操业，难望成就，且于全校规律，妨害实多。嗣后各校职教员遇有此等学生，务宜切实告诫，使之专心向学。如屡戒不悛，应即按照学校管理规程，予以惩戒，或径令其退学，毋稍姑宽，以重教育。各该校职教员，亦宜本身作则，毋得借学校机关为党略上之作用。”[4] 此处强调的是党务与课业之间的冲突矛盾。而三年半后，北京教育部再次重申“禁止学生入党令”。不过，这次的理由较为充分，陈述也比较诚挚恳切，既明确批评学生不应该有“出位之思”，

① 中国第二历史档案馆编：《中华民国史档案资料汇编》第3辑“民众运动”，江苏古籍出版社，1991年，第331—332页。

② 张玉法：《民国初年的政党》，岳麓书社，2004年，第35、178、203页。

③ 如此时尚在中学阶段的顾颉刚就在辛亥革命后加入了江亢虎等人组织的社会党，怀抱着实现“无政府、无家庭、无金钱”的最高理想，在一年半的时间内，作了一个“最热心的党员”。后来终觉悔悟而脱党北上求学。参见顾潮编著：《顾颉刚年谱》，中国社会科学出版社，1993年，第28—30页；顾颉刚：《走在历史的路上：顾颉刚自述》，江苏教育出版社，2005年，第19—20页。

④ “大事记”，《教育杂志》5卷7号，1913年9月，第54页（栏页）。

又提出应当为政治奠定文化学术与社会事业上之根基；尤其是强调“生徒社会”应该超越于现实社会之上，不应以高尚纯洁的学生受繁变复杂的政治之影响，既妨害学业，又贬损自己的地位。此文虽为官方文电，但可说是较充分地呈现了一般社会人士对于学生应远离实际政治的各类意见。①

细察起来，其实官方的论述策略与新文化运动精英们希图为政治奠定一个学术文化方面的非政治的根基是近似的。看似对立的朝野各界在某些问题上态度的趋同确是一个耐人寻味的现象。民初政府部门如此的一再强调，再加上社会、政治环境的变化与制约，在校学生群体与政治直接的瓜葛基本上趋于消失了。②

再来看在《学生杂志》这个言论空间中，早期直接谈及学生与政治关系的文章并不多，这既是由杂志作为课业辅导、知识传播的自我定位所决定的，也是与时代的政治及舆论环境有关。因为不仅此时《学生杂志》如此，即后来非常著名的《新青年》

① 《教育部训令重申禁止学生加入政党》，《申报》1917年2月6日，转引于李桂林等编：《中国近代教育史资料汇编（普通教育）》，上海教育出版社，1995年，第795－796页。

② 杨贤江根据亲身经历（按：杨氏于1912－1917年间就读于杭州浙江一师）对民初学风转变之表现进行了生动的描述，民初的学风还延续着清末的气象，“民国元、二年的时候，革命余波尚在动荡，所以闹学的风气很是普通。自由和平等这四个字便是一般青年所最乐道的。总之，当时学校内部的气象，一方是发皇，一方是混乱，故和国家政局的气象实相仿佛。若用两个字形容起来，就是浮嚣。”而到袁世凯政府的统治稳定后，学风也开始朴实低沉起来，“到了‘袁皇帝’征服‘乱党’以后，政治界渐见统一。教育者也能安心从事，于是学生界的空气也从浮嚣而归于静寂。当时的学生，除出‘挨毕业’的平庸生活以外，不过举行一次远足会、运动会或者出几本校友会杂志，此外便没有什么可以纷心的事情了。据我在杭州的经验，那时学生的服装，都是朴素的。身上穿着制服，脚上套着布鞋。很少人鼻架金丝边眼镜，手带金戒指，脚穿皮鞋的。无故请假，到剧场看戏，也当作似乎不正当的事情看。至于雪花膏、生发油一类的装饰品，现在视为常事的，当时也不免视为禁物。故可以说，自三年至八年的学风，是比较地朴素的静默的，但是未免有点暮气!”杨贤江：《十年来的学生活动情况》，《学生杂志》10卷1号，1923年1月，第41页（文页）。

（第1卷名为《青年杂志》）在这个阶段亦是以在学业道德方面为青年提供指导为中心的。在其第一卷第一号的“社告”栏中，即曾明示“本志之作，盖欲与青年诸君商榷将来所以修身治国之道”，而其主要方法则是“于各国事情学术思潮尽力灌输，可备攻错。……凡学术事情足以发扬青年志趣者，竭力阐述，冀青年诸君于研习科学之余，得精神上之援助”。陈独秀并在第一号答复读者的通信中，重申了这一宗旨，“盖改造青年之思想，辅导青年之修养，为本志之天职，批评时政，非其旨也。国人思想倘未有根本之觉悟，直无非难执政之理由。”[①] 这样的命意在读者中获得了广泛的认同。贵阳一位读者即致信陈独秀表示完全赞同其主张，“近年来各种杂志，非全为政府之机关，即纯系党人之喉舌，皆假名舆论以各遂其私。求其有益于吾辈青年者，盖不多觏。……愚以为今后大志，当灌输常识，阐明学理，以厚惠学子。不必批评时政，以遭不测。若专培养后进之知识，俾其积理渐厚，较为有裨实际。亦符大志斯作之本心。又青年求学之，似不宜以政谈引起其嚣张之恶习。而真确之学理，又不可不急为阐明，以深树日后不拔之基。”[②] 后来还有读者致信批评《新青年》违背初衷在第一卷后开始谈论时事，“一卷之文重学说，二三卷之文重时事。述学说者，根本之图也。评时事者，逐末之举也。教诲青年，当以纯正之学说巩固其基础。不当参以时政，乱其思想也”。他认为今日中国重要的是输入新学说新道德，批评时政尚是不急之务，“今先生尽力吸收西洋文明，将新道德新学说，一一灌输於我青年，惟恐不给。岂暇他骛而道及时政哉！”[③] 当

① 陈独秀答王庸工，《青年杂志》1卷1号，“通信”，1915年9月。

② “贵阳爱读贵志之一青年”致记者，《新青年》2卷1号，“通信”，1916年9月，第4页（栏页）。

③ 顾克刚致独秀，《新青年》3卷5号，“通信”，1917年7月，第5—6页（栏页）。

然，这种与政治的有意疏离感，主要还是来源于现实政治的不良与环境的压迫。但对于政治、文化与学术关系的重新认识与深入思考也是这种疏离态度的一个重要原因。

早期的《学生杂志》没有太多联系政治现实的谈论，但这并不代表学生不应了解国家的现实处境，认识自身的责任所在。论者主要是基于学生作为国家之未来国民的身份而立论的，“今日之国民，即曩日之学生；今日之学生，亦即未来之国民。则为学生者，实负促进国家文化之责任者也。”① 因此，学生与国家、政治建立联系的渠道，在时人看来更多地应是通过勤勉修学与提升道德，以达到作为社会表率的效果而实现的。因此，相对于实际参与政治的能力，学术常识的涵养与品性人格的修养被认为才是最重要的。对于青年学生而言，唯有求得应时急需的学问方是真正有益于国，“故中学以上，人人当竞谋专门学术之预备。其不能致用，未堪救急者，则毋宁隐忍割舍，无论文学科学皆然。”②

至于道德的预备，也是不可忽视的一环。“今日之学生即为他日社会有力者之前奏，改良中国社会之责任当在学生界。而欲达成此目的，非悉依道德不为功。道德不充足，则不能担此责任。”③ 学生修养应以重德为先，“诚实、俭约、检束、寡言、庄重、仁爱”等都应是学生修德的标准④。“苟学生而能加以修养之功夫，其效果若就个人言，则异日处社会即社会优秀之分子，

① 朱毓魁：《今日国家所要求于学生者》，《学生杂志》4卷9号，1917年9月，第99页（栏页）。

② 君言：《今日求学之旨趣》，《学生杂志》2卷3号，1915年3月，第27—29页（栏页）。

③ 于伟：《学生之须知》，《学生杂志》2卷2号，1915年2月，第17页（栏页）。

④ 李琪：《学生今后之道德》，《学生杂志》5卷3号，1918年3月，第20—24页（栏页）。

在国家即国家高尚之国民。若就学校言，则学风自良，学风良则于国家之裨益必大。”[①] 当然，此时在学生中提倡的道德仍与传统修己束身的道德规范相差不大。新文化运动中个人伦理解放的思想此时尚未成为潮流，对一般舆论也未形成冲击。而纵观五四以前各地的青年学生，传统修身进德之道仍相当流行。时在武昌中华大学念书的恽代英，实行严格的修身日记，并在日记中针对自己每天的行为进行评分。[②] 而五四前后组织的学生社团也有不少是以道德修养为目标的，1918 年 4 月成立的湖南新民学会的宗旨就是“革新学术，砥砺品行，改良人心风俗”[③]。河南开封二中的学生在 1919 年末成立了“青年学会”，其宗旨即为：“发展个性的本能；研究真实的学问；养成青年的真精神”，信条则是：“奋斗！诚实！弘毅！勤俭！”[④]

除了学问与道德的追求外，在时人看来，学生对于现实的国内外政治环境也应处于一种时刻了解与研究的状态，以随时做好应对世变的准备。因此，学生应该知晓并关心国事，这可说是当时学生界的一种共识。学生若对于国事置身事外，会使国危身亦危，“对于国家而不知我国今日所处之地位，而惟不识不知，存

---

① 洪铭：《学生时代之修养》，《学生杂志》3 卷 11 号，1916 年 11 月，第 126 页（栏页）。

② 中央档案馆等编：《恽代英日记》，中共中央党校出版社，1981 年，第 198、200、202、207、208 页。

③ 中国革命博物馆、湖南省博物馆编：《新民学会资料》，人民出版社，1980 年，第 3 页。

④ 参见《青年》第三期（1920 年 2 月 16 日），收于张允侯等编：《五四时期的社团》（三），三联书店，1979 年，第 101 页。曾在清华念书的潘光旦曾回忆道：“学生自动结合的小团体，多的四五十个成员，少的七八个人，大都是班级相近，年龄相仿，而所谓志同道合的分子；它们都有章程，章程必有‘宗旨’一条，这条一定会写上‘砥砺道德、交换知识、联络感情’十二个大字。”参见潘光旦：《清华初期的学生生活》，中国人民政协文史资料研究委员会编：《文史资料选辑》第 31 辑，文史资料出版社，1980 年，第 88 页。

肉食者谋吾侪何知之心，如是则国危而身家亦危，此即国民鲜自觉心之表征也”。对于国事之自觉，不是忘其本分叫嚣呼号就可以的，“自觉云者，乃觉于吾心，非暴著于外之谓也。诚自知国家之危亡，非国家自身受之，实国家分子亲受之；国家分子不健全，乃致国家于危亡。”①

值得注意的是，此时正在进行中的第一次世界大战（中国媒体里多称之为“欧战”），对当时的学生与教育影响亦至为深远，不论是国民主义教育思潮的兴盛，还是对和平主义的鼓吹，乃至于对东西文化的看法，都能看到欧战影响的痕迹。正如论者所言，这场战争促进了中国一般民众对西方的了解，大量的信息使中国知识界对西方产生一种“启蒙式”的亲近，丰富了近代中国的“启蒙”经验。② 因此，无论是战争所展示的欧美强大的物质与精神力量，还是因青岛问题所产生的耻辱感与危机感，都给学生群体的自觉深深打上了时代的烙印。有人更从中看到当前学生责任之重大，“盖以学生为国家之命脉，吾所期望于彼者，不在目前，而在永永无穷之后日也。”③ 欧战带来挑战也带来了机会，战后国家的建设振兴也要靠学生，“欧战后我国之存亡兴废皆视现在之学生为转移，其责任不重且大乎？”学生因急速觉悟，投袂以起，“觉悟惟何，即欧战后之趋势关于学生之责任如何？时

① 又玄：《今后之学生》，《学生杂志》2卷5号，1915年5月，第47—50页(栏页)。

② 对“欧战”与近代中国现代性论述之间关系的研究，台湾学者丘为君进行了较细致的梳理。见丘为君：《战争与启蒙：“欧战”对中国的启示》，《政治大学历史学报》(台北) 第23期，2005年5月，第91—146页；《“欧战”与中国的现代性》，《思与言》(台北) 46卷1期，2008年3月，第75—123页。此外，另一台湾学者黄金麟也曾从大众心态与舆论张力的角度探讨作为一种“仪式戏剧”的欧战在中国的影响，见黄金麟：《历史的仪式戏剧——“欧战”在中国》，《新史学》(台北) 7卷3期，1996年9月，第91—129页。

③ 又玄：《今后之学生》，《学生杂志》2卷5号，1915年5月，第47—50页(栏页)。

期如何？地位如何？均宜力图改革以期完善。”①

概而言之，五四以前社会精英与学生自身并不期望学生群体立即在国家舞台上扮演直接参与的政治角色，他们的规划与期待更多地是以“预备”“涵养”“陶冶”等方式为主的。然而对于五四以前的学生界疏离于政治的沉闷空气，也有一些社会人士颇为不满，力图打破，以唤起学生干预政治的热情。当然，持这种观点者以有党派背景的读书人为主。如邵力子即针对 1918 年北方学生反对中日军事同盟，而上海学生却无动静一事大发感慨，认为学生不当干预政治之说是袁世凯愚民政策有以致之：“癸丑以后，学生不当干预政治之说大盛，有谓倡之者实揣摩袁世凯愚民政策之心理，而以是媚之。”在他的描绘中，学生不积极干预政治就会群趋于淫靡小说，或关心社会花边新闻，“愚不欲为此深刻之论，但数年来教育成绩如何？则昭然与人以共见。盖一般学生既不为爱国之政谈，乃群趋于淫靡之小说。今日各报小新闻、滑稽谈之投稿者，十八九皆青年学生也。此其害为何如乎？愚于数年来颇思打破学生不预闻政治之说，时于执教鞭之某校委屈言之，而辄未于报端大声疾呼。今国事至此，北方学子已奋起，海上各校尤奄奄无生气，乃悔前此之未尝力辩，而又惧后此之流毒无穷！”②

二、“五四”至北伐期间杂志言说中对学生与政治关系的规划

五四运动爆发后，学生群体正式走上政治舞台，在救国活动中，显示出巨大的政治能量。社会各阶层和学生自身都注意到了

① 商逵：《欧战后学生之觉悟》，《学生杂志》5 卷 12 号，1918 年 12 月，第 83—86 页（栏页）。

② 邵力子：《学生与政治》，原载 1918 年 5 月 24 日《民国日报》“时评”栏，收于《邵力子文集》，（北京）中华书局，1985 年，第 34 页。

这个群体力量的强大与改造社会的可能性。如老革命党人朱执信即赞赏地写道："现在青年学生的地位，比前几年是大不相同了。前几年所有青年学生的心理，都是以为自己无拳无勇，一点本领都没有。这一年间，差不多都觉得学生在社会上，是很有力量的，有什么事情，要等着学生说话出主意了。本来对于自己的评价过高，或者过低，都不是好事。然而大体上讲，可以算做利多害少，一个可喜的现象。"①

因此，在新的历史条件下，学生职责的规划也发生了明显变化，融入进了某些重大的时代意义。例如，救国使命意识、反抗现行体制、倡导新文化、改造社会等，这些因素结构化为学生群体身份的当然内涵，从各方面都要求学生立即行动起来，投身于新的时代潮流。② 在这样的背景下，学生们免不了就有许多"出位之思"，积极干预社会、政治。社会各方乃至学生自己都已形成"学生万能"的观念，乃至无一事不劳学生过问。不仅社会人士对此有所反思，"他国学生出全力以求学问，尚恐不及。中国学生则纷心于政治，几无一事不劳学生之问津。而学殖安得不荒？则知中国今日新学风有江河日下之势。"③五四运动中的学生领袖也开始意识到这一问题，"自从六三胜利以来，我们学生界有一种最流行而最危险的观念，就是'学生万能'的观念，以为我们什么事都可以办，所以什么事都去要过问。"④

---

① 朱执信：《青年学生应该警戒的两件事》，《朱执信集》（下册），中华书局，1979 年，第 883 页。

② 如冯友兰就认为"新学生注重实际，旧学生注重空谈"，以于实际有无用处来判断学问之价值，"一学有一学之益，一术有一术之用，而各种学术，皆可直接间接有益于人生矣。此新学生之精神也。"冯友兰：《新学生与旧学生》(1918 年 9 月)，收于《三松堂全集》(第 2 版) 卷 14，河南人民出版社，2000 年，第 11—14 页。

③ 杨荫杭：《学荒》，原刊 1920 年 12 月 20 日《申报》，收于杨绛整理：《老圃遗文辑》，长江文艺出版社，1993 年，第 163 页。

④ 罗家伦：《一年来我们学生运动底成功失败和将来应取的方针》，《新潮》2 卷 4 号，1920 年 5 月。

尽管学生领袖们已开始反省，并要从纯粹学术的途径去解决问题了，但社会对学生群体的角色期待已经不再停留于当初的仅仅是预备学问、道德的层次上了，而是要求其担负起远超过本职的责任。1923 年 5 月 4 日，北京学联在女子高师召开“五四纪念会”，大会主席韩觉民略谓：现在的政府，一天糟似一天，我们应有继续的精神作政治的运动。接着，北大教授陈启修在会上公开演说，即主张：“我们现在运动目的，就对内说：（1）打倒军阀，（2）裁兵，（3）否认现政府，（4）否认现国会，（5）拥护人权，（6）教育独立。就对外说，我们应该起来作国民自动的外交。这种政治事业，在中国全靠学生来担任。”而李大钊在演说中也指出学生是民国建立以来革命事业的继承人，并认为当时学生应该做的事分为两种，即：组织民众，以为达到大革命的工具；对现政局立于弹劾的地位。[①]

由此可见，在这些老师辈的知识分子眼中，学生干涉政治的正当性已经是毋庸置疑了。从“预备”到“实行”的角色转变，说明大众所期待的——或是许多学生所自我期待的——学生与政治之间的关系，也呈现出与五四以前很不一样的状态了，间接性的联系转化为直接性的参与。五四新文化的领袖之一陈独秀当初强调“新文化运动要影响到别的运动上面”，到五四后两年他已认为“迂远”的文化运动与更为实际的社会运动之间有着重要的区别，并批评那种“拿文化运动当做改良政治及社会底直接工具”的行为。[②] 而最显著的变化，则是他开始直接面向学生进行政治动员，号召学生们认识到自己的力量，与现行体制彻底决

---

① 《北京之五四纪念会》，《教育杂志》15 卷 5 号，“教育界消息”，1923 年 5 月。

② 陈独秀：《文化运动与社会运动》，《新青年》9 卷 1 号，1921 年 5 月，第 4—5 页（栏页）。

裂，起来反抗政府当局。[①]

当然，与直接的政治对抗相比，更“常规”性的言论是注重对青年学生政治常识的培养，以打造能有所贡献于现代国家建设的合格公民。经常在《教育杂志》上发言的黄卓就认为政治教育重于革命运动，因为“国家之成立与健康全恃全体人民是否了解国家的性质与人民的义务为转移”，因此在学校里即应进行有关国家、政府、宪法等的政治常识教育，在中等学校里应该每年开设政治知识一科，除正课外，“最要注意的就是新闻纸”，并且“从第一学年开设，阅报即应列为必修科，正式功课之一。”[②] 不少论者就在《学生杂志》上提倡该期刊应充分利用自身优势，对学生进行政治常识的教育，以陶冶现代公民，而这也是补学校教育之不足。浙江一师毕业生朱文叔就主张《学生杂志》应添加“政治常识”一栏，“在理，这种知识是应当由学校供给他们的。可是旧制中学校的课程。只有法制经济科，并不教授政治原理。就是退一步说，政治原理可以包括在法制里。但我国从前关于政治法制的思想，大半是从那君主万世一系的邻国传过来的，强词曲解，在在皆是，实在靠不住。”再加之学校里的老师也很少有真正“直接研究欧美德模克拉西的政治的”，所以他希望《学生》“添加政治常识一栏，把共和国公民应该有的政治常识，和欧美最近的政治思想、政治制度，介绍给青年学生，使他们在将来有打破武力的多头政治，建设平民的共和政治的工具。这实在是帮

① 独秀：《北京政变与学生》，《向导》周报第31、32期合刊，1923年7月，第235页。

② 他还批评当时中学生不注意时事的习惯，“现在的中学生的一种最不好的习惯就是天天读历史，对于最重要的新闻纸毫不过问，等候时事已成近代史以后，再来把他当作历史读。只读过去的历史，不顾目前的时事，真是开倒车。”黄卓：《政治教育与中国》，《教育杂志》17卷3号，1925年3月，第6页。

助学校施行公民陶冶的一种紧要事情”。[①] 高尔松等人也认为，“《学生》今后应提倡青年对于政治的兴趣，把政治的常识，正确的观念，一一介绍于读者。”[②]

与此同时，专门针对学生的颇具政治动员意味的言说也开始在报刊上兴起。[③] 编辑本身具有左翼政治身份的《学生杂志》也不例外，一些具有鲜明政治色彩的动员话语也夹杂在传播学科知识与讨论学养问题的文字中出现。该杂志中期较具政治意味的论说，主要都在 1923 年前后逐渐出现在社评栏与通讯栏里。这种现象既与那个时代的政治发展趋势相呼应，也与编辑杨贤江的思想和身份的转变紧密相关。据学者研究，杨贤江于 1921 年 7 月开始参加“马克思主义研究会”的学习与讨论活动，1922 年 5 月就加入了中国共产党，并长期负责国共合作期间国民党上海市党部的青年学生运动工作，还一度担任青年部长。[④] 他在《学生杂志》上发表的论述趋于激进，也是从 1923 年底开始的。

这些带政治性动员色彩的言说，基本上都是从重新梳理学生的身份意义与重建知识的有效性尺度开始的。20 世纪 20 年代前期著名的青运领袖恽代英就曾在该杂志第 10 卷上发表了两篇以学生动员为主要目的的文章，均是鼓励学生对社会与政治活动进行直接参与。在名为《学生的社会活动》一文中，他表达了对于五四运动以来学生活动变化轨迹的不满，“从五四运动以来，有

① 朱文叔：《我希望〈学生杂志〉》，《学生杂志》10 卷 1 号，1923 年 1 月，第 4 页（栏页）。

② 高尔松、高尔柏：《我们对于〈学生杂志〉的贡献》，《学生杂志》10 卷 1 号，1923 年 1 月，第 15 页（栏页）。

③ 例如共青团（SY）中央就于 1923 年底专门出版了一份针对青年进行政治鼓动宣传的《中国青年》，与此同时，中共党团的其他报刊如《新青年》（季刊、不定刊）、《先驱》、《政治生活》等也先后加入到动员阵营中，发表了不少针对青年学生的文字，意欲变“文艺青年”或“知识青年”为“政治青年”。

④ 参见潘懋元等主编：《杨贤江年谱长编》，北京：光明日报出版社，2005 年，第 210—296 页。

些学生活动得疲乏了，他们的活动亦渐觉流于虚伪、敷衍，于是反动的思想盛行起来。”有些人就认为学生应该安静求学，不应将精力专注于外务。恽代英延续了五四以来的青年论述，认为在勇气与纯洁性方面，学生比成人更可靠，“社会的活动，虽然可以说是成人的事情；但是成人每每是过于稳健的；每每是薰习纠缠于恶劣社会生活而忘其痛苦罪恶的；每每是身心软弱，感情淡薄，不知道亦不愿意做改进社会事业的，只有青年学生是纯洁而勇敢的反抗恶势力的生力军。他们自然是幼稚没有经验；但是若得着合当的指导，他们不像成人的懒惰怯懦。所以他们摧毁恶势力的力量，比成人更可靠。”在恽氏看来，学生的力量应受作政治运动者的合理指导，应该被充分利用，纳入到政治活动的轨道中来，不应理睬所谓“利用学生”之嫌疑，“不错，做改造社会运动的人，的确要利用学生。未必这不是十分应该的事么？学生未必应该怕受人家利用，去用以改造社会；偏要以为宁可受那些无目的的教育家利用，去用以为他们的学生帮补点人数，加添点成绩品，以为他们骗名声保饭碗，方以为得计么?”在恽的眼中，在一个阶级分化的社会里，知识服务的对象也要有所区分，“我们要靠学问改造社会，要靠学问打倒一切营卑污剥夺生活的人，要靠学问来求物质文明、精神文明普及于民众，我们不是要靠学问使自己成为贵族资本家，更不是要靠学问去伺候贵族资本家以助桀为虐。[①] 在他的言说中，即使处在学习过程中的学生，也已在各个方面与社会紧密联系起来了，政治意识的觉悟在重要性上也超过了单纯知识的获取。

学生已不再能简单地注意于学业知识的获取，其理由在全体的社会改造观笼罩下更能得到充分的说明。在五四后日趋激进的

① 恽代英：《学生的社会活动》，《学生杂志》10卷2号，1923年2月，第1—5页（文页）。

社会改造声浪中，奠基于社会有机体观念上的分工合作、各自改造一途，已越来越失去说服力了。在某些激进的知识青年看来，专业分工的文学运动、教育运动、社会运动等已不再被认为能最终导向社会整体的改造。① 在整体的国民运动愈来愈澎湃的浪潮中，在峻急的现实环境面前，社会与知识的有机性已然分裂，每个人都必须在不同事物的轻重缓急中做出自己的选择，因为枝节的社会改造于事无补。

本着这种理念，恽代英在另一篇文章中更明确地呼吁学生们行动起来为国民做事。他犀利地提醒学生，“不要一边怨恨军阀政客，一边又对那些刻板的功课拼死用功，将来只好做军阀的走狗。”任何文艺上或是口头上的活动都是无效的，“你们亦不应当只知道在这种黑暗的世界，以能做几篇仿佛有点意思的新诗小说，说得几句人云亦云的自由解放的新论调，便自以为得意。”甚至街头讲演、平民学校这些在热心社会改造的学生中颇为流行的社会活动，都被归于局部的改造，其效用值得怀疑，“你们亦不应当只知做那些显然很少功效的事情。例如没有计划的讲演，没有目的的平民学校，枝枝节节地为学校为地方所做的事情。……我们最要亟求有个全部改造。我们一切的努力，要有利于这个全部改造，那便局部的改造不费力便完成了。”于是，学生应该选择什么样的政治参与方式，在这里已经不难明了，“你们研究的对象，你们文艺的天才，你们活动的精神，都要注意唤

① 例如在文学上，20年代初期文学研究会的郑振铎等人尚在大力鼓吹“血与泪”的文学，然而这时已经有人认为列宁们远比托尔斯泰们更为重要。在《中国青年》的一篇文学批评文字中，秋士就要人们在文学运动与实际运动哪一种更急要中做出判断，并不无反讽地写道：“以文学为助进社会问题解决的工具的，实在很多——这从他们的言论和作品上，可以看得出来。”但对于这些“有意于解决社会问题的人”，他的态度是，“我很抱歉地说，实在他们只是‘有意’罢了!”。秋士：《告研究文学的青年》，《中国青年》第5期，1923年11月17日，第5—7页。

起国民的大力量，以求全部的改造才是啊！”[①]

在《学生杂志》上就此问题进行发言的不止恽代英一人。另一位早期中共的宣传家陈为人则利用马克思主义政治经济学的理论来解释学生在当前社会面临的窘境。[②] 他将学生在经济上、婚姻上、生活上遇到的各种问题，均与他们在政治经济上所受的压迫直接关联起来。政客官僚军阀乃至家里的父兄，都与青年学生不相容，使得许多青年学生无路可走以至于自杀。因此，学生群体当下在政治上的责任就是“组织政党、组织民众，打倒国内的军阀，消除顽固的官僚政客，反对国际资本帝国主义，建设独立自由平等统一的国家，扶助被压迫的人们”，也即应积极投入到国民革命的浪潮中来。这自然也是一种整体改造的思路。学生在这样的政治动员的叙述策略里，“学”那一方面的特质被大大淡化，某些知识甚至屡被贬低；相应凸显的是“行”这一方面的能力，其身份可说是由学生过渡到了“战士”。这种转变路径所熏染的政治色彩自然是相当鲜明的。[③]

值得一提的是，经常在《学生》上发言且参与“青年问题讨论会”活动的高尔松、高尔柏兄弟，从南洋大学附中毕业后不久，即投身于上海国民党左派的政治活动。二人于1925年编辑出版了一本小册子——《学生与政治》，集中展现其时在校学生关于如何参与政治问题的争论。是书编者与部分执笔者都是《学生杂志》的经常性读者与作者，因此可以看作是《学生杂志》上讨论的继续延伸。这本小册子中的文章多是从南洋大学（交通大

---

① 恽代英：《学生与民权运动》，《学生杂志》10卷5号，1923年5月，第1—6页（文页）。

② 陈为人，1899年生，曾在苏俄东方大学学习，此时在满洲里负责中共地下工作，关于陈为人的生平，参阅吕芳文：《陈为人》，《中共党史人物传》第35卷，陕西人民出版社，1984年，第190—218页。

③ 陈为人：《现在学生所受于政治和经济的影响及其解决办法》，《学生杂志》10卷8号，1923年8月，第1—4页（文页）。

学上海学校）的校刊《南洋周刊》中辑录出来的，颇能表现那个时段一般学生的心理趋向。在是书中，倾向于赞成学生从事实际政治运动者占到多数，他们围绕着“在工言工”的思路在当时是否正当与合理的问题展开了激烈讨论。①

在该书序言中，杨贤江、高尔松、侯绍裘等通过“青年问题讨论会”结合起来的左翼知识青年，以青年导师的身份发言，对南洋大学学生的政治觉醒表示极端欢迎和赞成。在他们看来，这是对五四以后几年间学生竞相沉迷于复古思想与风花雪月之类滥调诗歌的一种觉悟和反动。因此，学生做政治运动不仅是职分以内的事，还是现实环境的要求与自救的法门。青年学生不得不出来承担这样的责任，是因为专门学者与前辈先生都不能救国，“专门学者可以救国吗？我们看他们的血是何等的冰冷，他们的精神是何等的消沉，他们所希求，所快心的，不过是多赚几个钱，过过愉快美满而含有诗意的生活，国家不国家，简直不放在他们的心上。前辈先生可以救国吗？他们爱好和平，诅咒革命，他们要性命，他们要保全家产，要他们拔一毛而利天下尚且依恋不舍，要他们去救国，那简直是笑话了。”② 在这些接受了阶级分析法的青年心中，科学新知也有着自己的阶级属性：即使工科学生学习的工程知识，在社会上也不是能自足自洽或独立存在的。作为学习一技之长的未来工程师，南洋学生们应该先明白现代经济组织和制度上的问题，要先判断自己的专长为谁服务：是为资本家服务，还是为大众服务？因此，“学工程的人对于政治的运动革命的事业，不能不注意，不能不参加的”。③ 在这本小册子中，南洋的学生们就青年是否应该参加政治运动与是否应该

① 高尔松、高尔柏编：《学生与政治》，青年政治宣传会，1925 年 7 月，发行者：上海新文化书社。

② 高尔松：“序二”，《学生与政治》，第 8 页（文页）。

③ 侯绍裘：“序三”，《学生与政治》，第 1 页（文页）。

入党进行了激烈的辩论。从这本小册子的内容分布来看，持赞成意见的要占大多数。当然，这是与编者的有意引导分不开的。这份被加工过的文本虽然不能“如实”呈现学生辩论的原貌，但也能反映出一部分学生们对此问题的意见与看法。文中的反对意见似乎更多的是被作为靶子提出来的。例如，并不反对国民党的潘世宜提出学生时代应该以增进学力为异日服务社会做准备为主，而不是即行加入政党，“在学生的时代就研究党义已经是速成教练了。在学生的时代就入政党好比不会放枪就上战场，那是何苦呢!”“学生时代应当取各种党义来研究，和他的学力同时并进，到了在群众里服务的时候，或是本着一种主张，或是加入一种所信仰的群众，去做有益群众的事体。在学生时代入党是不应该的。”[①] 但这样温和的主张却遭到另外几名学生的批驳，焦点在于青年的纯洁性与加入革命政党的辩证关系。张世凯认为学生正应趁着当此阶段思想纯洁、人格高尚而入党，避免以后为利益而趋附政治，“学生时代，为人生最纯洁的时代，良心作用，以此时为最强，故无论何事，均须于此时坚定意志，树实行主张之基础。过此则投身社会，利欲熏心，阅历多，趋避熟，或虽欲为善而不得矣。故若欲入一主义纯正之党，正宜在学生时代。过学生时代，再从新入党，则无非做官发财之党而已。至于国民党，尤宜在学生时代，过此则除非孙中山真正得势，才有号召力，恐怕自己也不肯了。”[②] 另一位更激进的发言者则自称是个信仰国民党的痴人，坚决赞成学生入党，参加国民革命。他热情地号召道：“就是说为集中革命的势力，为谋最大的结合，成一个一致的全民运动起见，凡有革新思想的人们，要义不容辞的尽量加入

① 潘世宜：《对于学生入党之疑难》，《学生与政治》，第 11 页。

② 张世凯：《辟潘世宜“对于学生入党之疑难”篇》，《学生与政治》，第 37—38 页。

国民党。所以我这篇文字最后的呼声是：加入！加入！加入！”①

此外，在1923到1924年间的《学生杂志》通讯栏中，曾经发生过关于学生入党问题的讨论。不少青年学生就是否应该加入革命政党，是否应该参加国民革命，竞相发表自己的意见。先后参加讨论的有吕品、黄斐然、华少峰、萧若兰、刘敦、张六师、汝良、许金元、于华宁、陆桂祥等人。其身份有中等学生、大学生、在职青年，以中等学生为主。杨贤江还请恽代英代为解答读者的疑难。从版面上显示的讨论结果是赞成学生加入国民党的意见占多数。②

但是，任何时候历史趋势的发展都不是一元的，在许多青年群趋于政治一途时，也有不少人试图在学生与政治间维持一种应有的界限，自觉地转向书斋，或试图将其他学生拉回教室中与书桌前。③

例如，五四运动后不久，就有人感觉到学问的空虚，要想在

---

① 修安：《加入！加入！加入！》，《学生与政治》，第113－114页。

② 对于相关讨论情况的描述，可参见吕芳上：《从学生运动到运动学生：民国八年至十八年》，台北："中央"研究院近代史研究所，1994年，第253－254页。吕书中所列意见对比的表格虽不完全，但已能基本展示当时该杂志上呈现出来的舆论图景。

③ 关于五四时期的老师辈们对学生学业与救国活动关系的看法，可参看罗志田教授的相关讨论。罗志田：《课业与救国：从老师辈的即时观察认识"五四"的丰富性》，《近代史研究》2010年第3期，第19－36页。不过罗氏主要是从上层文化与教育精英的视野出发进行梳理，笔者此处主要依据的是一些普通学生或知识青年自身对此问题的看法，或更能体现一般社会的思想趋向，乃至上下层文化界人士之间的观念互动。

充实学问方面下功夫。[①] 五四时的学生领袖罗家伦，就感觉到文化运动基础太薄弱，需要从“固本培元”上下功夫，要以“思想革命为一切改造的基础”，没有深厚学问根基的中国在世界上将站脚不住，尤其是专门学者的培养功夫更是刻不容缓，“所以现在最要紧的，就是要找一班能够造诣的人，抛弃一切事什么都不要问，专门去研究基本的文学哲学科学。世局愈乱，愈要求学问。现在是大家分工的时候，不是万能的时候了！……长此下去，不事分工，我们大家的精神都是要破产了！”[②] “少年中国学会”的创始人之一曾琦也在致太玄、幼椿的信中表示，“至于求学方针，我本来是学政治的，不过近来觉得政治学是空的，打算研究社会学、人类学，从根底上寻个究竟。”[③] 在一种疏离政治的气氛中，许多青年学生也做出与新文化领袖早期所提倡的一样的选择，即为现实政治奠定一种非政治的根基，在学术、教育、

① 其实在五四学生运动前喧嚣一时的新旧之争中，已有不少知识青年力图在纷乱多歧的时潮中保持一种调和或中立的姿态，不轻易随大流。时在北大念书的顾颉刚就在日记中表达了自己对新旧冲突的看法：“现在所谓新旧盲动冲突，故吾辈宜有调和之觉悟。所望以后能将社会学、历史学究心深密，得有完善之体系耳。”顾颉刚：《顾颉刚日记》第1卷，台北联经出版事业股份有限公司，2007年，第78页，1919年1月20日条。钱穆日后也回忆道：“时余已逐月看《新青年》杂志，新思想新潮流坌至涌来。而余已决心重温旧书，乃不为时代潮流挟卷而去。及今思之，亦余当年一大幸运也。”钱穆：《八十忆双亲·师友杂忆》，岳麓书社，1980年，第38页。

② 罗家伦：《一年来我们学生运动底成功失败和将来应取的方针》，《新潮》2卷4号，1920年5月，页860。

③ “会员通讯”，《少年中国》1卷1期，1919年7月15日，第41页。

思想、伦理、道德等方面去用力。①

五四时期知名的新文化人物李石岑区分新旧伦理的标准也是其与“政治”的关系，在他看来，旧伦理思想“完全是在政治范围里兜圈子”，而“新伦理思想完全在文化范围里讨生活，所以能超出家族国家之上。”今后的时代潮流就是从旧伦理观向新伦理观转化的过程。② 北大新潮社的傅斯年也说“我们原是学生，所以正是厚蓄实力的时候。……在中国是断不能以政治改政治的，而对于政治关心，有时不免是极无效果、极笨的事”，因此他认为新潮社的事业应是“办‘终身以之’的读书会”，而且“《新潮》将来大约也是宣传文艺思想、人道主义的，不是个专研究现日中国社会问题的”；而这种与现实政治的有意疏离也与他试图超越民族主义而进于世界人、世界公民的境界有关，“我只承认大的方面有人类，小的方面有‘我’是真实的；‘我’和人类中间的一切阶级，若家族、地方、国家等等，都是偶像。我们要为人类的缘故，培成一个‘真我’。”③ 五四以后对政治活动的疏离似乎是当时一部分青年的共同想法。毛泽东在给留法新民学会会员的信中也表示：“以我的接洽和观察，我们多数的会友，都倾向于世界主义，试看多数人鄙弃爱国；多数人鄙弃谋一部分

① 随着1920年下半年《新青年》迁沪，陈独秀等人开始左转，渐倾向于“谈政治”了。然而前期“非政治”的思想所产生的影响不会马上消失。再加之不少青年从五四时期喧嚣的学生运动中得到实际教训，感觉到当今学生的学问肤浅与不足，从而产生强烈的求知欲，重回课堂的举动与呼吁的声音也相当常见。参见洪为法：《对于本志将来的希望》、陈东原：《为什么要学？怎样学?》，此二文载《学生杂志》10卷2号，1923年2月；渭川：《课外活动与课内作业》，《学生杂志》10卷3号，1923年3月；罗敦伟：《青年对于做事读书应持的态度》，《学生杂志》11卷3号，1924年3月，等等。

② 李石岑：《旧伦理观与新伦理观》（浦东中学演讲稿），《一般》2卷3号，1927年3月，第20—29页。

③ 傅斯年：《新潮社之回顾与前瞻》，《新潮》2卷1号，1919年10月，第204—205页。

一国家的私利；多数人都觉得自己是人类的一员，而不愿意更繁复的隶属于无意义之某一国家，某一家庭，或某一宗教，而为其奴隶；就可以知道了。”①

因此，正如其他舆论载体一样，期刊上的言论，在任何时候都不是一个没有丝毫差别的同质体。在每个关键的历史关头，当群情汹涌趋于一端时，《学生杂志》上总会有试图重新厘正学生责任与职守的声音出现。在五四以后世风还未根本激化以前，有的人仍是从传统将学生置于预备阶段的模式出发，提示学生应注意自己当前的身份：“学生是‘国家未来之主人翁’，是‘国家之花’，那么，‘国家现在之主人翁’和‘国家之实’，当然不是学生。换一句说话：就是学生离了学生时代，才能够为‘国家之主人翁’和‘国家之实’。他方面说：就是学生当学生时代，正是预备着做‘国家主人翁’的时代，和草木从开花到结实的时代，正相仿佛。”② 同时也有人在不断地提醒学生，群体运动的时代已经过去，应该以个人改造、学术精进的手段为学生自己与中华民国开一新纪元，“民国八年，五四运动起，这一声响，诚然警醒的人不少。为国人所赞助，为西人所褒扬，学生其初亦实在能做一点事。哪知后来越做越糟，好名过于崇实，仿佛在社会上居一种特殊的阶级，几于无事不能，无事不问，于是学生的弱点暴露，社会的同情亦冷淡。这是学生底大失败；荒废学业，犹其余事”。因而此后学生活动应从学业着眼，“我们要大家程度提高，不愿大家做浅薄的新名词运动。若有人骂学生不活动，不要管他；若有人骂学生不热心，不要管他；但是若有人说学生底程度

① 《毛泽东给萧旭东蔡林彬并在法诸会友》(1920年12月1日)，《新民学会资料》，人民出版社，1980年，第146页。

② 范尧生：《怎么样做学生?》，《学生杂志》6卷12号，1919年12月，第86页(栏页)。

不高，学生底学风不好，那才是真正的耻辱！”[1]

到了五卅前后，国民革命呼声高涨，相关社会动员广泛展开，世风之趋于激进似已成不可阻挡的潮流。[2] 然而即使在“五卅”前后这样一个时潮激荡的年代里，不少论者在肯定学生干预国事之正当性的同时，主张学生要以读书、研究为前提的，依然是同等重要的声音。如时任《学生杂志》编辑之一的顾均正在一篇总结五卅运动教训与青年责任的文章中，即提出在中国国贫力弱的情况下，“宣战既不可得，交涉也不可恃，而消极的经济绝交也必归于失败，”当前救国唯一的办法在于学生努力研究科学，提升自身实力，“所以中国目前最不可缓的工作，便是提倡物质文明，研究科学，振兴实业。”但是当时中国青年的情形却令人担忧，“现在中国大多数的（当然不是全体）青年，都好尚空言，只会摇旗呐喊，不会冲锋陷阵，他们口头上虽则常常高唱‘他们用机关枪打来，我们就用机关枪打去’；然而他们不知道，并且也无暇去想（一想自然就会知道）：‘哎哟！机关枪是在敌人手里，我们自己只有两只空手哟！’我们如果有了这一种觉悟，那么我们以后的青年运动，将要换一个目标了。我们不要只在讲演、游行这方面努力，我们他方面还须研究科学”。因此学生应离开街头，走进实验室，从事于切实的科学研究，以此救国，“你如果不愿意做爱国的青年则已，否则你就该走进实验室，站

---

① 种因：《学生底新纪元》，《学生杂志》8卷1号，1921年1月，第2—4页（文页）。

② 在1920年代中期的时代语境下，不仅各政治力量竞相标榜革命、实践革命，乃至互相革命，连读书人也开始人人谈革命，攀附革命，甚至亲身参与革命。参阅王奇生：《“革命”与“反革命”：三大政党的党际互动》，《历史研究》2004年第5期，第84—105页；罗志田：《士变：20世纪上半叶中国读书人的革命情怀》，《新史学》18卷4期，2007年12月，第189—233页。

上火酒灯，拭玻璃管，倒药品。切切实实地研究十年科学再说。”①

此外，在正当国民革命潮流汹涌激昂的时候，有不少人从旁冷静地批评学生们在浮嚣的社会环境下忘记了本分，越来越不知读书为何物了。何廷槐就认为，五四前后学风大变，“我国的学风，五四以前和五四以后，截然不同。五四以前，惟知埋首书籍；五四以后，有部分青年学生，专从事社会活动，或做些堕落的事情，竟束书高阁，以致智识非常幼稚，文字方面应用起来，往往大中学生写不清一封信，闹出种种笑话；所以一问题发生，不是盲从，即是暴动，因为他们实在没有智识，可以判别那问题的内包外延。开群众会议的时候，轻于举手，不管他事实上是否困难，做出来是否有利益。”而这归根结底都是学生再不肯读书的缘故。② 而学风“浮夸”，直接导致青年运动成为“脚痛医脚头痛医头”的零碎活计，没有统一的目标和一致的步骤，不能成功。不学无术高谈主义的学生越来越多，“潜心研究学术的人太少，而高谈主义的人太多，其实谈主义者，毫不懂得一点。”因此，做青年运动最重要的是要养成“眼光远大，心思缜密”的能力，而这些都需要从智识的学习中得来。③ 不难看出，这些温和的主张与恽代英等青运鼓动者号召学生要到实际中“用做去学”的理念有着很大的区别，其实这既体现了那个时代思潮的多歧性，也反映了《学生》所营造的舆论的包容与混杂性。

谈到青年对主义的选择问题，中期《学生》上的舆论一直对

---

① 顾均正：《从五卅案所得的教训和青年学生的责任》，《学生杂志》12 卷 8 号，1925 年 8 月，第 5—8 页。

② 何廷槐：《青年学生要怎样才配参预爱国运动》，《学生杂志》12 卷 10 号，1925 年 10 月，第 12—14 页。

③ 许君武：《今后青年运动应取的途径——从我个人经验的一点意见》，《学生杂志》12 卷 10 号，1925 年 10 月，第 15—18 页。

此持包容态度，虽然有些文章也极力鼓吹国民革命、社会革命，介绍马克思主义与三民主义，但大多不是直接的说教与灌输，而是抱着一种“输入学理”的态度。例如其时已是共产党员的萧楚女在为学生们介绍了达尔文主义与马克思派社会主义的基本内涵后，却尽量试图淡化主义鼓吹的色彩，“无尽的钻研中，我们已读过达尔文，自然现在也要读一读马克思了！但这却不是要做一个主义的信徒，这只是要获得一个自我之意识。”① 其他人在专门谈论青年学生的主义信仰问题时，也是抱着包容的态度介绍各种主义的内涵，建议青年们审慎自择，并未为青年指定一种应当信仰的主义或学说。毛礼锐就提到了青年在各种外来主义面前的茫然无措，“在这样新觉悟新要求的时候，外来的各种新学说、新主义乘机纷至，反搅乱了青年们的心坎，觉得茫茫大海之中，不知何所适从。”但是青年要问国事的话，对各种主义都应千万慎重，不可盲从，他概况中国思想界的三大派为：国家主义、中山主义、共产主义。他虽然重点比较了共产主义和国家主义之异同，但并没有给出具体答案，主张让青年根据中国的现状自己去判断抉择。②

三、训政与建国：后革命时期的学生与政治

1927 年 4 月，南京国民政府成立，经过激烈的政治军事斗争，国民党实现了全国大部分地区的形式统一，走向了历史的中心舞台。按照党纲的规定，应该结束军政而进入训政时期。孙中山在《建国大纲》里曾规划到：“凡一省完全底定之日，则为训政开始之时，而军政停止之日。在训政时期，政府当派曾经训练

① 萧楚女：《社会主义与我们的“社会生活”之意识》，《学生杂志》11 卷 4 号，1924 年 4 月，第 18 页。

② 毛礼锐：《和青年诸君谈主义问题》，《学生杂志》12 卷 12 号，1925 年 12 月，第 17—20 页。

考试合格之员，到各县协助人民筹备自治。”[①] 如人口调查、道路修葺、水利建设、警卫办理、选举实施等都是训政时期地方实施自治的基础。1928 年 10 月 3 日，国民党中央常务委员会通过了《训政纲领》，明确规定“中国国民党实施总理三民主义，依照建国大纲之训政时期，训练国民使用政权”。[②] 这意味着其从革命党向执政党的转型。不过与西方以“政见”为结合基础的议会式政党不同，作为列宁主义式的执政党，充分动员各阶级的政治力量参与国家建设是首要的任务。况且，中国在近代“普遍王权”崩溃以后，面临的是信仰、政治、军事、经济等各方面的全面危机。著名政治学者邹谠曾指出，“中国的社会革命与全能主义政治的共同渊源是 20 世纪初期面临的全面危机。社会革命是克服全面危机的方案，全能主义政治是应付全面危机的一种对策，并且从事社会革命就必须用全能主义政治为手段”，因此只有先建立一个强有力的政党或是政治机构，“然后用它的政治力量、组织方法，深入和控制每一个阶层、每一个领域，才能改造或重建社会国家和各领域中的组织与制度，才能解决问题，全面克服危机。”[③] 国民党建政初期，为了应对这种全面危机，一方面是努力树立一套全国通行的“意识形态”机制，一方面是试图跨越阶级的界限，尽可能地动员和组织更多的人参与到“革命建国”的过程中去。

因此，随着政局的变化和编辑的易人，《学生杂志》上有关

---

① 孙中山：《国民政府建国大纲》(1924 年 1 月 23 日)，《孙中山选集》，人民出版社，1981 年，第 602 页。

② 《训政纲领》(1928 年 10 月 3 日)，中央训练团编印：《中华民国法规辑要》第一册，1941 年，第 7 页。

③ 邹谠：《中国 20 世纪政治与西方政治学》，收入本书编委会编：《思想家：跨世纪探险》，华东化工学院出版社，1989 年，第 19 页。

政治的论调也跟着发生了微妙的变化。① 对于学生的时代要求，亦多从建设现代民族国家的整体任务着眼，强调国家内部贫富对立，以及倡导阶级划分与斗争的革命话语基本上淡出了杂志的版面。后期《学生》上的言论，在学生与政治的对应关系的设计上有了新的趋势，虽然种种相关的规范与设计延续了杂志一贯以来包容多元的舆论趋向，并不是趋于一途的，其内里存在着不小的差异，但从中也可大致寻出几条线索出来。例如各类言说都普遍强调学识的重要，并且学问已不再具有阶级性，而是为整个民族国家服务的；论者多试图将学生活动纳入训政的制度框架内，加以合法化；论说重心从实际政治活动转向社会活动；三民主义话语体系的渗入，学生规训话语模式的逐渐确立，等等。

相对于中期《学生》上一部分舆论呼吁推翻与彻底改造现制度的“颠覆性”言论，进入国民政府时代的后期杂志上，某些作者在梳理学生的政治使命与时代责任时，主动将其放在当下的政治语境与话语谱系里进行阐述，从而呈现出与此前相比不一样的面貌。“训政”“三民主义”“民生主义”等术语不断出现在某些重要的言论中。例如“训政”一词最早出现在 1927 年 5 月的《学生》上，此时国民政府才迁到南京不久，且尚处于宁汉分裂时期。不过杂志的编者已经开始娴熟地使用这一词汇，以配合新政治势力巩固统治的需要。在署名种因的《学生与市政》这篇文章中，作者积极鼓吹市政建设对于训政时期建国问题的重要，强调对该社会事业的注重与实践是无边际的大课堂，对于学生自身锻炼和社会公益都很有益处，“比较读几本空洞的公民学、社会

① 1927 年以后一段时间该杂志版权页编辑者的署名仍是朱天民，不过从 2 月后杨贤江已经不再在答问栏回答读者提问，由他署名的文章也基本消失了。据年谱的记载，其是于 1927 年 1 月辞去编辑之职。根据杂志的版面内容来看，此一推断应是符合事实的。参见潘懋元等主编：《杨贤江年谱长编》，北京：光明日报出版社，2005 年，第 316 页。

问题，要切实得多！比较喊几声打倒军阀，打倒帝国主义也要有用得紧！”文中接着提出了几种学生在暑期中对于市政运动可以着手做的社会工作：调查、宣传、建议。①

这些规范性与教化性的言论，是与国民政府的教育方针相适应的。其教育行政委员会在最初制定的教育方针中使用的是“党化教育”的提法，并指出党化教育不是在学校中简单地宣讲三民主义就了事，还要使教育“革命化”“民众化”“科学化”“社会化”，要指导毕业学生到民间去，参与训政建国事业。因此，党化教育是以“最进步的自然科学和社会科学做基础的，是完全社会革命和政治革命的工具”。② 后来在1928年5月召开的第一次全国教育会议上，通过了《三民主义教育宗旨说明书》，取消了“党化教育”的提法，改称“三民主义教育”。1929年1月第三次全国代表大会重行规定的教育宗旨为：“中华民国之教育，根据三民主义，以充实人民生活，扶植社会生存，发展国民生计，延续民族生命为目的，务期民族独立，民权普遍，民生发展，以促进世界大同。”按当时教育史家陈青之的总结，此一时期的教育政策原则是“力矫从前的放任主义，而代之以干涉主义”，即国家教育政策一切由国家规定，凡在本国领土之内的教育，一律须受国家的监督，遵守国家所定教育宗旨与方针切实办理。对于学生则采取严厉的训练主义，“对于学生尤须有严格的训练，以培养思想统一体魄健全富有群性及生产技能的国民”。③ 曾主持北大且以自由开明著称的蒋梦麟在1927年出任浙江教育厅长后，

① 种因：《学生与市政——今年暑假中的最好工作》，《学生杂志》14卷5号，1927年5月，第1—2页。

② 《“党化教育”之意义及其方案》，《教育杂志》19卷8号，1927年8月，“教育界消息”。

③ 陈青之：《中国教育史》(下册)，福建教育出版社，2009年，第793页（此据1936年商务版重排）。

于全国范围内首先推出了党化教育大纲，主张“以本党（中国国民党）训练党员之方法训练学生”“以本党的纪律为学校的规约”“依训政时期国家的组织为学生自治的组织”等强硬的教育政策来规训学生。① 此举开了全国正式推行党化教育之先河。

国民党中央训练部1929年颁布的《学生党员暑期工作计划大纲》，充分体现了新的时代中政权对学生的要求。其中心是利用暑期训练学生党员在各地方帮助实施训政工作。主要内容包括组织党义研究会、宣讲团、学生辩论会、民众暑期补习学校等，向民众宣传本党主义、训政纲要、民权初步等，调查各地具体情形，提倡各种以改良社会为目的的文教政经运动，提倡民众正规娱乐，破除种种不良民俗，等等。这表明新生政府以统一模式规训学生行动，将之纳入到国族建设的总体工程中来的要求，取代了学生自发的街头运动与颠覆性政治活动模式。②

此时的论者对学生救国运动参与途径的这种重新规划，自然与国民革命时期主张学生应走上街头，做彻底社会改造运动的呼声有根本性的不同，体现了后革命时代政权建设的要求，印证了

① 观潮（杭州特约通讯员）：《浙江教育方针大纲——学生为革命而读书》，《晨报》1927年8月11日，第6版。蒋梦麟曾在五四次年就与胡适一起联名发表宣言，劝告学生应以读书为主。胡适、蒋梦麟：《我们对于学生的希望》，《晨报》1920年5月4日，第7版；该文又见《新教育》第2卷第5期，1920年5月。后来蒋氏在回忆录中对那个时代学生好运动与嚣张的习气有所评论，虽承认其有一定的社会根源，但对这种风气仍不表同情。蒋梦麟：《西潮与新潮——蒋梦麟回忆录》，东方出版社，2006年，第65、155、159页。

② 《学生党员暑假工作计划大纲》，《民国日报》1929年6月15日，第2张第2版。

时代变迁在塑造学生的动员话语上产生的影响。[①] 不过在断裂中也有延续的方面，如以社会、国家为求学的目的，应牺牲个人以求国家幸福的思路仍然持续。

当然，在有的发言者看来，在训政时期，学生除了学业以外，仍有与政治建立直接联系的必要，因为学生是社会中唯一具有参与政治意愿与能力的健康力量，“一般人民，缺乏相当的知识去作政治运动。工商业界的活动分子，有了知识而无勇气去作政治运动。在社会上服务的知识分子，即或兼有知识和勇气，而大半有所顾忌，或业务羁身，或暮气过深，以致不敢去作政治运动。其余像拥有军籍或政府公务员身份的，便难于作政治运动，这是不消说了。于是国内从事于政治运动的，只余下两种人：一种是别有政治作用的野心家，还有的就是赤诚爱国而经验不足的学生。因此学生的政治运动，在中国政治局面上，显然的占了一个非常重要的位置，谅来谁也不会否认的。”不过这种联系与参与不再是直接性的推翻现行体制的活动，而是在官方的法政许可范围内，以履行公民政治权利与义务为目标的常规活动。然而对于不同层次的学生，如何参与，也是有区别的，“大学以上的学生，知识比较充足，眼光比较深远，确有参加政治运动的能力，在不妨碍于国家法典的范围以内，可以起来作相当的政治运动，以为一般人民的倡导”。对于中等学生来说，就有所限制了，“受中等教育的青年学生，有相当的学力而经验不足，易受野心家的利用，教育当局应尽指导的能力，使他们参加政治运动，由实际

① 上述这些论说自是与北伐后南京国民政府关于取消青运问题的提出相关的，如蔡元培在国民党中央二届五中全会上提出为了学生的幸福与国家前途计，“非停止往日之青年运动不可”。参见蔡元培：《吾党过去青年运动之作用及现今不宜继续之理由》，《教育杂志》20卷9号，1928年9月，“教育界消息”。关于此种政治背景的讨论，可参看吕芳上：《从学生运动到运动学生：民国八年至十八年》，台北：“中央”研究院近代史研究所，1994年，第395—417页。

的经验上，发达其政治能力，国家观念，和民族精神。至于中等学校以下的学生，根本就说不到这一层的。”不过，本来应该全民参与的政治活动受限于一小部分群体，毕竟不是正常现象，作者因此提出一个最低限度的补救方法——“学生的政治修养”：即在日常生活中锻炼自己对于各种政治事件留心观察、研究和做出独立判断的能力。① 有的作者提出的建议更为具体，许荣就认为在训政时期，是可以通过某些具体的社会服务方式与国家政治建立新的链接与对应方式的。他主张中学生应该从大处着眼小处着手，在参与训政工作中，应从造林、提倡筑路、办理乡村书报室、提倡合作社、提倡地方清洁及卫生、筹设村里民众学校等细微切要之处做起。这些都是中等学生力所及的，且对国家意义重大：乡村是农工商业的基础，中等学生大都来自乡间。因此青年训政工作应以乡村为根基。② 相关论者的提倡，无疑是呼应了国民党中央企图依靠青年学生推行训政工作的计划（国民党中央训练部通令颁布的《学生党员暑假工作计划大纲》大纲即载于1929年6月15日京沪各报）。

另外一点很明显的变化是，到1927年南京国民政府统治确立以后，各种主义面前的彷徨与选择也已不再是一个可以难以决定的问题了。论者多有明确的态度。在一篇论述“今后怎样做学生”的文章中，作者就特意针对从前学生在主义抉择问题上的迷茫混沌立言，“往往有从前国家主义派的信徒，今天已添就加入国民党的愿书。国民党的愿书填就未干，明天却又去探无政府党的巢穴。再过一两天，遇着共产党的朋友，听着激烈言论，又想去叩共产党的大门。结果不是来礼拜巴枯宁、蒲鲁东，就是去礼

① 孰可：《学生政治运动的分析》，《学生杂志》16卷6号，1929年6月，第11—14页。

② 许荣：《中学生应做的几件训政工作》，《学生杂志》16卷7、8号，1929年7、8月，第1—25页（文页接续）。

拜马克思、列宁。好像没有黄发碧眼儿做天神，世界便不尊严，国人便难生活。”如此便造成了严重的后果，“流毒所被，在民国八九年便造成了中国无政府党的黄金时代。革命成功，遥遥无期。军阀专横，打倒无日。这是什么缘故？这是由于主义散漫的缘故。主义散漫，由于思想紊乱。思想紊乱，则各趋偏激而无所系统。冒三民主义之名而无三民主义之实。拜中山先生之像，而违中山先生之行。这是三民主义的叛徒，也是中山先生的罪人。我们现在认为救国救民的办法，只有实行三民主义。”① 论者呼吁青年学生应该坚定对三民主义的信仰，因为思想革命是政治革命成功的基础：“三民主义也是社会主义中的一种，他虽然比较其他各派社会主义诞生为后，但是酝酿时期，已非一日，而适合国情，救国救世者，又莫过于此。”因此在主义与主义之间，高下立判，“三民主义是统帅全局的；三民主义是仁爱的。”② 稍后，顾炎华也指出，在训政建国的声浪中，负有重大责任的青年，应该认定一种主义，作为坚实的信仰：“最切要的一着，就是要全民族认定一个主义，一个建设国家、挽救危亡的主义。”他将现时代流行的主义区分为共产主义、帝国主义、三民主义这三种，其倾向性也很明显：“上述三种主义，除出三民主义，其余二种，实际都可说是帝国主义。他们的目的地，都集中于中国。国内政局的阢陧，思想界的骚扰，反革命的捣乱，以及军阀的反动，东三省的多事，中俄的冲突，都是他们图穷匕见的表示。”作者并向青年发出呼吁：“我可爱的仅仅极少数的智识阶级的青年们！我们应该深切明晓我们所处的地位，应该力矫国内的恶势力，一心一德，遵从总理遗训，居后觉者的地位，以光大三

---

① 种因：《今后应该怎样做学生》，《学生杂志》14卷9号，1927年9月，第1—5页。

② 种因：《三民主义与各派社会主义的比较》，《学生杂志》15卷2号，1928年2月，第27—31页。

民主义，从事于救中国、救世界的伟大事业！”[①]

总体而言，对《学生杂志》十八年来关于学生与政治、国家关系的论述进行考察，我们可以看到，从最初几年对学生作为“未来国民”的预备地位的强调，到中期对学生进行积极政治动员的社会革命论述出现，再到后期的试图把学生纳入三民主义的训政建国体制内，不管是对青年学生的塑造还是青年学生的自我塑造——自我塑造也是受社会大舆论环境的影响而生的，都紧紧跟随时代的步伐，在种种言说中反映了民国前期国内外社会、政治环境的激变，并清楚呈现了这种变化的历史图景。不过，我们也要注意，任何时候的舆论趋势都不会是单一的，不论是多种媒介之间的交错对攻，还是单一媒体内部的混杂多元，体现的都是时代的多歧与丰富性。[②] 在《学生》这份商务印书馆创办发行的商业性学生刊物中，也是如此。

① 顾炎华：《和青年谈谈救国的整备》，《学生杂志》16卷12号，1929年12月，第1—6页。

② 比如在《学生》后期的训政建国声中，经常在各类期刊上介绍欧美教育理念与实践的林仲达，却以长篇大论评述学生及学生运动在中国历史上地位的变化，其核心点就是，学生阶层作为代表土地资本阶级的豪绅士大夫们的后身，在民族运动中，逐步唤醒了工人阶级，使得运动的主导权转移到了工农手中，而他们自己所起的将是辅助作用，“从国际资本帝国主义及封建的残余军阀和官僚的政治之双重压迫和剥削下的中国民族之解放运动的重心，只是你们过去所领导的工农。新时代的你们难道不负起历史的使命，立场于国际的、集团的、唯物的新时代的文化运动，助进以工农为主力军的中国民族解放运动，实现平等自由的新中国社会吗？”这种明显受左翼理论影响的观点仍出现在后期杂志上，正说明了那个时代思想舆论的多元面貌。林仲达：《太平洋时代之中国学生的使命》，《学生杂志》17卷2号，1930年2月，第1—13页。

第三节　从个人到社会：学生身份建构与责任践履之途径的演变

近代中国的"社会"概念经历了从萌生到发展，再到流行一时，几乎成为世人口头禅的过程。晚清士人讲变法救国时，多用"群"凸显团结众力的意义，到后来随着强调铲除等级界限及阐发平等价值的潮流渐兴，"社会"这一概念逐步流行开来。[①] 在五四新文化运动中，"社会"更是变成时代的言说中心，改造乃至创造"社会"的言论比比皆是。如郑振铎等人创办的《新社会》杂志就提出："我们改造的目的就是要创造德谟克拉西的新社会——自由平等，没有一切阶级一切战争的和平幸福的新社会"。[②] 五四健将傅斯年也主张要无中生有地"造社会"，"从五月四日以后，中国算有了'社会'了。紧跟着社会责任心的发明，便要是社会道德的发明。"[③] 打破了家族制度，冲决了旧罗网的个人，需要一个新的归宿，"社会"——尤其是可以理性规划的"社会"，便成为他们的新目标。并且，随着非政治化的情绪一度流行，"社会"甚至取代了"国家"的位置，成为时人关注重心。当时一位北大学生就曾尖锐地指出："现在有些人，看着什么上帝、国、教会、礼法一类的鬼玩艺，失了效力了，又横抬出'社会'两个字来哄吓人，真正笑话。"他还抨击时人对于

① 参阅金观涛、刘青峰：《从"群"到"社会"、"社会主义"——中国近代公共领域变迁的思想史研究》，《观念史研究》，法律出版社，2009 年，第 180—225 页。

② 郑振铎："《新社会》发刊词"（1919 年 11 月），收于《郑振铎全集》第三卷，花山文艺出版社，1998 年，第 4 页。

③ 参见王汎森：《傅斯年早期的"造社会"论——从两份未刊残稿谈起》，《中国文化》第 14 期，1996 年 12 月，第 203—212 页。

“社会”的过分尊崇，类似于德国人对“国家”的崇拜，“许多人都骂德国人把国看成一个神圣惟一的真实体横加在头上，其实他们自己对于社会也是如此”。[①] 不少人相信，人为地建构一个全新的社会，才是彻底解决中国问题之道。五四后不久就有不少人主张要从爱国运动转向社会运动，因为爱国就等于是拥护强权。激进青年施存统就宣称“无论拥护己国还是别国的强权，总是一个拥护强权，因为国家本身就是一种极大的强权。所以爱国运动，就是一种拥护强权的运动。”他认为当时青年需要做的是社会运动，“社会运动，不是一国家一民族的运动，是全世界全人类的大运动。”[②] 然而，近代新兴的学生群体，既是初具知识与行动能力的读书人，又是身份未定、责任模糊的流动社群，他们应当如何参与社会呢？这也成为当时一个被持续关注与探讨的问题。

传统社会里与科考体系紧密依存的士子童生们，大都秉持儒家“修齐治平”的立身处世理念，以“穷则独善其身、达则兼济天下”为理想状态，再加上参差不齐的年龄结构与相对固化的进身之途，使他们对社会的参与度与参与规模都受到限制。正如论者所述：“分散的士子一心追求金榜题名，个人地位和前程的相对稳定与规范化，使之心安理得地保持着候补姿态。”然而，在学校里面聚集起来的学生，则呈现出完全不一样的特性：“聚集的学生则要求每个成员适得其所，他们不再当然地具有预备官僚的身份，士人的安全感被危机感取代。共同的利害和空间的接近反复强化地显示出彼此命运的一致性。”[③] 教育空间的制度转型，

① 佚名：《女子独立怎么样》，《北京大学学生周刊》第5号，1920年2月1日，第3版。

② 存统：《把爱国运动变为社会运动》，《民国日报·觉悟》，1920年4月18日。

③ 桑兵：《晚清学堂学生与社会变迁》，广西师大出版社，2007年，第170页。

加上内忧外患的国家情势，使得许多学生继承发扬了传统“天下士”那忧国忧民的担当意识和经世致用的务实精神，并把少数人的追求泛化为群体的实践，社会责任感大为增强。

这种情形随着清末民初新式学堂数量逐渐增多而愈加明显。至1901年后，随着新式教育在制度上的逐步落实，各地遍设各类新式学堂，全国学生总数迅猛增长。统计材料显示，清末学生人数从1902年的6912人猛增到1905年的258876人，到1909年，更是达到了1532746人之多。至民国后更是增长迅猛。[①] 在此情况下，学生群体也逐步成为一个脱离旧士人而独立的知识分子群类，形成了一些特有的自我属性，比如自我身份意识的增强、集体认同感的形成，乃至趋新逐流的性格，等等。学堂学生的学习生活方式与传统私塾式很不一样，来自各地的年轻学子集中在一起，纵论天下大势，在思想上相互推动，行动上相互激励，在这个萌动着历史大变局的时代，必然地要与现实的社会政治发生碰撞。

一、预备抑或实践：清末民初学生参与社会之道的嬗变

自清末以来，不论是学生自身，还是其他社会精英群体，都对承载着新知识与新希望的新学生们究竟该如何参与社会及改造社会这一议题保持着长久的兴趣，在各种言论中不断触及此问题，试图厘清、规划学生与社会关系的努力也持续不断。而作为即将进入社会的读书人，他们应如何行为以践行自我责任与实现身份转移，也是一个弥久常新的讨论话题。而教育本身与政治、社会的相关性，也决定了时人对学生群体的期望和规划，必然随

① 参见吴研因、翁之达：《三十五年来中国之小学教育》，收入庄俞、贺圣鼐编：《最近三十五年之中国教育》，(上海) 商务印书馆，1931年9月，第26—27页。

着时代的变迁而在历史的光谱中摇摆不定。

（一）从实际行动到退守书斋：清末民初学风与舆论的走向

随着清末革命风潮之激荡，追求自主、向往新生活以及排满革命的思想，在学生群中日益流行且高昂。这表现在校内生活上就是风潮纷起，表现在社会上则是参与反迷信、反缠足、国民捐等各式集体运动，乃至向往并投身于革命。① 经历过那段岁月的夏丏尊，就忆及自己的中学时代是在与三四友朋聚谈革命中度过的。他在回忆中生动地呈现了那个时代学生们的风发意气：“当时青年界激昂慷慨，充满着蓬勃的朝气，似乎都对于中国怀着相当的期待，不像现在的消沉幻灭。庚子事件经过不久，又当日俄战争，风云恶劣，大家都把一切罪恶归诸满人，以为只要把满人推倒，国事就有希望了。《新民丛报》《浙江潮》等杂志大受青年界的欢迎，报纸上的社论也大被注意阅读。那时恋爱尚未成为青年间的问题，出路的关心也不如现在的急切（因为读书人本来不大讲究出路），三四朋友聚谈，动辄就把话题移到革命上去，而所谓革命者，内容就只是排满，并没有现在的复杂。卢梭、罗兰夫人、马志尼等都因了《新民丛报》的介绍，在我们的心胸里成了令人神往的理想人物。罗兰夫人的‘自由，自由！天下几多罪恶假汝之名以行！’已成了摇笔即来的文章的套语了。”②

此时的公共舆论也积极鼓噪学生对国族的重要性，乃至他们对社会政治的参与责任。如在湖北留日学生所办杂志《湖北学生界》上刊出的《学生之竞争》一文里，即将学生列为一个独立的群体，认为“学生介于上等社会、下等社会之间，为过渡最不可

① 参见桑兵：《晚清学堂学生与社会变迁》，广西师大出版社，2007 年；马自毅：《辛亥前十年的学生、学堂与学潮》，《史林》2002 年第 1 期，第 43—50 页。

② 夏丏尊：《我的中学生时代》，《中学生》第 16 号，1931 年 6 月，第 134 页。

少之人。”上等社会已崩溃，下等社会也愚昧而无爱国心，唯有学生能担当起救国之重任。① 浙江留日学生所办《浙江潮》上的议论也同样认为“学生之能自拔于奴界，共同一致而成一学生社会，为中国将来之主人翁，前途殆不远矣！”② 国内学生界也有着同样的意识。南洋公学学生在思想激进的教习吴稚晖等人影响下，“思想日以浚，意气日以壮”，并且相信“学生社会一日不立，则新党一日不能结，中国一日无望”，因之发起成立公会。③ 不仅学生自视甚高，向来自居为社会模范的精英士人们也在充满希望地看着这个读书人中新生次群体的发展壮大。20 世纪初年，曾在上层官绅中大肆鼓吹变法图强的梁启超，转而寄希望于新式学生，他认为唯有这个新知识群体才能担负起救国之重任，社会各界均“相与矫首企踵，且祝且祷，曰：庶几学生乎！庶几学生乎！”学生界责任重大，备受期待，“夫以前后一二年之间，而诸君之被推崇受期望也，忽达于此高度之点，是一国最高最重之天职，忽落于诸君头上之明证也。”④ 以学生界为社会动员之根本的言论比比皆是，学生也被提高到优越于其他所有社会阶层且代表国族未来的地位上，有人即为之详加论述：“学生社会果何以有希冀于中国之前途也，盖学生者，实能于方今各社会中独树一帜，有吸取新思想之资地，有备受新感情之脑筋，有担任新中国之学问。社会主义倒欧风、倾亚雨而来，旁皇而无所著，而直接承受之力不得不以学生为之嫁。倘海内外之所谓学生者人人自厉

① 李书城：《学生之竞争》，《湖北学生界》第 2 期（1903 年 2 月），收于张枬、王忍之编：《辛亥革命前十年时论选集》（第一卷上册），三联书店，1960 年，第 452—459 页。

② 《杭州美国浸礼会蕙兰书院学生退校始末记》编者附识，《浙江潮》第 4 期，1903 年 4 月。

③ 爱国青年（张继）编：《教育界之风潮》卷 2，出版地不详，1903 年。

④ 梁启超：《敬告留学生诸君》，《饮冰室合集·文集》之十一，中华书局，1989 年，第 21 页。

(励)，相与联合，日以磨砺，将来新中国主人翁之资格毫无放失，果何得谓中国不可为也。迩来国家存亡之问题，当局者皆熟视而无睹，而一经发起于学生，风驰而电掣，几披靡全国，学生社会之影响亦大可观矣!"① 于此可见当时的社会舆论趋向。

与急切昂扬的革命宣传和社会动员相呼应，在清末的动荡岁月里，新式学校的学生们纷纷积极参与革命，投身各类社会改革运动，为近代的历史进步贡献了自己的力量。② 然而，辛亥以后，随着政治局势的稳定，革命浪潮的消歇，再加上初期北洋政府对社会活动的严厉控制，国人对政治、社会的参与激情，逐渐冷却。从教育的内部视角看，民国建立后教育制度日益完善，学校系统也日趋正规化，学生自身的学习与修养，似乎成为世人期望与学生自命的唯一任务。当时的北京政府也反复告诫学生界"修养学行"才是他们现时报效家国的唯一可行之道："须知改造个人，乃建设国家之根本，而修养学行即诸生唯一报国之道也。"③

此外，从当时一般学生的个人生活中，我们可以看到他们对修养功夫的重视，不少青年学生转向内心，将一己之修养作为日常生活的主要目标。当时尚在南洋公学中院念书的邹恩润（韬奋）为了救济贫苦的生活常向报刊投稿，内容以描述当时的学生生活为主，而其主题"大概偏于学生修养方面居多，这是我在当时的学生群中观察得来的材料"。④ 可见偏重个体修养在当时的学生群中较为普遍。这种情形从时人留下的日记中也可得到印

① 佚名：《江南水师学堂之鬼蜮》，《苏报》1903年6月20日。

② 参阅章开沅、林增平等主编：《辛亥革命史》，人民出版社，1980年，第368—463页；严昌洪、许小青：《癸卯年万岁——1903年的革命思潮与革命运动》，华中师范大学出版社，2001年，第103—121页。

③ 中国第二历史档案馆编：《中华民国史档案资料汇编》第3辑"民众运动"，江苏古籍出版社，1991年，第331—332页。

④ 邹韬奋：《韬奋文集》第3卷，三联书店1955年版，第18页。

证。以后走上革命道路的知识青年杨贤江、恽代英等人，民国初年在学校就读时，亦是将个体的检束与修养放在首位，参与社会活动对他们而言暂时还未提上日程。在杨贤江留下的1915、1918两年的日记中，可以看到自我修养一直是其生活中最为重要的一面。杨在日记中不断地自我警醒、自我提点，即使在琐碎小事上稍有杂念，也自责甚厉。比如一日早起时，他只打开了于己最近的一扇窗门，便为此自责不已："即知其事为善，即当去做。近日早期只开自己有利之一扇窗门，他则不顾，实于德有亏也，后当努力为之。"① 在学习之余，他持续地阅读《传习录》《近思录》等圣贤嘉言，并以此为标准不断警醒自己注重修德持身："不洁之思想，需极力驱除出去，方可图心神之安宁，而来高尚之理想。不然，一团乱糟，何从得精彩？诚欲有志向上，不可不于此着力。"② 1910年代中期在武昌中华大学念书的恽代英，也在同时实践严格的修身日程，并在日记中对自己每日功过进行评分，在其生活记录中随处可见"起晏十分""起睡皆晏二十分"等词句，责己甚严。③ 同样生于1895年的沈宗瀚，于1910年代初在学校念书时就特别喜读曾文正、王阳明及黄梨洲等人的道德文章，并觉得"此三者对于我以后求学做事之精神有莫大影响。"在行为上，他更是以先贤哲言为准则，厉行求学修身之道："自此立志，夙兴夜寐，极重自立自治自修功夫。"④ 后来的社会活动家、国家主义派巨擘余家菊也述及自己"少年时代，受理学熏

① "日记"1915年6月9日条，见任钟印等编：《杨贤江全集》卷四，河南教育出版社，1996年，第75页。

② "日记"1915年12月4日条，见任钟印等编：《杨贤江全集》卷四，第182页。

③ 中央档案馆等编：《恽代英日记》，中共中央党校出版社，1981年，第198、200、202、207、208页。

④ 沈宗瀚：《克难苦学记》，台北：正中书局，1954年第2版，第22页。

染，不免过度的检束自己，流入矜持一途，缺少发扬气象”。[①] 由上述各例可见当时部分青年学子的言行走向。

关于辛亥至五四以前学校学风的状况及其嬗变，杨贤江曾根据亲身经历（按：杨氏于1912—1917年间就读于杭州浙江一师）对之进行了生动的描述，可作为参照：清末革命风潮正盛时，学生们攘臂擦掌、意气昂扬，“都怀着革命的思想，跃跃欲试，就在学校里面试验起来，所以那时的学校风潮甚多。而青年心理的态度，从尊师、尊君的变到反对学校主持人和清朝的，也可谓大大的变迁了。正当革命的时候，男女青年激于义愤，很多‘投笔从戎’的。所谓‘学生军’及‘女子北伐军’者就是。”民初的学风还延续着清末时的气象，“民国元、二年的时候，革命余波尚在动荡，所以闹学的风气很是普通。自由和平等这四个字便是一般青年所最乐道的。”而到袁世凯北洋政府的统治稳定后，学风也开始朴实静默起来了，“到了‘袁皇帝’征服‘乱党’以后，政治界渐见统一。教育者也能安心从事，于是学生界的空气也从浮嚣而归于静寂。当时的学生，除出‘挨毕业’的平庸生活以外，不过举行一次远足会、运动会或者出几本校友会杂志，此外便没有什么可以分心的事情了。据我在杭州的经验，那时学生的服装，都是朴素的。身上穿着制服，脚上套着布鞋。很少人鼻架金丝边眼镜，手带金戒指，脚穿皮鞋的。无故请假，到剧场看戏，也当作似乎不正当的事情看。……故可以说，自三年至八年的学风，是比较地朴素的静默的，但是未免有点暮气！”[②]

与此相应，公共舆论此时着力强调的是学生只处于预备阶段，不应也不能立即投身到社会中去。中华书局的创始人陆费逵

① 余家菊：《余家菊景陶先生回忆录》，台北：慧炬出版社，1994年，第140页。

② 杨贤江：《十年来的学生活动情况》（1923年1月），此据任钟印等编：《杨贤江全集》卷一，河南教育出版社，1996年，第770、784页。

在专门针对普通学生立言的月刊《中华学生界》第一卷上，就撰文指出，中等学校学生无论是继续升学还是谋职就业，都是“中等社会”的主要构成力量，但功效在未来：“他日国家社会将以中等学生为之中坚，可断言也。”① 中华编译所函授学社发行的《学生周刊》，亦视修学时期为养成真正国民表率的读书人——“士”的重要阶段。论者在珍视学生价值的同时，也凸出了其发挥作用应在“将来”这一特质：“为士者岂能成就于崇朝哉，盖涵煦于为学生之时也。学生者，将来之为国负重任荷重责者也。国之兴废存亡系于学生，国之贫富强弱在于学生。”② 即使学生自身在强调道德修养的同时，也是着眼于为他日出身社会作预备：“今日之学生即为他日社会有力者之前奏，改良中国社会之责任当在学生界。而欲达成此目的，非悉依道德不为功。”③ 唯有现时的道德修养能造就他日的良善国民：“苟学生而能加以修养之功夫，其效果若就个人言，则异日处社会即社会优秀之分子，在国家即国家高尚之国民。”④ 并且，此时舆论提倡的学生应具之道德大多仍与传统修己束身的道德规范相差不大。新文化运动中向外拓展（outward）的伦理解放思想此时尚未成为潮流，对一般舆论也尚未形成冲击。

（二）从预备到实践：五四前后舆论导向的流变

从上面可以看出，针对学生而言，在五四运动前几年的实践与舆论中，是以个人的修身进德为主导价值的，个人与社会之间的对应关系其实类似于传统的修齐治平理路。许多人认为，学生

① 陆费逵：《敬告中等学生》，《中华学生界》1卷2期，1915年2月。

② 马大椿：《论学生之天职》，《学生周刊》第4期，1917年5月5日。

③ 于伟：《学生之须知》，《学生杂志》2卷2号，1915年2月，第17页（栏页）。

④ 洪铭：《学生时代之修养》，《学生杂志》3卷11号，1916年11月，第126页（栏页）。

个人的学业与道德修养层次提高后，等到他们离开学校出身社会，才有助于社会完善与国家建设。因此，人们一般着重学生身份的预备性质，认为在校进行个人的修学进德，就是最好的社会参与方式。不过，或是受时代变迁的影响，或是受《新青年》（《青年杂志》）之类的进步书刊影响，这一取向本身也逐渐开始与传统的学业道德锻炼方式不太一样了。有论者开始主张从个人主体性出发的自动、自力、自主。如奉天的一位高小生刘德成即以“学生之作战预备”为主题，提出学生在校期间应该养成自动能力、自力教育、自我思想、自律习惯等四种能力，显然他的意见已经超越了传统教育伦理的范畴，他自己也认为这是“脱离古圣先贤父母师长之教训，为自重自主者言”，并且通过名词的转换对传统的修养方式提出质疑：“吾之所谓作战预备者，即世之所谓修养也。然修养为消极的，而作战预备为积极的，修养易生保守之心，而作战预备每多进取之志；修养易生偷安之心，而作战预备每多奋发之念。处近日危急存亡之秋，非修养所能收效非断然者，故吾敢易修养为作战预备。”[①] 可见危难的国家局势让青年学生们难以专心骛内，而是在内向（inwards）与外向（outwards）之间摇摆不定。

不过，综而观之，在五四运动以前，基本上没有人直接提倡学生走上街头，参与社会服务与文化运动，更遑论政治运动；然自此之后，言论趋势立即发生变化，即使强调学生应以“学问”为应时利器的人，也不得不附带捎上许多指向社会的活动路径。如经常在《教育杂志》上发言的江浙教育界名流贾丰臻，以往的言论均是从理论上讨论教育教学方法的，但在五四后不久即改变了方向，在一篇文章中郑重提出学生当下可从事的有“普及教

① 刘德成：《学生之作战预备》，《学生杂志》5卷5号，1918年5月，第37—43页（栏页）。

育”“振兴实业”“提倡国货”“改良末俗”等社会活动性很强的工作，而在最后才提出学生应改变“以罢课为应时之利器”的方针，转而“以学问为应时之利器”，努力勤学，不为恶社会所熏染。① 更多的人是试图将学生行为限制在温和的社会活动范围内，与政治保持一定距离的。五四以后在北京办过《新社会》杂志，积极参与新文学运动的瞿世英，就认为当时学生最重要的事情是练习自治，以养成平民政治的生活与服务社会的精神，“除此之外，最要紧的，除非有极重要的事，我们应暂时不管政治；努力于社会服务。”② 一名清华学生也认为，学生的生活与社会有密切的关系，“学生可以离家庭而生活，可以离政府国家而生活，却不能离社会而生活。”因此，学生首要任务是为社会谋幸福，应该担负起改良社会的责任，在调查、研究、批评之后，应该实际参与改良行动，以创办平民学校、工人夜学、补习学堂、举行演讲、发行话报等手段做社会先导。③ 将学生行为限制在参与社会服务的想法，是当时教育界精英应对五四后学生与政治愈趋愈近情形的普遍策略。北大校长蔡元培就不止一次地发言，希望学生不要因为参加国民政治运动而牺牲学业，至于平民讲演、夜班教授及其他服务社会的活动则可从事，学生要做的是“专心增进学识，修养道德，锻炼身体；如有余暇，可以服务社会，担负指导平民的责任；预备将来解决中国的——现在不能解决的——大问题”。④

---

① 贾丰臻：《再论少年中华》，《学生杂志》6卷8号，1919年8月，第45—49页（栏页）。

② 瞿世英：《学生运动与社会改良》，《新社会》第16号，1920年4月，第2页。

③ 施滉：《学生对于社会应该怎么样?》，《清华周刊》第185期，1920年4月，第30—31页。

④ 蔡元培：《去年五月四日以来的回顾与今后的希望》，《新教育》2卷5期，1920年1月，第590页。

这一言论发展轨迹实际也与当时教育目标的变化相吻合。中华教育改进社于1918年拟定的教育宗旨即是："养成健全人格，发展共和精神"；后经1919年的全国各省教育联合会第五次会议提请教育部以此二语定为国家教育方针。虽未获正式批准，但1922年公布的"壬戌学制"所规定的七条教育标准中，就有"适应社会进化之需要""谋个性之发展""注意生活教育"等条，提倡教育界注意学校教育与社会生活之间的联系。[①] 这也反映了政府方针与民间舆论的互动关系。

与此同时，这种言说趋向的变化与五四前后的思想舆论及社会风气的变化亦是相呼应的。新文化精英们的言论影响借着五四后社会思潮的迅速变化逐步沉淀到一般的报纸杂志中——尤其是发行量广大且发行稳定的商业传播媒介，更为普遍地传递到一般青年学子（包括中小学生、大专学生、职业知识青年等）中间。[②] 胡适就曾注意到五四运动以后蔚为大观的学生办报潮："有人估计，这一年（1919）之中，各地的学生团体里忽然发生了无数小报纸，形式略仿《每周评论》，内容全用白话。此外又出了许多白话的新杂志。有人估计，这一年（一九一九）之中，至少出了四百种白话报。……时事所趋，就使那些政客军人办的报也不能不寻几个学生来包办一个白话的附张了。"[③] 稍后李剑农也述及当时活泼的文化运动景象："大概自中学以上的学生团体，都要苦苦地撙节些钱出来发行一种什么短命刊物。这种现象，是文学革命以前没有的。"[④] 这些办报的青年学生无疑也是

---

① 陈青之：《中国教育史》（下册），福建教育出版社，2009年，第752页（此据1936年商务版重排）。

② 周策纵：《五四运动史》，江苏人民出版社，1999年，第181—186页。

③ 胡适：《五十年来中国之文学》（1922年），收入《胡适文存（二集）》（卷二），黄山书社，1996年，第237页。

④ 李剑农：《中国近百年政治史》，复旦大学出版社，2002年，第539页。

新文化观念的接受者与传播者；他们积极投身于蓬勃的社会文化活动，实践着参与乃至改造社会的理念。

二、舆论“万花筒”：时代的多歧演变与内在逻辑

总而言之，1910—1920 年代有关在校学生（亦包括刚脱离学校不久的知识青年）如何参与社会的言论与构思，发生了数次较大的转变；而按诸实际，与舆论反复呼吁形成的“意见气候”（Climates of Opinion）相一致，学生与社会之间也经历了多次的亲疏离合。这在某种程度上或也印证了论者所提出的“思潮与社会条件相互为用”之说。[①] 时代潮流的冲击会不时改变此类努力于“打造”国族主体的言行的方向。对于全国的学生群体而言，民国建立与五四运动都是相当重要的分水岭，尤其后者意义更为重大。民初北京政府建立后，喧嚣的学风一时沉寂下来；至五四运动发生，全国学生再度活跃。在这以后，随着新思潮的汹涌而来，呼吁他们参与社会改造和“到民间去”的声音日益高涨，社会舆论乃至学生自己对于学生群体所应具有的身份意义与角色担当，都产生了与以往不同的认知。时人也因之建构起一套与以往不同的学生参与社会的标准，对未来国家主体的塑造方式发生了转变。广大学生亦逐渐走出校门与社会、政治相接触，再难复归往日平静了。可以说，此种趋势一定程度上形塑了现代中国的历史，不过其成因也并非如论者所述，仅与政党动员谋略的渗入相关。[②] 社会舆论乃至学生自身对这一读书人次群类是否需即时参

① 王汎森：《思潮与社会条件——新文化运动中的两个例子》，《中国近代思想与学术的系谱》，河北教育出版社，2001 年版，第 259 页。王氏此说意指：在一个时代的主流思潮形成后，往往会令人不自觉间受到影响并向其靠拢，从而对外在社会条件与客观环境造成反作用力。

② 吕芳上：《从学生运动到运动学生：民国八年至十八年》，中研院近代史研究所，1994 年。

与社会，以及应如何参与的求索与思考，亦是值得我们注意的重要肇因。在某种程度上，或许正是这种“意见气候”的持续推动与模塑，才使得 1920 年代以后的学生群体呈现出那样的历史面貌。

不过，值得注意的是，在时代的主流意见外，始终还存有支流，不同的声音反映出的正是多元的历史过程。而历史发展脉络中的演化与嬗变之处，既是一种常态，也值得我们再三致意。正如研究者所指出的，在打造新国民的进路上，从晚清到民初，存在一种从“新民”到“新人”的转化趋势。① 部分知识分子精英在清末注重鼓吹为国家锻造“新民”，到了五四前后一段时间则转向陶冶独立自治的“新人”，并企望以此为出发点去改造社会，再造文明；到国民革命兴起后，又鼓吹以集团运动的方式参与时代。值得注意的是，无论何时，学生个体的价值或意义，都是被放在一种目的性甚或工具性的价值坐标下进行思考的，时论着重的是他们的义务与责任，至于其权利，却没有多少人论及。因此，可以说其本身并不具有一种内在或自足的主体性。② 在政治上，他们存在与努力的目标都是国家，无论是被认为处于预备阶段还是当下实行时期，强调的都是他们对于外在的国族的意义。他们的国民身份与学生身份交织在一起。不过，与此同时，那个时代历史发展的多样性也不可忽视。无论什么时候，都有与看似主流的观点相对的言论，提示众人在政治激情面前保持冷静，在参与社会的时候先注意自身素质的修养。并且，五四以后的“非

① 王汎森：《从新民到新人——近代思想中的“自我”与“政治”》，收入《中国近代思想史的转型时代——张灏院士七秩祝寿论文集》，台北：联经出版社，2007 年，第 171—200 页。

② 关于近代中国“国民”论述的特质与内在限制，可参阅沈松侨：《国权与民权：晚清的“国民”论述，1895—1911》，《中研院史语所集刊》（台北），第 73 本第 4 分，2002 年 12 月，第 685—733 页。

政治”倾向，也一度使得国家的政治目标受到压制。1920 年代前期集体主义的兴起，其指向也不一定就是当前的政权，世界、人类、社会、个人等话语也相当具有竞争力，只是随着时局转变，才逐步尘埃落定。

通过以上细致绵密的梳理，时代舆论的多歧性，乃至读书人各种构思的内在变化及其与外部世界的互动形态，在有关学生与政治、社会对应关系的问题上，淋漓尽致地呈现在了后来者的面前。

第四章　公共论坛的构建：对学生切身问题的讨论

自晚清以来，大众报刊逐渐成为读书人发言的重要阵地，并在政治与社会生活中也扮演着越来越重要的角色。有学者认为，自晚清以来，中国部分地区出现了各种非官方化的组织机构、社会公共事业以及公共交往场所，如会馆、公所、书院、报刊、书局、学校等，它们构成了具有各种形态结构的公共活动空间，其中由近代民间报刊所营造的公共论坛正是其重要组成部分之一。① 目前学界对相关问题也已有所研究。② 而近来学界对于报刊媒介与近代中国“公共空间”之关系的关注，自然与受到当代德国思想家哈贝马斯理论的影响是分不开的。在其《公共领域的

---

① 参阅方平：《晚清上海的公共领域（1895—1911）》，上海人民出版社，2007年，第27页。

② 研究近代报刊、知识分子与社会、政治之关联意义的著作所在多有，其中代表性的有，章清：《“胡适派学人群”与现代中国自由主义》，上海古籍出版社，2004年；谢晓霞：《〈小说月报〉1910－1920：商业、文化与未完成的现代性》，上海三联书店，2006年；洪九来：《宽容与理性：〈东方杂志〉的公共舆论研究（1904－1932）》，上海人民出版社，2006年；李欧梵：《“批评空间”的开创——从〈申报〉“自由谈”谈起》，收入《现代性的追求》，三联书店，2000年；陈建华：《从革命到共和：清末至民国时期文学、电影与文化的转型》，广西师大出版社，2009年，第121－204页；Rudolf G. Wagner，“The Shenbao in Crisis：The International Environment and the Conflict between Guo Songtao and the Shenbo”，in*Late Imperial China*，Vol. 20，No. 1，pp. 107—138，等等。

结构转型》等著作中，哈贝马斯探讨了近世西欧社会的商会、俱乐部、咖啡馆、出版社、报纸和杂志以及其他发表公众意见场所的历史。他认为，随着资本经济因素的出现及其所导致的个人解放，由这些公众意见“场所”（或谓“对话场所”）所构成的公共空间日益扩展，它既是瓦解中世纪社会的基础性因素，也成为现代意义上的公共空间雏形。其中报刊是“公共领域最典型的机制”，从中可以清楚看出“公共领域政治功能的转型”。[①] 美国学者季家珍（Joan Judge）便曾融合“公共空间”视野与新文化史方法，以自创的“中间地带”（Middle Realm）理论框架来阐释由晚清《时报》所形塑的言论公共领域之特质，揭示其在沟通国家与社会，培养民众政治参与意识，促成权势结构转变方面的意义，并最终塑造了一个类似于“公共空间”的中间地带。[②] 此外，从晚清到民国，随着新型知识范式的传入，现代社群媒介的兴起，新式教育制度的创建，报刊也与这些因素一起成为“思想界”的构成要素，成为读书人自我表达与寻求身份意义的重要渠道。

自然，由本书拟探讨的《学生杂志》所构成的言论空间，既说不上是“思想界”的重要载体，也不是典型意义上的“公共空间”，笔者亦无意在此借本书对相关理论进行证明。笔者所想做的，只不过是拟借对这个由不同类型话语所组成的公共论坛的探究，以使我们清楚了解民国时期读书人有关学生问题的多重论述。

---

① 哈贝马斯著、曹卫东等译：《公共领域的结构转型》，上海学林出版社，1999年，第218—231页。

② Joan Judge, *Print and Politics*, ‘*Shibao*’ *and the Culture of Reform in Late Qing China*, Standford University Press, Standford, California, 1996. 中文书评可参阅王敏：《“中间地带”：晚清报人与立宪运动——读季家珍〈印刷与政治〉》，《学术月刊》2003年第11期，第61—66页。

正如笔者在绪言里所强调的，前人有关此杂志的叙事均呈现出一种意识形态化的特征。不论是大陆知识分子的回忆，还是台湾学者的研究，都是从左右两个方面突出其政治色彩，忽略了它的公共性和多元面貌。其实作为民营商业报刊的《学生杂志》，虽一度也容纳了一些激进言论，但它从来没有真正成为一党一派的宣传机构，同时它与知识分子同仁办刊也有本质的不同。有学者曾根据不同的运作模式与风格，将清末民初的报刊分为三种模式：商业报刊、机关团体刊物与学界同人杂志三类。注重商业利益的刊物，立论多“平正通达”；尽量关照各个层面不同观念的读者；而后两类杂志，基本不以追求经济利益为目标，而以宣扬理念、旗帜鲜明为特色。[①] 本书所讨论的《学生杂志》即归属于第一类，而《民报》《新青年》则可作为二、三类的代表。前者的牟利性质决定了其唯有采取一种温和、开明、包容的言论态度，才能在不断经历剧变与分裂的现代中国出版界站住脚，既为左翼激进青年所喜读，亦为普通而温和的学生所接受。这样看似使其呈现出一种政治面貌模糊且宗旨不鲜明的特点，但恰是这些质素使其渡过了五四、五卅、国民革命等社会急剧变化的历史关头。近代中国历时较久的报刊往往都是思想政治色彩不鲜明的商业性报刊，而党派机关与思想界同人所办报刊却多是随政情局势与内外环境的变化旋起旋落。最重要的一点便是，第一类报刊一般大量容纳外稿，不分观点与倾向的异同，广采博收，反而较能显示公共论坛的特性。如《学生杂志》在改版前就以大量刊布各地学生课艺习作而知名，改版后更是不断标举自己作为全国青年学生自由发表园地的特色：“所有稿件，有很多是要请学生诸君帮忙的。所以本志内容丰富不丰富、材料的新鲜不新鲜，一半固然是我们的责任，一半也还是学生诸君的责任”，容纳学生稿件

① 陈平原：《触摸历史与进入五四》，北京大学出版社，2005年，第53页。

更是其性质决定的，“为什么我们定要学生来投稿呢？这个因为《学生杂志》差不多是专为学生的读物，而关于学生的需要、兴趣、活动种种方面，只有学生自身才能亲切感受、明白理解。所以，为求所发言论能有实效起见，我们是不得不请学生来帮忙的。”①

而类似《新青年》《新潮》这样的新文化精英刊物，则具有一定的封闭性。例如，原本也容纳外稿的《新青年》从第四卷第一号开始，就撤销了《投稿简章》；到第四卷第三号时，更以《本志编辑部启事》阐明新的办刊思路：“本志自第四卷第一号起，投稿简章已取消，所有撰译，悉由编辑部同人共同担任，不另购稿’。前人的研究的表面，1918 年以后的《新青年》更像是一个文化“社团”的代言人，作者和编者都是“社团”内有限的几个人，而在文化上自由、公开的讨论风气也开始丧失。② 而陈平原甚至认为《新青年》从来没有成为过真正意义上的“公众论坛”，因为《新青年》上的议论基本是一边倒的，在论战中受挑战的一方并不能获得“平等对话”的申辩机会，由于真正对手的缺席，使《新青年》中的讨论只能成为同人创造的“另一种文章”。③ 这种轨迹转换正表明它逐渐放弃原来作为公众舆论机关的角色，转而成为北大新文化阵营的同人杂志了。而《每周评论》《新潮》《少年中国》等知名报刊的主要作者群也是社团或学

---

① 《告读者》，《学生杂志》8 卷 12 号，1921 年 12 月。在另一处，杂志编者也极力强调自己的包容性与公共性，“本志向来所登稿件，大都是各地学生寄来的多，这个原为的是便于全国学生发表意见和交换知识。所以以后还要希望学生诸君多多投稿。”《本志征文启事》，《学生杂志》8 卷 5 号，1921 年 5 月。

② 李宪瑜：《“公共论坛”与“自己的园地”——〈新青年〉杂志“通信”栏》，收入陈平原、山口守编：《大众传媒与现代文学》，北京新世界出版社，2003 年，第 266—281 页。

③ 陈平原：《思想史视野中的文学》，收入氏著《触摸历史进入五四》，北京大学出版社，2005 年，第 88 页。

会同仁，或是有一定身份的社外人员，言论观点趋同，开放性与包容度均不及《学生杂志》。[①] 因而，中后期的《学生杂志》对学生切身问题的关注，恰为笔者提供了一个可以操作的视角，来呈现这个“公共论坛”中各式有关学生切身问题论说的整体面貌。

第一节　烦闷的学生
——五四以后青年学生切身问题的浮现

五四以后，由于时代风潮的冲击，学生们的生活轨迹发生了许多变化，他们既得到了前所未有的自由思考与追求的机遇和可能，也在熟悉的生活中渐渐发现了许多难以解决的问题，如婚恋、求学、职业，等等。[②] 在时人看来，青年学生们的烦闷也正是五四运动种下的果实，“自从五四运动把青年的心眼敲开了以后，青年人的烦闷生活就此下了种子。这运动之于中国，恰如青春期之于个人，一面是使个体的生机怒放，一面却也萌动了个体的烦闷胚芽。五四运动以前的青年，耳目手足是圈在学校的门墙

① 参见李永春：《〈少年中国〉与五四时期社会思潮》，湖南人民出版社，2005年，第91—97页；杨琥：《同乡、同门、同事、同道：社会交往与思想交融》，《近代史研究》2009年第1期，第54—72页；杨琥：《〈每周评论〉等报刊若干撰稿人笔名索解》，《历史研究》2009年第3期，171—180页，等等。

② 当然这并不是说五四潮流冲击以前的中国学生界就没有任何问题存在，只是在不同的时代中其表达的方式与力度存在着差别。晚清既有受革命潮流影响意气昂扬地投入反清运动的学生，也有与环境疏离沉溺于自身问题的青年。如辛亥以前在广东高等巡警学堂学习的张资本就自述此时的个人情形：“社会在激烈的变动着，革命的潮流也在蓬勃地高涨着。我是一个十七八岁的青年，但对于时代和环境，仍然是漠不相关，只在过病态的生活”，他认为此时自己正受着“性的苦闷和经济的压迫”，在彷徨迷茫中苦苦挣扎。张资平：《张资平自传》，江苏文艺出版社，1998年，第130页。

之内，心思才力是囿在各科的课本和考分之上，不问或不知校门外的天有多高地有多厚，也不知或不问课本外还有其他的世界和事端”，因为这种自我封闭的状态，“一切社会上原有的制度、习惯、思想等，对于青年都是不容有问题的东西，都是在青年的心灵上从不会有刺激性的东西。所以那时的青年生活很是宁静。”但这种宁静很快被打破了，“自从五四以后，青年的心眼给振开了，始知还有所谓社会生活，始知社会上原有的一切原来也可以怀疑，批评，以至还可以改造。并且开始觉到这些那些确乎是使自己有些不安，是非起来想法不大过得下去的。于是稍稍有些烦闷了。”①

新学生们脱离了旧的轨道，要寻求新的生活途径，而社会环境的限制往往使他们不遂所愿，再加上新思想意识的刺激，遂对家庭与社会产生了很多疑问，问题无法解决，导致五四一代青年们普遍陷入烦闷状态。某些青年个人的经历也可证明此点。如来自江苏常州的穷苦青年瞿秋白就以自己的亲身经历证明了历史交叉口的时代转变，当他在一九一零年代前期在常州中学念书时，与同样家境不佳的友人同病相怜，“大家不期然而然同时‘名士化’，始而研究诗古文词，继而讨究经籍；大家还以‘性灵’相尚，……然而当时是和社会隔离的”。即使被迫出来谋生后发现了许多社会问题，仍是在厌世与避世的人生观里挣扎，直到五四以后，由学生运动的引子，加之中国社会受外部冲击而处于重新组织中，“于是社会问题更复杂了。从孔教问题，妇女问题一直到劳动问题，社会改造问题；从文字上的文学问题一直到人生观的哲学问题；都在这一时期兴起，索绕着新时代的中国社会思想”，瞿秋白也自承于此时“第一次与社会生活接触”，受了社会

---

① 宰木：《青年的烦闷》，《北新》半月刊，2卷1号，1927年11月1日，第17页。

的一番教训，更明白了“社会”的意义，从此踏上寻求新的生活方式与生命意义的旅途。[①] 诚然如此，五四以后，在环境剧变、新旧冲突的时代里，学生难以安稳求学的问题凸显了出来。青年烦闷的主题成为一九二零年代以后舆论界探讨青年问题时不变的主题。不仅青年学生自己有彷徨无依的感觉：“中国的青年，十分之八九，是沉没在万丈的深渊中，漂泊在无边的海底下，我们试抬头睁眼一看，无论是城市还是乡村，没有不遇着这种光景的。”[②] 政治人物也关注于青年的烦闷，“现今的青年都感着烦闷，尤其是觉悟的青年越感到烦闷”。[③]

诚如日本学者坂井洋史所说的那样，五四时期那些能一直“激进”下去的青年们是幸运的，因为在实际生活中能真正做到严格按理想规范自己生活的人毕竟是少数。[④] 大多数青年学生虽经历着时代的大变化，却仍然不得不沿着故常的轨道行进下去；而这些新思潮带来的变化反而会增多他们的苦闷与彷徨。[⑤] 在时代大潮中最为普通学生关注的莫过于婚恋、求学、择业等切身所感的问题了，这些问题均涉及学生的人生规划和未来前景，在学

---

① 瞿秋白：《饿乡纪程》，《瞿秋白文集》（文学编）卷一，人民文学出版社，1985年，第24—26页。

② 毛飞（复旦大学文科生）：《中国青年的苦海》，《民国日报·觉悟》1920年1月1日，第4张第13版。

③ 胡汉民：《青年的烦闷与出路》，《中央半月刊》第4期，1927年8月1日，第1—13页。虽然胡写此文亦有其政治目的，不过他指出除了政治经济等外部环境外，还有“读书问题”、“恋爱问题”、“经济独立问题”、“事业问题”等导致青年烦闷的四大因素，这却是大致不差的。

④ 如恽代英这样能以极坚强的意志严格按自定的高标准律己的青年，毕竟少见。恽氏在日常生活中按照行为臧否给自己评分，注重自己日常生活的每个细节，非常强调修身制欲。参见中央档案馆、中国革命博物馆、中共中央党校出版社编：《恽代英日记》，中共中央党校出版社，1981年。

⑤ 陈范予著、坂井洋史整理：《陈范予日记》，上海学林出版社，1997年，第32页。如自由恋爱，冲出旧家庭，追求更高的学业与新知，反对一切权威等等思想既让他们与旧制度、旧习惯激烈冲突，也让他们在行动上产生茫然无助与无方向感。

生群及教育文化界人士中引起了广泛关注与讨论。这种趋向从《学生杂志》版面的变化也能看出来，前期的《学生杂志》上，个人修养与学业提升占据绝对主导位置。但到了五四以后，讨论学生生活问题，指责学生缺陷，倾诉自身苦闷的文章渐渐地多了起来。以前看似平淡而正常的学生生活似乎都已经“问题化”。①首先，学生的婚姻问题在传统社会中本并不成问题，一般都由父母代订，在外求学的学子并无权参与，一般是到了择定的日期即回家完婚。然而到了新文化运动蓬蓬勃勃的开展起来，学生自主意识萌生后，他们最先感受到的，就是家长在婚姻问题上的专制与压迫。追求自由恋爱、退婚、逃婚往往成为觉醒青年们反抗行动的第一步。②

至于学生的求学难问题，清末兴学以来就逐渐浮现，这是一个与从传统向现代的教育体制变革紧密相关的问题。在传统教育体制下，城乡各家均可在力所能及的范围内，延请塾师到家教育子弟，教师束脩往往微薄，并且贫富之家可以根据自己的经济能力酌情付款。此外，各种族例乡规、书院膏火、学田义塾等等都可以对家境清寒的书生士子们有所扶助。而且耕读与应试，均可据家境自由安排，并无一定时间或年龄限制，正如有人总结其特点时提出的看法，“科举制度取士以考试的结果为凭，不问学习之方式与时间，父兄得自由遣子弟入学——入学无定期，修业亦无一定年限——学生亦得按其个人学习能力努力进行：父兄无定

① 当然，随着新教育体制化推行造成的城乡疏离与文化冲突，在晚清就已经逐步累积并时有显现，但种种与学生切身相关的问题在1920年代舆论中的集中呈现，自是与五四新文化运动中受个人解放与人格独立等思潮的冲击，许多青年学生思考问题的角度发生了明显变化有关。

② 当时的知识青年，无论已婚未婚，受新思潮的冲击寻求从旧式婚姻模式中解脱出来的欲望非常强烈。许多不惜与家庭、家族乃至乡土社会决裂，退婚、逃婚、私奔的事件非常之多。如徐悲鸿与蒋碧薇、秦德君、谢冰莹、艾芜等人。鲁迅的小说《伤逝》也是反映走出家庭的新青年的遭遇的典型作品。

期的负累，子弟有相当基础并可在家理家，于减轻父兄负担外，且可助理家务。此系旧日学习方式与期限上的要点”。[①] 到了近代的新式学校教育兴起后，不论贫富城乡，各家子弟进入学校体系后，均需按照一定的等级，由小学至中学，由中学至大学，时间既漫长，所耗亦不菲。[②] 清末兴学初期，政府奖掖教育，许多地方学生进新式学堂不仅不收学费，还有补助津贴发放。[③] 不过后来因为“教育向资本主义的路上走，于是一切学校均得缴费”，这样办教育的结果，致使固化社会本已有的阶级贫富差距，“拿着‘将本求利’的眼光来衡量教育效果，仅足温饱的父兄，亦何甘以四五千元血汗之资，送子弟由中学而大学，造成一个分利的分子。”[④] 当时经济对学生的压力已较大，如家境并不算差的胡适清末在上海念书时就形容自己的状况是：“迩来所赖，仅有三事，一曰索，索债也；二曰借，借债也；三曰质，质衣物也。此种景况，已不易过，今则并此三字而亦无之，则惟有坐弊而已耳。”[⑤] 这种情况在进入民国后愈演愈烈。尤其是五四新文化运动在全国蔓延开后，各地青年的求知欲望勃然增高，许多人往往不再满足于家人希望其籍求学以换取饭碗的要求，努力超越家庭

① 舒新城：《小学教育问题杂谈》，《中华教育界》14 卷 4 期，1924 年 10 月，第 3 页（文页）。

② 如按癸卯学制的要求，一名学生完成中学教育需要 14 年，完成小学教育也需时 9 年；这在壬子癸丑学制中稍有缩短，但完成中学教育也要 11 年之久，学杂费加上生活费所需，对当时社会的普通家庭来讲，仍属难以支撑。在清末时就有不少人主张缩短学制。参见陆费逵：《缩短在学年限》，原载《教育杂志》1909 年第 1 期，收入吕达主编：《陆费逵教育论著选》，人民教育出版社，2000 年，第 23—25 页。

③ 如当时筹设的京师大学堂各级学生都有膏火银可领，每人每月可领到从 20 两到 4 两不等的数额，而当时一个七品县令一年的俸禄仅为 45 两银子。参见朱有瓛：《中国近代学制史料》第 1 辑（下），华东师范大学出版社，1986 年，第 663 页。

④ 舒新城：《三十年来之中国教育》（1927 年 11 月 19 日），收入吕达、刘立德编：《舒新城教育论著选》（下），人民教育出版社，2004 年，第 675 页。

⑤ 曹伯言整理：《胡适日记全集》第 1 册，己酉年 12 月 21 日，安徽教育出版社，2001 年，第 7 页。

原定计划与经济担负能力，冀望在求学的道路上一直走下去，即使家人不支持也不愿放弃学业。于是自学、苦学的声浪日益高涨。

然而，随着新式教育日益发达，受过学校教育出来的学生愈来愈多，他们花费大量时间精力与经济代价从学校毕业后，如何融入社会，在职场得到一个位置以安顿自己的生活，也是关系到个人前途的大问题。并且，职业问题不仅涉及一己的切身问题，还关涉到社会组织与政治经济制度各方面的变化重组。《学生杂志》上关于此一问题的讨论也一直是个持续的热点，既体现了关切青年学生的启蒙姿态，也反映了社会环境的变迁。① 下面笔者将就各类问题结合材料进行分类梳理。

第二节　恋爱、婚姻问题

其实相对于较为宏远的政治与社会问题，婚姻，对于青年学生个体来说，切身的婚恋问题方是最能感受到的。前期的《学生》上仅有零星几篇讨论早婚对身体学业之害的学生文章，受过新教育的知识青年与旧式婚姻习俗之间的冲突还未被明确凸现出来。五四以后，受过新式学校教育的青年们对恋爱婚姻问题的关

① 上述这些问题的普遍性在《京报副刊》的一份学校调查中也体现了出来。有人在京津两地的二十五所大专学校（其中大专院校十七所，中学八所）里就学生最关心的问题作了社会调查，最后按得票多寡选出了十八个最为一般学生关注的问题。这些问题虽然包括政治、宗教、文化、家庭、经济、外交等各类，但排名前三的还是“学生生活和个人人格”“婚姻问题”“毕业后职业问题”等学生切身问题。张钦士：《大学生心目中的问题》，《京报副刊》第166号，1925年6月1日。

注不低于对社会问题的关切。[①]广大青年学生们对婚姻问题的关切，包括如何寻求恋人问题，如何解决自身的婚姻问题，如何在婚姻与事业之间安排自己的人生、实现自身的价值等问题。既接受了新的价值与道德，就难免与旧的社会传统发生冲突。[②] 有人就指出“在从前的中学生，对于旧式婚姻问题，没有甚么不满意的表示；但从五四学潮以后，新文化一天膨胀似一天，大唱其自由平等的高调，婚姻问题，也受了他的影响。于是大家极力打破种种不合伦理的旧观念，像男尊女卑等。一方面把女子的人格看得和男子一样了，他方面对于妻的选择也极严了。但是这种活动，差不多只传染到多数青年们；可是在家里的父兄们，一毫没有知道。因了这层隔阂，遂发生许多冲突：有许多青年们，因为不能遂他们的愿，自杀的也有，出世的也有；最小的，父子发生恶感也有，阳奉阴违，把妻子弄成活孤孀一般的也有。差不多近来的中学生，对于旧式婚姻满意的，百无一二；至于懦弱的青年，饮泣吞声的不加表示的，就很少了。”[③] 恋爱婚姻之成为严重问题，一面是旧式婚制的不良，另一面主要是由于接受了新式

---

① 如南京东大学生张友仁列了个表格去调查南京的几所中等学校，结果发现婚姻问题是大家最感重大的问题，占到受调查者比例的一半，远远超过关注职业和求学问题的人。张友仁：《青年与婚姻问题》，《学生杂志》11卷1号，1924年1月，第157页。

② 五四后不久，讨论中学生婚姻问题的青年们就都娴熟地用人格平等、独立自治等新价值标准来反对传统家庭中的包办婚姻、早婚早育等旧式作法了，并且认为中学生的婚恋是和学业同等重要的问题。参见弘毅：《中学生婚姻问题的研究》，《民国日报·觉悟》1919年10月27日—11月3日，均见第二张第八版。

③ 旦清：《怎样对付旧式婚姻》，《妇女杂志》9卷6号，1923年6月，第36页。

教育的学生们在新文化思潮冲击下产生的自觉所致。[①] 拥有“新知识”“新思想”这些新式社会资源的青年们已经不再能接受由旧式家庭代订的来自农村的目不识丁的妻子了。

例如，浙江一师学生陈范予面对家庭为其包办的妻子时，在同情中亦表达着一种怜悯式拒绝的意思：“我的妻啊，你有过在群众之前，显现你底面使人看过么？你能够在群众之前，说出你底愿望而不发抖么？——我晓得这事对你是不存过，而且不能有的呵！袋角里的一粒尘，永远是不容易使人看见而且觉得的，这实在太可怜了!”[②] 相对于这种充满怜悯与同情的慨叹，更多的是对这种传统婚姻下旧式妻子直接的拒绝与鄙弃。根据陈鹤琴在江浙一带六所学校（两所中等师范、两所中学、一所大学、一所高师）中所做的调查，大多数学生对家里代订的婚姻表示不满，最主要原因便是配偶“不学无术、没有知识”，以致无法沟通，“我的婚事很不满意，因为她既无高等学问，又缺乏普通常识，目不识丁，又不能营独立生活，只仰仗别人，做寄生物，自己堕落自己的人格，视为男子的附属品”，“我是很不愿意，因为她没有知识，将来不能够在世界上做一个完全人，且不能够做我中华民国的健全分子。况且婚姻问题，全在男女间之爱情，若受了家长的压迫，岂不丧失人格吗?”还有的表示自己接受了文化运动的影响而思想发生了变化，“因为我生存在旧社会里边，都是一种旧思想。我妻的品貌和妆奁刚刚适宜于旧社会。到了现在的时

① 一位叙述个人恋爱经过的学生便承认种种新文化对“新青年”们的恋爱观的塑造作用，“自从新文化运动以后，什么解放啦，自由啦，恋爱啦，……种种问题，闹到乱七八糟，至今没得一个清楚。有些自命为新青年的，多半看了几本杂志，和读了几本新书，便谈天说地，什么主义，什么问题。我是刚发育不久的青年，也是方才所说的新青年中的一个，因为误解恋爱，几乎断送了我的生命和幸福。”见 WF：《误解恋爱的经过》，《学生杂志》11 卷 1 号，1924 年 1 月，第 181 页。

② 陈范予著、坂井洋史整理：《陈范予日记》，上海学林出版社 1997 年版，第 284 页。

候，起了反动，看见她仿佛是冤家了。为什么呢？因为我受了文化运动的潮流，晓得女子和男子是一律的，无论文学上交际上都要平等的。那晓得我之妻子适得其反，字也不认识的，裹足的，面上涂脂粉的，一点没有二十世纪里边光明的现象，所以我现在非常不满意。”①

在学校里念书的学子，如何面对传统的婚姻问题和婚恋模式？新制中等学校的学生们，多已经是家里代为订婚或已完婚了，然而在新式教育机构里求学的他们，因新思想的冲击与新机遇的出现，往往有打破传统寻求新式婚恋生活的愿望。因此婚恋问题就成为他们在现实生活中急待解决的问题。当时人也给予了择偶问题以相当高的地位与重要性，“人生在世有二件最重大的事件：一件择业，一件择偶。从中国的社会情形看来，择偶比较择业似尤为重要。何以呢？择业不得其当，不妨改业，所耗的光明尚少，所受的害处尚浅。假使择偶不得其人，恐怕终身要受莫大的痛苦。迩来欧风美雨，渐渐东来，新思潮的升涨，一天高似一天，什么‘自由结婚”，什么‘自由恋爱’，什么‘社交公开’，什么‘男女同学’，什么‘小家庭制’，种种新名词常常接触吾人的眼帘．震荡吾人的耳鼓，使旧式的婚制大有破产之趋势。”②这类主题也是在各新派报刊上讨论得较多的问题。③

在改版后以关注中等学生切身问题为号召的《学生杂志》，自然更不会忽视这个问题。对于中等学生能不能谈恋爱，能不能

① 分见陈鹤琴：《学生婚姻问题之研究》，《东方杂志》18 卷 4 号，1921 年 2 月，107 页；《学生婚姻问题之研究》（续），《东方杂志》18 卷 5 号，1921 年 3 月，第 105 页。

② 参见刘立德编：《陈鹤琴教育论著选》，人民教育出版社，1994 年，第 25 页。

③ 如《民国日报》副刊“觉悟”、《时事新报》副刊“学灯”上就有不少青年来信询问婚恋问题的解决方法。不过它们都不如《学生杂志》这样主要将注意力集中于在校学生相关问题（主要是中等学生）的探讨。

实践自由婚姻这个问题，其时在该杂志上有过很热烈的讨论。当时的青年学生们视杂志为知己，经常写信前来询问自身碰到的婚恋方面问题。如化名为“筱”的读者致信记者，表示自己的旧婚姻制度最不幸的一个，受家庭压迫与无爱情的人结婚，后来上中学，接触了新思潮的刺激和新文化的洗礼，觉得无爱婚姻的已经很痛苦了，不想自己父亲还逼自己生个儿子才能升学，于是写信求救。[①] 而另一位青年则就自己的婚事问题求救于记者，他自称在家为父母所逼婚，而自己实在不愿意，绝望悲观，“这时，我好像一个没有舵蓬的小划子，走在江中”，波涛汹涌，磐石挡道，“终究难逃舟碎的结果！”他寄厚望于记者，“你的智力比我强得多！恳请你想个法策，使我上不抗双亲及祖母的意，下不致处于危险的地步”。[②] 天津青年常子玉也致信记者求救。他自述还是旧制三年级的中学生，但是他那受旧礼教约束的父亲想让其赶快回家结婚，其为求学前途不愿意匆忙结婚，因此想展延婚期。因此向编辑询问以什么方法才能达到目标。但其表示自己对婚姻本身并不排拒，因为他觉得在这万恶的社会里，自由恋爱结婚的幸福的也没有几人。[③]

也许是感觉到广大学生对这个问题的重视与面临的迫切状况，或是不满足于零星的讨论，《学生》还于1924年1月特地出了一期“青年与恋爱专号”来对相关问题加以集中探讨。在该专号的前言中，编者就明确指出当时恋爱问题对于青年学生的重要性，“恋爱在青年生活上，固然不是立于‘一尊’的地位，却和求学、择业鼎立着，‘三分天下有其一’！何况现代中国青年生活上的恋爱，已经明明白白成为一个急待解决的问题。”而出专号

① “筱”来函，《学生杂志》11卷8号，1924年8月，“通讯”，第94页。

② 崔烨致来函，《学生杂志》10卷10号，1923年10月，“通讯”，第7—8页。

③ 常子玉来函，《学生杂志》12卷1号，1925年1月，“通讯”，第156—157页。

的目的就是为中国青年解决这一问题提供些许参考，“什么叫做恋爱？恋爱何以成为问题？有什么方法来解决这个问题？这都是这一期《学生》所欲解答的。”① 下面笔者就将结合《学生》上的论述及当时的其他报刊资料来呈现一九二零年代社会舆论对学生恋爱及婚姻问题的看法。

一、自由恋爱与社交公开

在《学生杂志》就有关学生应如何面对恋爱问题的言论中，也是各出各的主意，并未有一致的结论与主张。激进的主张和温和讨论并存。这里面既有如恽代英、谢定远这样已经趋向社会革命与共产主义的左翼青年向学生发出动员的号召，也有沈雁冰、章锡琛、董渭川、张企留等人就此问题进行细致的梳理与讨论。两者对比，还是建议与劝谏占据主流。这正符合杂志公共论坛的特性，并不是一党一派的言论机关。不少人从讨论恋爱的定义着手。董渭川认为，“所谓‘恋爱’的定义，是男女经过一种长时期的友爱，能够互相认识，——精神上的——互相了解，个性、志趣有好多相同处；并且将来能够通力合作，对于社会上有所贡献。”② 这种解释是将恋爱的目的引导于以社会为中心的。而有人将恋爱描述的非常神圣，认为它不应该沾染了社会的一点气息，而当前的讨论都是社会化的，讨论的人并不是真的理解了恋爱。如署名寄窗的作者就认为真正高洁纯真的爱是可以求得的，“普通受着社会重重困难的，都是没有把爱看清楚，若是看清了，经济还能为障碍吗？纵是结婚过后就死，也算不了什么！第一是贞操问题。贞操问题，不仅是中国式的，就是西洋式的种种也是不对的，而且是不能限制人的。道德问题也是一样。须知只要有

① 《我们为什么出这本专号?》，《学生杂志》11卷1号，1924年1月，第2页。

② 渭川：《恋爱与社交》，《学生杂志》11卷1号，1924年1月，第62页。

了神圣的爱存乎其中，骨肉的可以发生恋爱关系。所以讲到高洁真纯的爱，不是风俗习惯，以及实际上的种种制度所能限制的，就是生离死别，恋爱的本身也不能受损伤。所以只怕我们没有爱，只要有了它，那些现在认为不能与恋爱调和的风俗习惯，及形式上的种种困难，也可以把它调和了，化除了。”但是这种“爱”又不是所有人所能求得的，“以上所述高洁真纯的恋爱，要人人都是那样，恐是万不可能的。因为嫉妒、好生、恶死等，也是人类的天性。有一部分人能在上述各种以外别觅生路，但是最少数而又最少数。高洁真纯的恋爱终究难有大放光明的时候，将长为理想的标鹄。”作者对于恋爱与社会问题的过于纠缠感到不满，“现在风行一世的恋爱，无论如何总丢不了人类社会的色彩，因为人不能离社会而独立，恋爱也就受社会性的影响，才有维持社会的贞操道德种种行为发现。这一路社会化的恋爱，并不是真正的恋爱，但因最大多数人日常与他接触，他反而重要起来。上月张竞生的爱情定则讨论，引起的辩难，都没有杀到爱情真巢穴，都在戴社会帽子的爱情家里闹一阵就了事，其实真正的恋爱，还用得着你们来辩论么？惟其是他们都带有社会色彩，所以才有谈话的资料。”① 作者在这里对于恋爱的看法或未免过于理想，但这也反映了人们对于爱情的看法是多元的，也有人试图在恋爱与社会诸问题中努力做“切割”。还有人要打破恋爱的独占性与专一性，因为这样会产生出许多伪善的伦理出来，因此需要提倡一种泛爱的观点，努力创造一种全世界人能彼此热情相爱的地上天国。②

对于自主婚姻的前提——自由恋爱和社交公开，杂志上的作者们是普遍赞成的。他们认为传统社会中的婚恋方式束缚青年人

① 寄窗：《恋爱杂论》，《学生杂志》11卷1号，1924年1月，第28－31页。

② 赵康：《恋爱新论》，《学生杂志》11卷1号，1924年1月，第12页。

的性情，压迫他们的自由意志，是一种极不人道的做法，现在的恋爱成为青年问题或恋爱革命的呼声正是时代潮流使然，是一种进步的表现。如杂志编辑之一顾均正就认为自由恋爱会解放青年人的心力，使他们从旧礼教压抑下所产生的烦闷中解脱出来，“现在时机迫了，数千年来视为不成问题的，现在竟成其问题来了，这也未使不是中国青年之幸运。……恋爱要用心力，正是由于礼教的束缚，礼教既经撤去，恋爱更何用心之必要？即使用心，也比青年因性的烦闷而费去的心力少得多。”① 高氏昆仲更是公开呼吁恋爱革命，“近年来因文化运动的结果，国人对旧礼教旧习惯渐起怀疑，牛马式的非以爱为基础的代订婚姻受到一般人猛烈的攻击”，这是一种极好的现象。但要“轰轰烈烈的下一番恋爱革命”，就必须做到以下诸点，“拒绝旧式婚姻、社交公开、男女同学、妇女解放”，等等。婚姻应该以恋爱为基础，但中国旧式的婚姻制度恰与此相反，“中国的男男女女，因被礼教的束缚，习惯的制限，他们的结合，不过是凭了‘父母之命，媒妁之言’，为第三者所操纵所掌握，什么恋爱，什么自由，是完全说不到的”。他们号召青年拒绝这种无论从哪方面看都有害无利的婚姻制度，“不自然的旧式婚姻没有恋爱做基础是一种不道德的行为，而且从事实上理论上考察，这种结合不过是增加旷夫怨女，对社会对婚姻当事人都是有害而无利的”。②

1919 年教育部允许高小男女同学，次年北大首开女禁，随后南京高师也紧步跟上。在小学与大学招收女生渐成潮流后，对于中等教育阶段的男女同学问题，社会舆论也开始讨论。一些新知识分子极力提倡中学也应实行男女同学。北大学生康白情就主

① 顾均正：《恋爱论导言》，《学生杂志》11 卷 1 号，1924 年 1 月，第 19 页。

② 高尔松、高尔柏：《恋爱论》，《学生杂志》11 卷 1 号，1924 年 1 月，第 22 页。

张“从国民学校起，经过各级学校，一直到大学院，一律男女同校，换一句话说，就是中学也要男女同学。”[①] 胡适亦主张“无论中学大学，男女同校，使他们受同等的预备，使他们有共同的生活”。[②] 1920 年 10 月召开的全国教育会联合会第六届年会通过决议，敦请教育部“通令各省区各级学校招收学生或绝对的男女同学，或分部同学，或添设女子班，或附设女校”。[③] 虽然教育部未明确准许，一些私立中学已经率先招收女生，如广州执信中学、广东高师附中、东南大学附中、湖南岳云中学、上海吴淞中学等，都在 1921 年前后开始招收女生入校。

中等学校逐步开放女禁，加上社会生活中男女交际机会增多，恰给正处青春期的男女学生们带来了自由恋爱的可能空间。对于许多学生将来之不易的男女社交机会当作求偶的唯一机会，许多人表示认可，“社交果然不必为恋爱，但要成功恋爱一定要社交”。但更多的是提醒学生们不要将社交简单等同于恋爱，或直接抱着求偶的心理去进行社交，许多青年都存在的谬误心理“是认社交就是恋爱。仿佛异性的朋友，就是求偶的对象。这不但他们自身如此，就是一般旁观者，也都存着那样的心理。”[④] 董渭川就提醒道：“很多的青年，不了解‘社交’‘恋爱’的意义。内部受了性欲的压迫，外面受了新名词的鼓荡，遂发生出种种不自然的现象，和离奇的笑话来”。因此，“一般青年最大的误解，是认定‘社交’就是‘恋爱’，仿佛异性的朋友就是恋爱的

---

① 康白情：《绝对的男女同校》，《少年中国》1 卷 4 期，1919 年 10 月，第 31 页。

② 胡适：《女子解放从哪里做起》，欧阳哲生编：《胡适文集》（卷 11），北京大学出版社，1998 年，第 33 页。

③ 全国教育会联合会：《促进男女同学以推广女子教育案》，《教育杂志》12 卷 12 号，1920 年 12 月。

④ 孔另境：《促男女同校之同学的注意》，《学生杂志》11 卷 9 号，1924 年 9 月，第 13—16 页。

对象。因此，在学校里或交际场中，偶然一个男子对一个女子说一句话，她便以为他有意；或者一个女子对一个男子说一句话，他也便以为她有意；或者有男女两人在一块儿谈几句话，别人也就乌烟瘴气地造出许多谣言来：实在是社交前途的恶现象，也实在是误解'社交''恋爱'的意义的原故!"[①] 当时甚至屡有青年学生以对方是否愿意彼此社交作为"觉悟"与否的标准，甚至形成对异性的道德绑架，以致有人将这种"强迫型"社交要求与旧礼教并列为男女社交问题的障碍物，不客气地对之进行批评："那些糊涂的青年，在他那糊涂的心理里，男女社交实行了就是觉悟者，就是新青年。他们糊涂的心理里，不但对自己这样想，他们并用这尺度去度量一切的人"。[②]

对于恋爱与学业的关系，大多数人认为是互相起着反作用的，并谆谆劝解青年不要以恋爱为人生唯一的要务，另一商务编辑章锡琛虽然肯定现代青年对待恋爱的态度，他们"不肯把这事轻易放过，不但不能说是堕落的现象，实在正是向上的现象啊!"但是随即话锋一转，他开始批评青年人对恋爱过于专注，以至于抛荒了学业，"在青年时代，并不是只有一个恋爱问题，应该整日整夜把全部分的心思精力，专注在这问题的。"这样做的青年于社会无补，"把学问抛荒了不管，专心去对付恋爱问题，即使他的恋爱问题得到非常圆满的解决，这样的青年于社会，也一点没有什么用处！我始终认定，青年学生的知道注意恋爱问题，确是良好的现象，同时，抛荒了学业来专讲恋爱，却又不能不说是不良的现象。"他认为教育与社会应该对此负大部分责任，"现代教育最大的弊病，就是对于受教育的人只灌注了一点死知识，而

① 渭川：《恋爱与社交》，《学生杂志》11卷1号，1924年1月，第60页。

② 晓风：《男女社交问题底障碍》，《民国日报》副刊"妇女评论"，第7期，1921年9月14日。

把活的实生活完全忘却了。至于启发他们的人间性，开展他们的本能等重要任务，可以说几乎完全没有梦想到。”① 新文化运动中的其他推动者也多对青年们追求中华人民共和国成立后的恋爱热潮保持警觉。如邵力子就在《民国日报·觉悟》上屡屡劝告学生要以学业为重，“我常劝青年以求学为先，对婚姻及恋爱问题，不宜全神专注，……即学成而后，也应各为社会服务，互相策励。”②

沈雁冰也充分肯定了恋爱的正当性，因为几千年来在中国只有禁爱主义，将恋爱当做游戏消遣或是风流韵事来进行夸耀，没有真正的恋爱。“但是自从‘欧风东渐’以来，尤其是自从‘新文化运动’以来，情形便不同了！一向被藏在心头的‘恋爱’二字，现在公然出之于口，而且笔之于书了！做了几千年偶像的圣经贤传，现在已经打得粉碎，青年们再也不顾忌，公然力呼要求恋爱了！在表面上看来，现在的中国确是大解放时代，青年们要从一切桎梏——物质上的和精神上的——里解放出来，去接受新的生活新的思想。他们要求收回一切被剥夺的权利，恋爱不过其中之一。但是因为恋爱问题几乎个个青年都有，而且在青年看来，亦惟是恋爱问题最切身，所以声势最大，似乎有‘百事不管，惟知恋爱’的神气。”因此而惹起了世人的非议，尤其是那些“受了数千年‘禁爱主义’的训练的中国壮年或老年”，他们本不把恋爱当做一回事，但由于潮流所趋，不便直接反对，因此便要反对青年学生“专”谈恋爱了。这里体现出对此一问题态度的代际差异，沈雁冰明显是站在“青年”一边说话的，他表示，“恋爱问题确是现代中国青年应该注意的一个大问题，即使大谈

① 章锡琛：《青年学生的恋爱问题》，《学生杂志》11卷1号，1924年1月，第37—41页。

② 力子：《恋爱与学问》，《民国日报·觉悟》1920年7月24日，“通讯”。

而特谈，亦不要紧。不但此也，现代中国的青年应该提起精神把恋爱问题彻底讨论一回”，“故我以为青年对于恋爱问题，不但是应当谈，并且要热心的注意，务求对于恋爱问题要有正当的了解。而我们对于尚在迷途中摸索的中了恋爱热的青年，应该趁势和他们讨论，引他们到正当的了解。”他从青年恋爱本身出发提出了三点建议：一是不要把恋爱看做风流韵事；二是恋爱是双方面的，不能单方面的乱向人求爱；三是不能未经选择的一见面便爱上对方，恋爱对象是要经过严格选择的。[①]

也有不少人批评恋爱这一事实在青年中的物质化与符号化倾向，南通代师读书合作社的沈兆瀛认为恋爱生活虽能给青年生活带来许多积极的因素，如可以养成青年积极的精神、强固的意志，调剂青年性格上的缺陷，丰富青年人生的意义，等等。但是男女青年表现在恋爱问题上有许多不彻底不纯粹的态度，他特别指出了女性的虚荣心理，“受过旧伦理训练的女子不谈了，且说受过新思潮洗礼的女子是怎样？现代的新式女子，大部分还是物质思想太深，拜金主义太横行。”“乘汽车、吃大菜、进戏馆，极时髦的衣服，极新奇的化妆”，这些都是恋爱上物质手段横行的表现，而许多男青年就用这种手段去诱惑女生；不仅物质方面如此，许多女生对恋爱对象往往有更高的学历要求，如女子初小毕业生至少要寻一个高小生，而女高小生要找中学生，女子中学毕了业，就要找大学生了，至于女大学生，则要求留洋博士了。因此，男女恋爱问题不仅受着社会与家庭的束缚，还受着轻薄男女择偶观念市场化的自我限制，“我们更就现在的对象讲——社会，‘自由恋爱’这四个字，又成了市场偶像了，社会的尸骸了。”作者认为，“我还觉得现代青年的恋爱，多半是多角的，畸形的。

① 沈雁冰：《青年与恋爱》，《学生杂志》11卷1号，1924年1月，第43—46页。

大多是男性去媚女性，硬以种种方法去引诱女性，似乎女性在前面快走，男性在后面追踵，而前者故意不回头，这是多么单调呀！劳瘁呀！”[①] 而当时有不少人都在努力维护恋爱的纯洁性，“恋爱是道德底融合，所以必须有伟大的人格者才有伟大的恋爱，……恋爱之神最厌恶的，便是这等肉臭的俗人俗事。新思想家所危心的，也便是这等肉臭的冒牌假装。”[②]

二、中等学生是否应该谈恋爱?

由于杂志预设的主要读者群是受中等教育的学生，在展开恋爱婚姻问题的大讨论时，作者们对于中等学生是否应该实践恋爱的问题给予了特别的关注。而讨论者们对此也有不同的意见，一种是认为中等学生应该研究并实践恋爱；另一种是认为学生阶段不能实行恋爱，甚至不能研究或关注它。

不论新旧如何对抗，当时青年们亟亟投入恋爱阵营中的狂热却已是事实上存在的。其时青年学生的“恋爱热”曾被论者归为一种病态，经常在《学生杂志》上发言的广东高师学生禤参化总结了现今青年界的三个流行病，第一就是“恋爱忙”：“昔时的青年，弊在讳言恋爱；今日的青年，弊在妄谈恋爱。”妄谈的结果就是实际与名词的两分，“恋爱还是恋爱，口头禅还是口头禅，而‘恋爱的真义’和‘恋爱的名词’，遂判然异物了！”“怪得很！近日一般青年学生，终日盘旋脑际，绊住心头的，无非那恋爱问题——有多少误解或莫大之误解的。”[③] 另一位大学生张友仁也

① 沈兆瀛：《恋爱与青年》，《学生杂志》11卷1号，1924年1月，第53—59页。

② 晓风：《我底恋爱观》，《民国日报·觉悟》，1921年7月4日，第四张第一版。

③ 禤参化：《青年界的流行病》，《学生杂志》11卷4号，1924年4月，第19—21页。

对此情形有生动的描绘："社会上的问题，和青年发生的关系，是最大而最密切；但照目前的情形看来，在所有的问题中，尤以婚姻问题和青年发生的关系最最大而最最密切！试看现在的青年：不是讲离婚便是说解约；不是在拒婚，便是想逃婚；其余开口恋爱，闭口自由，更是家常便饭。书也不想读了，家庭也不要了甚至自己生命也不顾了；一天到晚，只在婚姻问题中讨生活。这种情形，固然不能说所有的青年都是如此；然而大部分是可以说的。我们只须看报章杂志上研究的热心，讨论的激烈，以及我们友朋间谈话通讯里，便可知其梗概。"这种现象在以前家庭代订、父母独裁的婚姻方式破除，青年获得解放以后，本为必然的现象。不过青年学生将全副精力放在这上面也是不对，张劝告说，"婚姻问题，固然是人生中的重要问题；但只是人生重要问题中一个，还有与此同一重要的问题在呢！而且不是婚姻问题解决了，其他一切幸福就都有了啦！"①

至于中等学生不能实践恋爱的原因，汪汝干认为是因中等学生受到年龄与身心发育的限制，不能处理好恋爱中所涉及的问题，"既然中等学生，不能分心他事，不能有所定识，难道就能实行最易分心，最易走入歧途的恋爱吗?"答案是明显的。至于说到研究，作者以为"尤为不可能"，原因是"中等学校，每逢课后，三五成群聚着，谈笑些什么？还不都是些异性的问题吗？至于宿舍里，那更不必问了。因为互相研究恋爱，至引起其他影响——如手淫、鸡奸等事——更是常事！这种三五成群，聚谈恋爱，最易引起同学的堕落！何况再加以深切的研究哩？有几个专以'自由''恋爱'为美名的，以为这都是人们最切身的事，理应加以研究；但是自由的真义是什么？恋爱的实际在哪儿？像这

① 张友仁：《青年与婚姻问题》，《学生杂志》11卷1号，1924年1月，第153—154页。

些问题，有几个能够回答清楚，还不都是籍美名以利用吗?”因此汪氏给出的意见是，中等学生对恋爱应取八字方针：“不闻不问，专心读书。”[①] 而南京建业大学学生周钧的意见和他差不多，在经历新潮流的冲击后青年们获得男女解放的胜利果实——自由恋爱，“沉寂的青年——中等学生，脑海中遂接受了这种思潮，应当起何种变化? 应当怎样去对付呢?”对于有些人主张恋爱为男女之天性，应鼓励发展的态度，作者不以为然，尤其是对于“普通年龄十三至十七，至多不得超过二十岁以上”的中等学生来说，更非如此，他们身体未发育健全，意志未坚定，贸然从事于恋爱，“不特纷心，且将陷于堕落”。最重要的对于学业上的影响，“青年对于恋爱，一经问津，就易于发生训恋观念，平日欢喜多看寻恋的诗歌小说，欢喜多作寻恋的诗歌小说，这种艺术几乎专为青年的恋爱而设，男女恋爱的媒介品，也就是艺术。”青年只要一沉迷进去，马上就将科学抛掷于九霄云外了，“看着数学就头疼，见着理化便讨厌；甚至上课时只见黑板上有了个伊，看书时，只看书本上有了个伊；男子如此，女子又何尝不如此。”不过作者接着声称自己虽既不主张实行，也不主张研究，却不是绝对的“禁欲主义”，“不过希望一般主持教育者，不要十分提倡；一般青年自身，也只轻描淡写把这时期过去就是了。”但是青年在婚姻问题上受家庭的压迫，有时亦不得不起而谋对抗之法，“我希望一般青年男女，除有特种关系外，——被家庭强迫，发生恋爱的需要——对于恋爱问题，总是得淡漠且淡漠，较为上策。赶于这个一刻千金的青年时期内，撒下种子，停看花发，岂不是极快美的事!”[②] 北大学生陈东原也认为恋爱非学生时代所

① 汪汝干：《中等学生对恋爱应取何种态度》，《学生杂志》11卷1号，1924年1月，第72—73页。

② 周钧：《中等学生对恋爱应取何种态度》，《学生杂志》11卷1号，1924年1月，第75—77页。

应有，因为恋爱了就要谋灵肉的一致，从而产生身体关系和结婚问题，导致经济上的压力倍增，“恋爱非学生时代所应有！尤其非中等学生所应有！”“学生是干什么的，不是要储集其丰富的学识，训练其建强的身体，磨琢其纯洁的心灵以从事于未来的人生事业的吗?”[①] 对此一论题，《生活》杂志亦曾表示过一致的意见，“人生意义所包含的范围很广，在个人方面学业事业亦其重要方面，为人群服务尤为重要的方面，决不是恋爱问题或婚姻问题所能一网打尽。”“现在有一班尚在求学时代的青年，好像竟把恋爱一件事视为可以概括人生的一切，聚精会神抛弃一切以追求，追求而失恋，则抛弃一切而颓废。这种情形非大学青年所宜有，更非中学青年所宜有。……以中学生时代的宝贵之光阴，不用以锻炼体格，增进学识，修养品性，以备造成有用之材而为此亟待建设的国家社会的未来中坚分子，乃耗其精神智力，神魂颠倒于失恋中，此岂徒个人的损失，抑亦民族的隐忧。我们不是谓恋爱不应讲，惟在求学时代，应以全付精神求学，何妨把恋爱事列在求学时代告一段落之后？况依法律在二十足岁以内，婚姻须得父母同意，无完全自主权；又在经济未能自立的时期，在中学时代，此事动不动就不免受父母的干涉，或以断绝经济为要挟，自寻苦恼，何苦来！”[②]

当然也有明确主张中等学生应该谈恋爱的，如金陵大学的张企留就认为以前的学校与家庭教育过于将恋爱秘密化，导致学生对于恋爱没有正确的认识，将其污秽化了，似乎认为这是不道德的事情。作者认为一般学生所犯的普遍现象就是“误解两性的恋爱只为了肉欲和性交”，因而，“要免除弊病，非使他了解恋爱和

① 陈东原：《恋爱之途》，《学生杂志》11 卷 1 号，1924 年 1 月，第 129 页。

② 中萍：《荒谬》，《生活周刊》6 卷第 31 期，“信箱”，1931 年 7 月 25 日，总第 671 页。

性的关系不可。但要了解两性恋爱的正轨，我认为非谈恋爱不可!”作者接着提出了在教育上一些应该注意的问题。比如学习上，公民学课程添设恋爱课。[①] 此外，还有更多的人取折中态度，如北京美专的胡国亭就认为中等学生恋爱失败有三个主要原因：“动机不良、知识缺乏、程度不够”，而解决方法是增进学识，明了恋爱的真义。因此中等学生对恋爱应该取研究的态度，稳健从事，不可冒进，必备的手续是“抱真挚的态度，作友谊的联络；审察对方的性情和意志；要有高尚的思想；要取稳健的方针，不可急就轻进。”[②] 而邵彬如的主张则是，“自由恋爱，自由结婚，须待男女知识能力，充分固定以后，方可实行，中学时代的学生们，对于自由恋爱，只好取研究的态度：若是要更进一步，积极梦想实行，或冒险去尝试，恐怕结果必致失败，或者要还发生意外的苦恼和损失”，虽然中学生应该持只研究不实行的态度，但由于传统婚姻对青年的束缚太过，因此“中学时代的学生们，我虽不赞成其实行自由恋爱，但是对于择偶问题，还是要十分注意；不可像乡村的儿女们，听到自己的婚事，便耳红面赤，害羞起来，把终身大事，不管好歹，任凭父母的主观，任意摆布”。[③]

到了后期，随着时代环境与杂志论调的变化，恋爱问题似乎开始淡化出舆论的主流。有编者开始在杂志上提倡“寡欲运动”，其意在探讨今日缠绕于青年的各种欲望及其纾解之道。第一便是情欲，青年血气方刚，欲望丰富，而难以解决，“东也一本《性

① 张企留：《中等学生该不该谈恋爱》，《学生杂志》11卷1号，1924年1月，第77—78页。

② 胡国亭：《中等学生对恋爱应取研究态度》，《学生杂志》11卷1号，1924年1月，第69—72页。

③ 邵彬如：《中等学生对恋爱应取何种态度》，《学生杂志》11卷1号，1924年1月，第74—75页。

史》，西也一本《性的冲动》。以什么张博士为救苦救难的观世音，以无聊的小报为安慰人生的归宿地。以交得异性为荣，以寂寞孤身为苦。他们为了婚姻问题，也不知撞了多少门路，吃了多少苦楚。情场失意的烦闷固不消说了。得意的人或许冲破了一切家庭社会的藩篱，老实做了旧风俗习惯的公敌，又往往遇着自由恋爱的新病，结果为求自由反而得着不自由。这便是现代青年人的性欲的现象。”为了对付这种难题，编者提倡以“寡欲”对之，“譬如以发泄性欲的精神去求知，以发展支配欲或占有欲的精神去求创造求发明，这都是合于今日科学的教育的精神，这就是我所说的寡欲运动，这也是养心最好的方法。”①

三、从恋爱到革命

与大多数人就恋爱讲恋爱相比，左翼知识分子杨贤江、恽代英、谢定远等人结合时代背景，运用社会革命的理论，来解释恋爱问题的缘由及其出路，由此将其提高到另一个层次上，即：要解决恋爱问题，必须要实行社会革命。杨贤江在社评栏里，观点鲜明地陈述道：“如果真想满足恋爱的欲求的，如果真想保全恋爱的神圣的，来！请起来！第一要革中国旧礼教的命，第二要革社会现制度的命。为别种理由，中国青年固然要从事革命，为恋爱面上，中国青年尤其要从事革命。”② 恽代英则先长篇大论地铺陈了青年对恋爱与婚姻权利的理所当然，他甚至为此反对青年的迟婚，提倡早婚，“我始终相信青年的迟婚，是违反自然，不应当的。春情发动的时候，便应当是求配偶的时候。一切生物都是春情发动了，便求配偶。只有所谓万物之灵的人类，有这种怪

① 种因：《寡欲运动》，《学生杂志》14 卷 8 号，1927 年 8 月，第 1—3 页。

② 杨贤江：《恋爱神圣论者的两难》，《学生杂志》11 卷 1 号，1924 年 1 月，第 5 页。

道德，说是那样称为早婚，早婚是一件不道德的事。”而结婚与离婚更应当自由无碍，“我亦相信男女的结婚，是不应当过于慎重。离婚是应当无限制自由的。男女两方情愿了，为什么不结婚？有一方不情愿了，又为什么不让他离婚呢?”他认为，人与禽兽没什么不同，甚至于人过的便是禽兽的生活，“生物——包括人类在内——是在自然法则中生活的。没有什么东西可违背自然，饮食是生下来所需要的。男女的配合是青年期所需要的。……人是一种生物，必须过生物的生活，——说简直些，便是禽兽的生活。”人想不过这种生活，而去过他‘神’的生活，结果常常要失败的。……所以我对于青年的恋爱问题，主张在理论上，应当听其顺本性发展，没有什么可以讨论的。但是注意呢，我只说了在理论上应当如此。”恽代英接着话锋一转，开始讲述中国的社会问题与国际环境，他从中国目前政治经济形势讲到社会的糜烂和不公，把恋爱和饭碗问题联系起来，并举了顾维钧和曹锟等为恋爱而牺牲人格作例子，“人家说恋爱是盲目的，我亦要说恋爱使人盲目。我看见许多青年被恋爱使他盲了目，所以陷落在井坑里了。我为未来的青年捏一把冷汗啊!”在这样的社会里，纯洁的恋爱并不可得，“但在要焦饭吃的世界里，要恋爱纯洁，一大半是梦想罢！……丢了人格，亦未必有饭吃。丢了人格找不着饭吃，恋爱还是会被饭碗问题扰乱啊！——你们不要怪我把恋爱说的这样靠不住。请你们打开眼睛，便知道现在青年男女的恋爱，中间夹了不少的经济问题。我亦想恋爱的性质还要纯洁些才好。可惜事实上不是这样。”接着作者据此进行动员，“要满足你的恋爱么？要使你与你的对手方恋爱纯洁么？我告诉你，先把压迫中国人的人打倒，再把一切压迫人的人打倒。要使人要吃饭便有工做，人做了工便有饭吃。要使能做工的才做工，不能做工的，疾病衰老可以公养，青年儿童可以公育。这样你们绝对没有吃饭问题，可以自由发展你们男女恋爱的本性。”到了那个理想的时候，才能真正解决青年人的恋爱问题，“中国要成为一个独立的，自主的，社会主义的中国。没有任何人能够压迫的中国人。在那时候青年男女尽管去做他们甜蜜的美梦，他们尽管过他们的昏头昏脑的生活，一点没有什么忧虑。——不过在今天便这样昏头昏脑的，未免昏得太早了吧！”因此，为了社会革命的目标，为了早日实现美好的理想，现在应该做的是远离恋爱，转移注意力，为了爱社会的本性而避免恋爱发生。至于如何转移自己的注意力，“莫挑拨恋爱的本性”呢？恽氏举出了一些方法：比如不要轻易交纳异性朋友；不要看那些讲爱情的文学书；不要常发表那些香艳的令人销魂的言语诗歌，更不要说那些淫邪不正当的狎渎话；居处要光明清洁，常整理、勤沐浴；白日要总有事情做，睡眠要守一定的准则，不要留任何时间让自己玄想，以至于想到恋爱问题上来；常看关于性的卫生的书。最后他再次警醒青年，现在恋爱是不合时宜的，“我不是反对青年的恋爱，但现在还是不要轻易陷于恋爱的漩涡中间才好。”现在的青年“若托庇于‘恋爱自由’四个字，‘儿女情长英雄气短’，这种青年，还希望他干什么事呢？我们要浇一盆冷水在这些昏头昏脑的恋爱青年男女背心上，而且说‘你们警醒些罢，前途尽是井坑呢！’”。[①] 从主张青年绝对的恋爱与婚姻自主权利，到最后为了实现这个目标而严格规范自身，克己为公，以断绝现在恋爱的念头。这种动员话语的策略，正是1920年代前期革命宣传家们发

① 恽代英：《青年的恋爱问题》，《学生杂志》11卷1号，1924年，第47—51页。

动青年的常用手段。① 不过这种严密的设计也颇符合恽代英一贯的自我锻炼模式。②

另一位时在东南大学念书的左翼青年谢远定认为青年学生已经进入青春期，从年龄特点上看，中等学生就已有了恋爱的需求，“中等学生，即按照部章规定的学龄，从十三岁到十八岁这个当儿里，已充满了不少性的冲动和要求。何况目下的中等学生，年龄大多数超过了这个数目呢？（所以实际上现在的中等学生结婚的已不少。）”谢氏认为，青年们到了这个年龄，已是“到了‘关不住了’的时候,，谁也不能压制得住。即令你勉强，从表面上压制住了。他们会手淫，私奔，……男的更可宿娼，反而招引许多生理上或身体上的毛病。真又是何苦来？所以我对本问题底答案完全是肯定的，就是：研究也可，实行也可。”作者接着从社会环境等几个方面肯定了恋爱问题化之应当，接着展开道，“年来中国受了国际资本帝国主义底侵凌，国内为虎作伥的武人们底蹂躏，早已扰乱得不堪设想了。然而负了改造社会大责的青年男女们，有几个挺起胸膛来问一声国事，鸣一声不平呢？主要你肯到书店里顺手买几份报纸和杂志，你会很容易看见‘恋歌’‘爱情’或‘爱人’……等诗歌。我不信，真的中国民气是死尽了。”作者说道，“我对于现在社会制度下面（尤其是在现在

① 比如在共青团中央刊物《中国青年》上，就曾发表过多篇对沉迷于文学创作的青年进行严厉批判的文字，逻辑几乎相同：文学是应该研究的，但单纯的研究不适于当时的社会情景，为了自身的社会责任与社会改造故，应该放弃纯文学的研究而转到实际运动方面来，“快抛弃你锦绣之笔，离开你的诗人之宫，诚心去寻实际运动的路径”。参见秋士：《告研究文学的青年》，《中国青年》第 5 期，1923 年 11 月 17 日，第 5-7 页；中夏：《贡献于新诗人之前》，《中国青年》第 10 期，1923 年 12 月 22 日，第 6-9 页；远定：《诗人与诗》，《中国青年》第 17 期，1924 年 2 月 9 日，第 11-12 页，等等。

② 恽代英日记中有大量的资料记录其严格修身与律己，以达到为现代社会造新人的目标。参见中央档案馆等编：《恽代英日记》，中共中央党校出版社，1981 年，第 198、202、205 页。

中国社会制度下面)，青年能否满足恋爱的欲求这个问题的答案是：不能；或者说是绝无仅有。高尚纯洁的恋爱，罕不受物质(或经济)，贵贱，父权……，等外物底摧残的。……，可恶的现在社会制度，——经济制度，家庭制度……等，随地随时来支配青年，何能怪青年们堕落呢？所以我以为青年们想享受真正的恋爱幸福，非根本上推翻现在的社会制度不可。”至于具体的“解决青年恋爱问题的准备与方法”，作者认为，首先应该有充分的性教育的准备，至于方法，他认为个人“局部的奋斗”是“一个不经济的、难收效的方法，很肤浅的方法。”而这却是现在一般号称有觉悟的青年所盲目地采用的。他不赞成青年们为了自己的婚姻问题作这种困兽之斗。谢远定认为，“我以为最好的惟一的方法只有下面的一个：打破现实的制度，创造理想的社会——我们天天在那儿诅咒环境，但环境却天天把我支配着。我们与其零星地和社会制度奋斗，何若整个儿地把他撤换？虽则我们不应反对，并应提倡：在社会制度未根本上撤换以前，凡遇青年们婚姻上发生问题，总希望其能比较地圆满解决。但为了社会全部的经济，为了个人经济或救助人类全体俾免人生苦恼，得享人生幸福计，我们终竟不能不希望青年们团结起来，和旧社会制度、旧伦理观念决斗。落伍的社会制度，陈腐的礼教舆论，所以能任意地屠宰青年，给青年们以莫大的痛苦，根本原因就在他们操控了我们的生命权——经济实权。我们惟有希望籍着自己的团结力来努力把现实的经济制度根本上推翻，把经济权夺回来，操在各个人自己底手里，而建设一种卫护人生的社会组织。这样我们底性的欲求才会丝毫不受外力底制限。这样，人间才容易制造真正的恋爱。这样，我们才能够找出人生底幸福。”① 对经济因素的关注，

① 谢远定：《青年恋爱问题》，《学生杂志》11卷1号，1924年1月，第65—68页。

也成为其他一些不那么激进的知识青年的共同着眼点，尤其是在讨论到“现社会制度下青年能否满足恋爱欲求?”这个问题时尤其如此，“现社会制度，因为把经济做中心点，所以要遂恋爱的欲求，总是不能有完满的希望。……所以要实现恋爱，对于现社会制度，至少要有种革进的手续。”① 另一个青年学生也慨叹，“在现代社会制度之下，大多数青年都感受着经济痛苦，抱着饿肚子去讲恋爱，除非是特别超人，真是不可能呀!”由此他感到，“金钱制度一日不打破，我们即一日得不到真正的恋爱自由!”②

从自由恋爱的实践可能性及其难局，推衍到对社会制度——尤其是经济制度的根本改造，社会革命与经济决定论对此时青年人的影响于此可见，这些话语也在对青年切身问题的提点警醒中被传播放大，并被一些青年学生所接受。③

四、青年学生对此问题的反应

在《学生杂志》对学生婚恋问题的讨论中，各种各样的言说与理论并存于一个论说场域中，发言的主要是大学生与从事青年教育及文化工作的读书人，他们多以过来人的身份立说，这些言说在《学生》的广大的读者群中，难免会产生较大的影响。当然，不同类型的话语，很难说谁的影响大，尤其是在编辑本身就带着政治色彩的情况下。编者可能会将青年学生对其赞成的说法的反应有意凸显出来，而过滤掉其他的意见。不过作为这一时代

① 徐学文：《现社会制度下面的青年与恋爱》，《学生杂志》11卷1号，1924年1月，第138页。

② 周钧：《在现代社会制度下面青年能满足恋爱的欲求吗?》，《学生杂志》11卷1号，1924年1月，第140页。

③ 不少学生就主动将婚姻问题的解决与当前社会制度的打破联系起来。如山东一中的刘巍就对恽代英的《青年与恋爱问题》一文表示钦佩，同意要先铲除“阻止恋爱的魔力”的礼教积习、资本家和人压迫人的阶级制度等等，才有恋爱的可能；在当今中国的社会环境中，恋爱只是空想而已。

的敏感青年们关心的话题，该杂志相关的专号及讨论频繁出现后，很快就在青年中引起了积极的反应。1924 年 9 月出版的《清华周刊》“书报介绍副刊”专门就“青年与恋爱”专号进行了详细介绍，向清华学子推介：“现在青年好谈恋爱，好行恋爱；谈者理论纷纷，而行者常入于神秘；行者力求幸福，而结果常落于痛苦。因之演成种种现象，在恋爱前途上，造成了乱局与危局，而为青年发展上之一阻碍，此实一青年重要问题也。此篇所载，于此题上多所论列，堪作一部恋爱指导读之。兹约其大要如下：恋爱论、青年与恋爱问题、中等学生对于恋爱应取的态度、性欲与恋爱、社会制度与恋爱、社交与恋爱、恋爱结婚与经济问题、恋爱经验谈等，共论文三十余篇。青年读之，当于恋爱途径上有所取法矣。”[①] 天津“青年问题讨论会”的出版物《青声》上也对此期专号进行了特别介绍：

> “青年与恋爱的关系，自然是很浓密的。但是没有一种正当观察同了解，往往出许多危险问题；何况在现在新旧过渡的时期，这种关系青年一生的问题，怎能不特别加以注意呢？商务印书馆《学生杂志》的编辑者因为要解答‘什么叫做恋爱?’‘恋爱何以成为问题?’‘有什么方法来解决这个问题?’等问题，并且想帮助中国青年解决他们的恋爱问题，供给他们一些解决的资料，特在本年一月发行青年与恋爱专号。全书约两百余页，关于恋爱问题的文字几近四十篇，每册售大洋两角。青年们，你愿意对于恋爱问题有个研究吗?愿意，敢请你快快的买一本看看!”[②]

---

① 记者：“几本专刊介绍”，《清华周刊·书报介绍副刊》1924 年第 9 期，第 17 页。

② 《敢请读者注意》，天津青年问题讨论会编：《青声》（不定期刊），第 26 号，1924 年 1 月 17 日。

在此专号面世后不久，很快就有不少个别的读者来函表达自己的阅后感。一位名叫俞长源的扬州青年在来稿中表示，“凡是青年，尤其是现在从事于新文化运动的青年，谁不欢喜谈恋爱？又谁不欢喜看谈恋爱的论文和文艺？我虽学生的的冠冕已卸，青年的权利却还未被‘时间’所剥夺。对于这讨论重大而切身问题的它，自然会发生很浓厚的感情，少不得要买一本来看看，很仔细的看看。”不过他对杂志中缺乏专门讨论女学生婚恋问题的文字很不满意，因为这令以“学生”为名的该杂志显得有些名不副实。专号里只有一些零零碎碎的关于女性方面的言论，“我们可以断言，在这册里议论精湛的三十多篇文字中，要找一篇专替青年的女子们解决恋爱问题的，可实在没有。”他接着专门就女子方面讨论了关于恋爱与性的问题的解决之道，并提出了自己的五个建议，以弥补《学生》讨论所不及：1. 性的沉闷的调剂（即依靠社交公开与男女同学等手段以消除烦闷)；2. 恋爱真谛的认识；3. 旧礼教招牌的撤换；4. 宣布诚恳的态度；5. 拒绝“迷藏”式的婚姻。总而言之，婚姻应该建立在恋爱的甜土上。作者觉得现在的青年主要的问题是不认识恋爱是什么，如果他们知道了恋爱的本质和真义，就不会演出那么多悲喜剧出来。因此，“这本专号对于我们最大的贡献，就是它把‘恋爱是什么？’这句话，向我们不厌地反复叮咛地解答得很彻底的了。”“现在有一部分的青年，以为恋爱是文学上的装饰品，没有事的时候，就偷偷地做几首‘香艳词章’，变态的白话诗，以风流自赏。有些青年，以为恋爱是荣誉的冠冕，他们每逢有几个女性的朋友同他们接近些，他们必在朋友面前，吹个‘天花乱坠’，……；又有些以为恋爱是时髦青年的口头禅，他们在大庭广众之下，会时常大谈而特谈。”他还体会出了这本专号里的讨论文字所给出的解决方案并不一致，且相互矛盾，“大概他们的主张，也不是一致的。例如顾均正、沈雁冰诸先生，是居于正面的；恽代英、渭川诸先生，是居于反面的；而章锡琛先生的主张，则接近折衷派了。……他们却也没有绝对的主张和成见。”作者不赞成反对青年恋爱的主张，提倡青年实践恋爱，他表示这是要使得青年们明白恋爱的真义，揭穿它的神秘，使他们知道真的恋爱是要用心去求的；并且可以借此消除性的苦闷，使他们专心念书。这与反对青年因恋爱而影响学业、事业的目的是殊途同归的。最后，“此次本专号的产生，无疑在现代中国青年性的沙漠上抛了一颗炸弹。在一般不懂得恋爱的老前辈，不免要惊骇起来；而在我们身当其冲的青年，却不可把这切身的问题轻轻地放过。”[①]

山东济南一中的学生刘巍致函编辑，表示读了杂志的“青年与恋爱”专号后，很有些悲观的感想，而对于恽代英的《青年与恋爱问题》一文更是钦佩与认同，他接着发挥自己的感想，“在中国现在的社会状况之下，我绝对不承认，让一般血气未定的青年起来专淡些恋爱的问题，而把他们的负荷及义务置诸脑后。恋爱对于青年，固然是很重大的问题，但在社会制度的环境中，它不但不能帮助恋爱发展，反而使你的恋爱破裂，并且使一般为恋爱而奋斗而努力的育年，造成了他们的病态。他们因为不能达到他们奋斗和努力的目的，就不免发生了失望、呆痴无聊、烦闷、自杀等等堕落的念想。这么下去，是拯救青年呢？是戕害青年呢？所以我认为青年的恋爱问题，虽系重大，但在现在阻止恋爱环境的空气里，并算不起急需，算得起急需而且急待解决的，则为积极铲除防止青年们恋爱的魔力。这种魔力是什么呢？就是彰明较著的几千年认为天经地义的礼教、积习，再就是统摄经济大权的资本家，及吃人的磨灭人格的阶级制度。假设你没有这种力量去战胜它，去敌抗它，去铲除它，你自然不能坦然快活著淡什

① 俞长源：《读了“青年与恋爱”专号以后》，《学生杂志》11卷6号，1924年6月，第104—107页。

'自由恋爱''恋爱自由'，结果不过是幻想、梦想、痴想罢了。"恋爱是分阶级的，不是穷小子们可以享受的，"由此可以说：不铲除阻止恋爱的魔力以前而讲恋爱，是少爷们和小姐们的恋爱，是贵族的有权势的人们的恋爱，我们这般穷小子们，那能讲得起？况且羡慕'富贵荣华''功高望重'的心理，已深藏在人们脑中，我们这般穷小子，又那能被人家恋爱呢？"① 经常与《学生杂志》通信的姜敬舆也在这期致函讨论青年的婚姻问题。他提到现在中国很多青年都不能注意到婚姻问题的自觉，不去力争，即使已有婚姻觉悟的青年也如此。至于其原因则有二，一是担心生活问题无法解决，怕与家庭断绝关系而失去了生活的来源；二是礼教的束缚。因此他建议青年学生唯一要做的就是解决生活问题，以及打破旧礼教。即：掌握谋生技能，无所顾忌的讲社交、谈恋爱。而杨贤江的回应中则进一步提示，最重要的是打破现代社会的经济制度，不如此，即使打破了旧礼教也不行，大多数人仍然趋于贫乏，还是解决不了生活的问题。杨还推荐其读《民国日报》觉悟副刊于1924年2月23—25日所登载的施存统的《婚姻与经济的关系》一文。②

而另一位青年韦炳祺来函，声称自己细读了《学生》恋爱号里的各文，而最引起他兴味的就是中等学生与恋爱的关系问题："读《学生恋爱号》里各文，觉得它的精髓和特色，足以使人三读不厌；但其中令我最注意的，就是《中等学生该不该谈恋爱》一文，我想这些文题，乃为现在一般学生目前最有价值的问题。中等学生究竟该不该谈恋爱？依那篇文题各人的论调，你有你的主张，我有我的主张，自然意见是各不相同的。在旁边客观的我，竟失了自身的方向。不知从那边走好，但是平心论起来，却

① 刘巍来函，《学生杂志》11卷5号，1924年5月，"通讯"，第81—82页。

② 姜敬舆，《学生杂志》11卷5号，"通讯"，1924年5月，第83—84页。

不能不从那意见和我相合而又较好的主张。”他认为青年学生只能了解而不能实行恋爱，“我以为恋爱这个名词，虽不是两性间（男女）可以轻视的东西，可是血气未定，学力未足，而又当在求学时期的青年，倘使以恋爱和学问互相并重，不但自身受其损害，就是学问也受其堕落的机会。这并不是我闭门自语、大张其词的话头，先生又何妨瞧瞧那喜谈恋爱的中等学生们，所受的影响怎样？那才来评我的说话对不对也未迟呢！恋爱不能实现于中等学生，既是必然的现象。那末，当其冲者而特走入这路途，岂不是弄错了吗？所以我主张中等学生把它当作研究则可，若竟拿来做实行的工具，那是大大不可了。至于讲到实行，若非已有相当的学问和年龄，而且又非脱离了学校，是不能行的。因此我的标语是：‘两性间不可无恋爱，两性间亦不可有恋爱。不可无者，如已有相当之学问和年龄，而又经脱离学校也；不可有者，如学问和年龄均未成熟，而又当在求学之时也。’”[①] 杨贤江回应了他对此的观点，赞同心身幼稚的青年不可实行恋爱，但他认为恋爱也不容易研究。中学生最好不要发生恋爱，但如若发生了，就须赶快设法解决，不要成为彷徨烦闷的青年。

婚恋问题一直是《学生杂志》上一个讨论的热点，这是在转型时期中国社会给青年学生带来的巨大影响之一。在《学生杂志》这样较密集的讨论中，青年学生们也受到了不小的影响，他们或是积极参与讨论，或是从中汲取资源，努力于自己问题的解决。

---

① 韦炳祺，《学生杂志》11卷12号，“通讯”，1924年12月，第118—120页。

第三节　升学、自学与苦学

学生阶段最重要的任务是学业，因此关于学生的求学问题，也成为五四以后各种关注青年问题的报刊媒介一个重要的讨论主题。[①] 对于此问题，前期的《学生》由于自己全国性课艺杂志的性质所限，主要关注的是学生的修养道德与责任提升方面的言说，面对的是已在学的学生，对于面临升学或失学问题的学生关注很少。到了中期以后，由于全国学生的切身生活相关问题都进入了媒体讨论的视野中，一向标榜面对中等学生发言的《学生》，自然要关注学生们这一最切身的问题了。于是，改版后的《学生》不甘落后，积极加入了讨论的阵营，并以关注实际解决之道以及与青年学生之间建立了活跃的沟通管道为特点，给这场讨论带来了不一样的内涵。其实关于学生的学业问题，《学生》上讨论繁多，主题各异，有关于在学青年的自学问题的，有关于中等学生的升学问题，有关于贫困失学青年的读书与自学问题的，等等。在对这些问题的讨论中，论者的规划并不一致，也未提出统一的意见，而呈现出众说纷纭的态势，并且同一人言说前后也有变化。下面笔者将就各式论说的主题与内涵展开分析。

一、穷学生的升学与苦学问题

何谓“苦学生”呢？高尔松曾下过一个定义，“没有钱或没

① 如《时事新报》于1920年冬天刊登了不少讨论青年升学问题的文章，并提出了几条解决的建议；与此同时，其他报刊也有不少讨论此问题的文章。如王德崇：《旧话重提之中学生升学问题》，《共进》第59期，1924年4月10日；人九：《求学的悲哀》，《民国日报·觉悟》1924年7月6日；徐曹敷：《苦学生自救的方法》，《时事新报·学灯》1923年4月13日，第四张第一版，等等。

有充分的钱，可以享受资产化了的教育；却自动地仍要勉强去读书；这样的人就称为苦学生。”更明确地说，苦学生主要是在家庭经济的限制下无钱求学，或是在家长以威权相压迫，不供给学费以断绝求学之路的环境下，仍然坚持奋斗求学的学生。[①]《学生杂志》刊登过不少人的“苦学经验谈”，他们的成功求学经验大致无二，都是在家庭穷困或父母压迫的情况下，坚持不懈地求学，终获成功的故事。[②]苦学生们的经济来源除了尽力向亲友借贷以外，只有自力更生，努力筹措；除了在校内做工读学生外，[③]便是向校外去寻求获得收入的机会。[④]高尔松曾建议苦学学生可以通过积极的办法，如借债、卖文（逼不得已时方能为）、做职员、售旧书、做小贩、卖报等方法来筹措用费；对于教育者，应当在校中尽力设立这样一些组织：贷款会、借书会、合作社、事务员、储蓄部、多备书报，并提倡尚俭的德性。[⑤]以后针对勤工俭学的各种建议大致都不出此范围，如杨联陞主张在精神方面要以高尚的志趣来征服恶劣的环境；在物质方面则有两种方法：1. 投稿，“我最希望境遇不好的同学们，竭力地研究各种学科，把研究所得的结果叙述出来，拿到报馆或杂志社里去登录。

① 高尔松：《青年问题讨论：苦学生生活》，《学生杂志》10卷5号，1923年5月，第2—3页。

② 韦杰三：《我的苦学经过谈》，《学生杂志》10卷1号，1923年1月；周野荪：《我四年自学的经过》，《学生杂志》10卷9号，1923年9月；CYL：《半节求学苦史》，《学生杂志》11卷8号，1924年8月，第63—65页；周讚善：《我的借贷求学的经过》，《学生杂志》15卷4号，1928年4月，第71—72页，等等。

③ 如浙江青年郭肇塘就叙述了自己从一个店铺学徒转变为上虞白马湖春晖中学工读学生的经过，经子渊校长在他经济困窘的时候给了他替学校处理杂务的工读机会。郭肇塘：《学徒时代的我和我底入学经过》，《学生杂志》10卷9号，1923年9月，第7—10页（栏页）。

④ 王意坚：《自述》，《学生杂志》11卷11号，1924年11月，第120—125页。

⑤ 高尔松：《青年问题讨论：苦学生生活》，《学生杂志》10卷5号，1923年5月，第6—7页。

这样：一方面可以解决现在的生活问题，一方面可以增加自己的学识。”2. 借贷。[①] 而后期《学生杂志》的编辑，也屡屡提出一些具体而微的主张，如以“天籁”为笔名发表的文章中提出利用暑假来解决学费问题，可作的工作，如临时贩卖文具图书等；此外，还可作短工，如“钞胥”“替人补习”“替公司厂家销售货品”“帮农”等手段，都可试行，以此来帮助解决学费问题，他还希望这么做的同学可寄来他们的经历以便刊登，为其他同学的示范。[②]

对于产生苦学生的原因，不少人从社会经济制度和政治制度的角度着眼进行探讨，高尔松认为，“在现行私有经济制度底下，青年界不免有‘有钱的人无心读书，没钱的却有志向学’的现象。但是筑在现制度上面的教育组织，是处处为资产阶级的子女们设法的。没钱的几手完全被摒除了。不过因为这些没钱的青年觉悟到了‘人有生活权即应有一种教育权’，并认识到了知识的重要；于是竭力地辛苦地挤到本来为资产阶级所领有的教育范围里去，以满足他们切心向学的目的。但是读书要钱，吃饭要钱，住宿要钱，买书要钱，……叫他们如何能应付呢？这样，‘苦学生生活’便成为问题了。时代思想的突进和汹涌，时刻在那里激发并鼓舞青年们阶级的自觉。因而无产阶级青年们底智识欲日渐深远，苦学生的数量一天一天的增加。而‘苦学生生活’一问题因亦愈显其重要了。”不过对于如何解决这个问题的途径，作者虽认同主张社会革命者的“打破旧社会、建立新社会”，将教育制度确立于平等的基础上，但却并不认为其切合于现实的需求，“这类的话，说得何等直接痛快，哪个不表示同情？但实际上，

---

① 杨联陞：《告境遇不好而有志求学的同学们》，《学生杂志》14卷4号，1927年4月，第63—64页。

② 天籁：《为穷同学贡一策》，《学生杂志》15卷6号，1928年6月，第1—2页。

这样几句话，能为这问题底满意答案，那恐未见得罢?”原因是社会革命的迂远性质，并不能解决贫苦学生当下的求知要求，“因为社会革命底成功，不是一朝一夕的事。中国的民主革命已有了数十年的努力，但至今还未见完全达到民治的目的。至于方才中国萌芽的社会主义，说的简短些，至少也要二十年三十年才能有些头绪。那么在这短时间内，叫那般苦学青年如何过日子呢？若大家抛了想做的求学生活，来做社会革命运动，则不但于社会运动不见有何等裨益，即他们自身，怕也很少愿意这样做的。因为一个人有了求智的觉悟，不见得便能有阶级的认识，而表同情于社会革命。要他们能有这个进一步的觉悟，那便有待于教育的力量了。”作者认为社会革命的觉悟也有待于教育来开发，让学生都抛弃学业来做革命运动，并不现实，“因此我意青年们可以希望未来社会的实现，但同时不能荒弃他们求学的生活。因为唯求学才能使他们对于社会革命的意义更深切，亦唯求学才能使他们感到阶级觉悟的思想更透切。”① 不过高尔松在一年后就改变了自己看法，认为在当前环境下，不能等求学完成后再来从事救国与革命活动，青年应该立即投入农工兵等大众中去，进行实际的政治活动，这一点后文将有所论及。

对于如何解决贫穷学生的读书问题，到后期的《学生》上，由于社会主义思想在思想界的影响逐渐扩大，以此来解释中国社会问题的言论越来越普遍。不过，虽许多人强调社会经济组织乃至整个社会制度改造的必要，但再没有公开鼓吹立即进行社会革命的声音出现，更多的是主张温和的改造手段。这当然与后革命时期的舆论环境有关，也呈现了一种较普遍的学生问题言说方式。如林仲达在《贫穷学生的读书问题》一文中，首先揭示了中

① 高尔松：《青年问题讨论：苦学生生活》，《学生杂志》10卷5号，1923年5月，第7—8页。

国农民的普遍穷困化，社会经济的日益破产，以及与之相伴随的资本日益向都市集中，从事于投机行业等诸种情景，“今日的中国，社会经济组织是一种畸形的发展，一端土地与资本集中，又一端则饥饿与贫穷累积。然而教育的制度则完全反映资本主义国家的形式。”他不避讳地指出贫穷学生读书问题的严重性与根源所在，“总之，今日的中国社会含有两极的可能性：不使贫穷学生铤而走险，就使贫穷学生趋于自杀。其根本原因不外由于社会组织的不合理和教育制度本身的缺陷。”不过在政治经济制度及旧教育制度未彻底改造前，对于此问题的救济手段，也只能是一些琐碎而具体的方法。如个人与团体设立的一些清寒助学基金或教育基金之类的；学校与政府也应该负起救助贫苦学生的责任，作者列出的可行方法也是减免学费与设立奖学金等具体补救手段。因为具体的救济政策在目前是重要的，“贫寒学生的读书的全部问题之解决，自然同时关联着其他一切政治经济的改造。不过在理想中国新教育制度，或新社会的整个制度尚未实现以前，至少承认一切具体的救济政策，是目前所必须；同时国家也应负起他的教养整个民族的重大责任，使整个民族的教育和文化能向上发展。”① 而教育问题调查者李鼎声也认为中国的社会经济形式决定了求学问题的严重性：中国建立在农业基础上的旧的生产形式仍在帝国主义与世界资本主义浪潮的冲击中苟延残喘；一方面中国自己的资本主义经济也在以不平衡的方式兴起发展，但却不能取得对民族经济的支配地位。二者一直处于互相矛盾中。在近年帝国主义加紧掠夺的情况下，再加上中国水旱等自然灾害的频仍，社会日益破败，经济加速破产，整个社会到了山穷水尽的地步，所有人都受到了影响，尤其是那些小所有者。“青年学生

① 林仲达：《贫穷学生的读书问题》，《学生杂志》18卷8号，1931年8月，第10—21页。

多出身于中等家庭，这些小有产者的青年在家庭经济地位尚未十分动摇的时候，还能勉强支撑求学，但到了家庭破产，经济枯竭时，便不能不遇到极大困难了。”[①] 李还附上了一份他调查378个失学青年个人情况的数据图，表明受经济原因影响导致的不能升学所占比例最大。作者接着提出几种对于失学青年的救济方法，如：失学问题的调查与研究，失学青年的组织、收容失学青年的学术机关的之建立、满足失学青年自动研究学术的需要的文化机关之创立；介绍失学青年的职业与求学机会的机关之设立、对于青年学生失学的预防等手段。他的设想是依靠社会教育家、文化事业家及社会活动家等社会精英人物来建立一些为失学青年服务的组织，如学术研究机构、补习学校、函授学校、夜校、工读学校、青年职业与读书介绍所等。虽然其设想比较理想化，但也显示了一种话语风格的转换，即中期强调阶级差异的制度颠覆性的话语渐渐淡出，转为强调国家整体问题，以具体补救策略为中心的话语。

值得注意的是，虽然自从近代学制建立后，批评教育体系商品化、资本化的声音，就一直存在，然在升学问题面前，对学校制度的批评与怀疑更加增多。如教育界的活跃人士舒新城就屡次抨击现代教育体系改革多为生硬移植，不适于中国社会的需要，改行新教育制度后，不仅学生流为无业者日有增加，且破坏了传统书院私塾教育的优良精神，“自改行新教育制度而后，一切商品化，师生之间，除了物质上的交易关系而外，无所谓道义；近来辄演成阶级的流毒，师生每成仇雠。”重要的是现代学制还导致阶级分化在教育上进一步加深，贫家子求学困难，“因为教育向资本主义的路上走，于是一切学校均得缴费”，结果就是，“现

① 李鼎声：《现今青年失学问题及其补救方法》，《学生杂志》18卷9号，1931年9月，第1—11页。

则中等学校非中产阶级之子女无力入学，而高等教育机关，则非很大的资产阶级不能问津”。[①] 一直到1931年仍有人将科举时代的求学之途与现代学校制度进行对比，以证明现时学生求学之不易：“在昔科举时代，读书之士，虽曰不事生产，然其消费的方面，亦甚为轻微。其所需者，不外四书五经等几本旧书，所值无几，外此纸笔墨砚而已。及其出而应试，则舟车旅费之资费，亲戚有朋，多可相助。……自西方物质的文明侵入中国，科举废，学校兴，一般人之生活程度，突然加高，而教育费之增长，更与昔日完全不可以同日而语。以目前情形言，每一学生，由小学至中学毕业，至少非千元不可。若供给至大学毕业，则子女三四人，至少非万金不可。至于留学外国，则更无须乎讨论矣。抑今日一般青年，一方震于新奇之学说理想，一方受经济之困窘压迫，社会之危机，盖莫大于此。”[②]

《学生杂志》上也不时有人发出怀疑学校制度的声音，号召抛弃学校制度在家自学。如丁瑞璋就长篇大论地列出一般人认为学校制度具有的好处，再予以逐条批驳。他列举了很多实例以证明学校教育在团体生活、教师指导、体育设备、图书储藏、同学互励等方面不一定就比家居读书好，“现在的学校教育太钉定，泥古，教师以外，别无观摩，课本之外，别无启发，和几年前的学校教育一般无二。时代前驰着，学校教育没有赶上路，还附贴着旧的时代，所以只能学外表上装潢的都丽，不能使内里的花样翻新。”作者对学校式教育几乎完全否定，在他看来，“教室里的空气很秽龊的”，“现在的学校差不多都是市侩式的”，学生在校还容易在思想上受误导及诱惑，“在这凌乱的时代，是各种主义

① 舒新城：《三十年来之中国教育》(1927年11月19日)，收入吕达、刘立德编：《舒新城教育论著选》(下)，人民教育出版社，2004年，第673—675页。

② 《穷学生的读书问题》，《时事新报》1931年3月11日，第一张第二版。

宣战的时期。教师们多是非此即彼的某种主义的忠实信徒，他底见解狭隘，思路偏畸，于是青年学生轻容易妄从附和，至少亦要感染管窥的遗毒。”接受新知的地方已变成易让人思想混淆的危险场所，家居读书则不一样了，“家居自习没有外力的诱惑，只凭自己修养程度的高下所左右，则无‘近墨者黑’之虞，不为‘井底蛙’矣”。作者接着介绍了“几条简易而具体的家居自学的方法”，比如“在自学的时候，应该订一种日报和两三种杂志，多备一点参考书和较完善的辞典”，“如果我们有不易明晓的疑难的时候，就须不惮烦地去询问有些杂志特辟的所谓‘通信栏’或‘邮筒’。”由此可见，作者虽拒绝学校，却仍认为报纸杂志还是自学的重要凭借。[①] 对学校体制的拒绝在 1920 年代似乎愈演愈烈，后期的经常作者伊卡虽然力图维护学校的必要性，“造就基本学识的中等学校，我们能说对学生毫无利益么？中学生能够脱离学校而有能力独自研究么？”但他也不得不承认，“蔑视学校的心理与事实，不只显现于一般社会的人人，就是学生自身对于学校的好感与迷梦，也渐渐地淡漠幻灭了。”这种现象甚至在专门学校与大学中最为盛行。[②]

二、失学青年的自学与升学问题

正如前文所述，民国以后，虽然学校数逐渐增多，学生人数也愈来愈多，但对于大多数希求在求学道路上不中辍地前行的青年学生来讲，升学的途径似乎也越来越难。这种困难主要体现在两方面，一方面是由于民国的政治社会紊乱，经济发展缓慢，农村中等家庭破产的越来越多，学生因家庭经济原因不能升学的情

① 丁瑞璋：《关于穷青年的求学问题》，《学生杂志》15 卷 6 号，1928 年 6 月，第 67－74 页。

② 伊卡：《中等学校毕业以后》，《学生杂志》17 卷 12 号，1930 年 12 月，第 1－7 页。

况也逐渐成为一大主要原因。其次，随着中等学生的数量逐步加多，相应的高等教育机构的数量、学额与水平却未相应提高。[①]这也是导致越来越多的中等学生抱怨升学困难的重要原因。

而《学生杂志》作为一本主要办给中等教育程度的学生看的杂志，自然成为讨论这个问题的重要场域。它不仅于 1924 年 6 月出过一期“青年升学问题讨论”号，而且相关主题一直是学生与青年作者们讨论最热烈的话题。我们在杂志这个言论空间里，一面看到不少学生面对升学问题发生的苦恼，与寻求解决之道的急迫；一方面也可以看到杂志编者与作者们力图为面临升学与失学的学生提供指导与帮助的努力。

其实对于青年的自学问题，在 1920 年底杨贤江上就已在杂志上对此有过讨论了。不过他那时主要是指的在学校里自动自发的学习与离开学校后的自修成才，主要在于突出自学力量的强大。因此他主要从技术角度讲述了如何学习的问题，如对功课要感兴趣、要专注、要自信，教师奖掖、同辈观摩、环境诱导等，并举了自己在广东肇庆师范讲习所碰到的一位姓叶的朋友为例子。讲述了他通过刻苦自修英文日文与教育学等知识，不仅能经常在报刊上发表文字，还翻译了许多外文书籍。[②]

---

① 据相关统计，1922 年度全国中等学校总数有 1455 所，学生总数达到 182489 人（不包括大量的师范讲习所之类的短期学校）；而大学专门校只有 125 校，学生数 34880 人。参见《民国十一年度之几种全国教育统计表》，《教育杂志》15 卷 10 号，1923 年 10 月 20 日。

② 杨贤江：《自学的成功》，《学生杂志》7 卷 12 号，1920 年 12 月。杂志上刊登了不少从此角度探讨自学问题的文章。如苏州博文中学的学生许金元也投稿讨论了如何在不满意学校教育现状的情形下展开自学，“我自入学校以来，无时不在苦恼中。学科底不调剂，课程表的死板，都使我头昏脑胀。”他列举了国文、诗、算术、理科、英文、历史、地理、图画等各科的自学法，参见《自学问题杂论》，《学生杂志》10 卷 10 号，1923 年 10 月，第 1—8 页。此外，《学生杂志》还曾于 1923 年 6 月的 10 卷 6 号组织了一期“学习法研究号”，刊登了关于中学各科的学习法知识，以为学生自学时的参考。

《学生杂志》上经常出现“告不能升学的学生”这样的题目，从各个方面为面临失学的青年提出解决方案。至于失学的缘由，有的归罪于旧式家庭的掣肘，有的归咎于黑暗社会的不公，有的指责国际资本主义的侵略，也有的厚责于学生本身的缺陷。各种各样的论说凸显了问题的复杂与解决的艰难。有的论者指出，其中的讨论最终都指向无解，提示惟有进行整体的社会革命才能解决问题的论说逐渐支配了杂志上所有的讨论。[①] 其实细察事实后我们可以知道，在任何时候，作为一本包容性极强的杂志，它呈现出来的舆论面貌都是多姿多彩的，既从未得出过什么一致的“结果”，也没有一元化的论说导向所支配的局面。我们与其片面强调其论说的某个方面，不如全面展现其言说路径的多元图景，因为后者更能展现时代的复杂性与多维性。

以 1924 年 6 月出版的《学生杂志》第十一卷六号“青年升学问题讨论”号为例，其中虽有杨贤江、高尔松这样的左翼青年在其中大声疾呼社会革命、政治运动，以替代升学问题的具体解决方案。但是也有大量的篇幅详细分析青年升学无门的具体原因与可操作性解决方案。

朱厚锟曾在文章中批评中国中等教育办得不好，大半有名无实，学生只学得皮毛，“我国平民教育办的不好，以致埋没了许多有为青年，这是国家和社会的罪，不是我辈青年的罪。”但就中国目前情况看来，要想人人能升学，非几十年后不能实现。所以现在青年还是刻苦自修以待时机为好，他还提出了自修的几条注意事项，如“不可好高骛远”“选择最好的书籍”“努力学外国文”“与朋友切磋讨论”等。[②] 不久，很快有人做出反应。在教

① 姜涛：《革命动员中文学与青年—从 1920 年代〈中国青年〉的文学批判谈起》，《中国现代文学研究丛刊》2009 年第 4 期，第 10 页。

② 朱厚锟：《告不能升学的中等学校毕业生》，《学生杂志》9 卷 4 号，1922 年 4 月，第 73—76 页。

育界工作的田志在读了朱的这篇文章后表示自己深有所感，“我读了朱君这篇文字，心里忽然间涌起无限的血潮，沸腾奔驰，跳个不住；停了片时，心中稍定，只是胸膈中间，好像有物凝结。唉！原来我也是一个中等学校毕业不能升学的人；所以见了这样极恳切极描肖的文字，不由得使我悲从中来，旧感咸集；不由得使我从悲观入乐观的精神愈奋！朱君真是过来人，真能推己以及人者。此种指导唤醒吾侪酣梦不少！”他叙述了自己以前中等学校念书时的境况，“我回想我十年前，在一个中等学校读书——那时我才十六七岁——随着同学的生活而生活；时而学潮革命，时而种族革命，时而刻苦自励，时而一味逍遥”，因此自误了学业，出身社会后觉得处处不相宜了。因此，他认为学生们在读书时代因盲从同学、干预外务的原因导致的不能升学，比金钱的原因更多些，“一个人成功的权限，本在自己，不能把过推到无力升学这一层去说。那么升学不升学，都不能成问题了。”而他的期望是：“我并希望现在学校肄业的诸君，莫借‘觉悟’的题目，等闲地把大好光阴蹉跎过去”。这或许是针对五四后几年学潮频仍，学子无心向学的状况而发的。①

除此之外，批评学生本身程度不够的声音也很高昂。如1923年夏投考北大的2492人中，只28人有录取资格，最后降低标准，才勉强取录了141人。投考学生们在答题中错误百出，如在国文试卷中，将“我”字写为“俄”的，数学试卷中写12/12=0的，英文试卷中写I is的，都很是不少。② 北师大的学生王鑑就此批评道，虽然这与许多学校的教育办理不完善相关，但是在此专针对学生的问题进行讨论，学生自身的生活上也存在很

---

① 田志：《读朱厚锟君“告不能升学的中等学校毕业生”的感想》，《学生杂志》9卷11号，1922年11月，第81—86页。

② 李润章：《中学校教育问题》，《太平洋》4卷5号，1924年3月5日，第3—4页（文页）。

大缺陷。在校学业成绩差的往往并不是积极做社会活动与爱国事业的学生，“固然自‘五四’运动以来，一部分代表成熟过早，作了青年运动的牺牲者”，但大多数学业糟糕的还是饱食终日无所事事的悠游派和只知嬉戏的运动员们，光晓得死读的书呆子也不行。其次，就是那些被“光啊花啊爱啊”所迷惑的文艺青年们，他们只知崇拜些白发龙钟的泰戈尔式的偶像。“可是‘光啊花啊爱啊’的文艺，是带有麻醉性的，和几条直线、几个圆点干燥无味的三角几何比较起来，自然青年们以为似乎一面是肥甘，一面是糟粕。”于是乎，“在升学试卷的答案上，人家出个‘三角形的三角之和等于两个直角’，你叫几声光啊花啊爱啊！人家当然要取消你的资格。”作者认为解决此问题的着力点在于学生本身，作者还引了吴稚晖的话“把融化着大乘大乘的诗篇贴在城门上，不能抵挡机关枪。”王鑑给出的两个劝告是：第一，要程度不差的学生们联合起来向当局请愿多招或补招；其次，是不要走后门，以免纵容在学校里鬼混的青年。他最后才谈到经济的压迫问题，方法是鼓励青年们不要放弃奋斗精神，要做着职业自学，或是上着学做职业，“从艰苦中奋斗得来的学问才是真学问”。他还希望青年能放下身段找职业，不要做一个高等游民或是乡村士绅。[①]

至于经济困难的苦学生如何满足知识欲，这一直是杂志上持续关注的一个问题，“青年问题讨论会”曾专门讨论过受经济压迫的学生自学问题，沈昌的意见是创办函授学社，高尔松的意见是从注重自修方面救济对学校不满意的人，凌其恺的主张是恢复从前的书院制度，成立大规模的自学组织；侯绍裘综合了各人的意见，提出自己的主张：在离交通中心不远的地方创办道尔顿制

① 王鑑：《中学毕业生升学问题的研究》，《学生杂志》11卷6号，1924年6月，第7—11页。

的初级中学校，收因学校数目有限而被摒弃的高小程度毕业生为学生，请有中等学校毕业以上程度的失学者为指导员；以学生自力学习为主，指导员进行疑难辅导。经费由筹款与收取适量学费而来。[①] 此论虽稍有理想化之嫌，不过湖南长沙确曾有自修大学的组织，其以“取古代书院的形式，纳入现代学校的内容”为宗旨，标榜平民主义的办学方向，以学生自己思考、学习为主。[②] 侯绍裘亦曾主持过持续较久、影响较大的南洋平民义务学校，或许其经验由此而来。

既有认为升学是最好的人生方向，[③] 也有人批评青年学生们迷信“大学万能”的心理。[④] 杨贤江、高尔松等人则借此机会进行社会动员。在杨看来，“青年做人的关头，乃在于觉悟不觉悟，倒不在于升学不升学”，“觉悟”的指向就是对社会根本问题的认识，“我们必须觉悟起来，觉悟到现代社会组织根本的缺点，觉悟到国内军阀和国外列强无理的压迫，觉悟到人生的权利和奋斗的能力，觉悟到无产者无工可做、无书可读的一般的现象的可以痛心。”对自身出境产生深切“觉悟”以后就要行动起来，这样就远远胜过只求升学的青年，“于是为自己计，为大多数被压迫者计，就该奋了起来，做一番轰轰烈烈的大事业。倘能这样，便是个有才有识的青年，要比侥幸升学而仍在迷梦中的大学生好过

---

① 《自学问题——青年问题讨论会稿第三》，《学生杂志》10 卷 7 号，1923 年 7 月。

② 《湖南自修大学创立宣言》(1923 年 4 月 10 日)，原载《新时代》1 卷 1 期，收入张允侯等编：《五四时期的社团》(一)，三联书店，1979 年，第 72—74 页。

③ 有人认为与就职相比，升学是更好的前途，还有无限的未来，就职就限制了自己的活动范围和路径了：“以升学与谋职两件事情来比，哪一件是好？结果当然升学是好。因为升学的人，还可以于他的性灵上，知识上，技能上，再得增高无限的阶级；而谋职业的人，只好就此止步。”嘉霖：《告中学毕业生》，《学生杂志》11 卷 6 号，194 年 6 月，第 13—16 页。

④ 林文方：《和欲升学的青年说几句话》，《学生杂志》12 卷 2 号，1925 年 2 月，第 21—25 页。

千万倍。”[①] 重要的是，当前中国需要的学问并不一定能在学校里取得，不能升学反而能促进觉悟，“应试不取乃是青年觉悟的一个紧要关头，一种鉴定机会。”[②] 高尔松则把大学教育抨击得一无是处，他质疑呆板教科书的效力，认为在与社会的接触中，在生活的经验中才能不断地得到真正的知识；并且还从代际经验上论证青年学生的救国潜力，“我们要根本觉悟，救国的责任，不论学者，不论老前辈，都是担负不起的；能够胜任而愉快的，我们要老实不客气说，只有我们青年学生了！我们在历史上，也可以见到青年在革命运动救国事业上的真价值。”他提出青年人应把他们自己变成有纪律和主义信仰的士兵，以促成革命；而加入农工兵的群众中去是当前青年们最为重要的工作了。作者批评说青年们还不明白中国的处境到了什么地步，还想要再求几年学问再来做事，然而局势已经证明这是不行的，“所以你们目下最重大最切要的任务是莫过于救国，换句话说，就是你们负了使中国起死回生的责任。”[③]而这种说辞与一年前他为“苦学生”规划求学生活时的发言很不一样，既显示了个人思想的转变，也展示了时代舆论的激进化趋势。

第四节　职业问题

一、近代知识青年求职难的背景

在中国近代社会事业和经济事业均不甚发达的情况下，青年

① 贤江：《青年求学问题》，《学生杂志》11卷6号，1924年6月，第1—2页。

② 曲它：《青年觉悟的关头》，《学生杂志》11卷8号，1924年8月，第1页。

③ 高尔松：《告将届毕业的中学生》，《学生杂志》11卷6号，1924年6月，第16—23页。

学生的求职问题一直是引起众人关注的焦点问题。尤其是具有中等教育程度的学生来说，其受过一定教育，在人口中所占比例不大，但相对数量较多，是进入城市职业市场求职的主力军。[①] 然而社会容纳能力毕竟很有限，其自身却又自视甚高，择业时往往眼高手低。最关键的问题是，新式学堂培养出来的学生所学知识，与仍处传统阶段的社会需要之间存在着很大的张力与冲突。从当时的教育统计数据来看，虽然民国以后新式教育发展很快，但是高等院校的数量与学额并没有多大的增加，中等学生升学率仍然困难。据中华教育改进社公布的民国十一年度（1922）的统计结果，全国中等学校总数为 1455 所，学生总数为 182489 人；而大学专门校总计才 125 所，学生人数 34880 人，中等学校升学率只有百分之十九上下。[②] 因此，中等学校的毕业生中，大部分还是要进入职场的。而他们的最大出路还是在学校里教书，不论是师范学生、实业学生还是中学生，都是如此。[③] 农业教育界人士过探先曾调查过一千零五十个甲种农业学校毕业生的出路，结

① 受新式学堂教育出来的中等学校毕业生，就业取向多流入城市，不愿再回到乡村。据上海职业介绍所的统计资料，从 1920 年代开始，越来越多的具中等教育程度的人涌入职业市场，并且越到后来具中等学历的求职者比例越大，求职也越困难。参看熊月之主编：《上海通史》第 9 卷，上海人民出版社，1999 年，第 128－130 页。而也有学者指出，聚集在城市不愿回乡的青年学生数目众多，逐渐成为边缘知识分子群，与乡村及民间社会日趋分离。参见罗志田：《近代中国社会权势的转移：知识分子的边缘化与边缘知识分子的兴起》，收入许纪霖编：《20 世纪中国知识分子史论》，新星出版社，2005 年，第 140 页。

② 《民国十一年度之几种全国教育统计表》，《教育杂志》15 卷 10 号，1923 年 10 月 20 日。

③ 其实在那个职业分工不发达的时代，不仅中等学生如此，就是大学生或留洋学生毕业后也多只有在教育圈内混饭吃。1926 年南开大学学生创制了一个“轮回教育”的名词，以形容那时留洋学生教国内大学生，大学生教中学生，中学生教小学生的循环教育情形。笑萍（宁恩承）：《轮回教育》，原载《南大周刊》第 8 期（1924 年 11 月 28 日），引自王文俊等选编：《南开大学校史资料选（1919－1949）》，南开大学出版社，1989 年，第 752－755 页。

果是经营农业的，连在农业机关服务的计算，不到百分之二十；在教育界服务的，有百分之二十五；这百分之二十五中间，至少有三分之二是小学的教员，未详的多至百分之三十四，“无怪对于农业教育怀疑的人，一天多似一天，农业学校的学生要一天少似一天了。”因此作者极力主张，“农业学校，固以造就‘农业人才’为宗旨，对于师范教育及升学预备，也应有相当的注意。”① 而据盛朗西 1925 年对江苏中等学校十年来毕业生出路的统计结果显示：历届毕业生共计约有八千八百十五人，其中就职者有四千九百二十七人，升学者有一千八百七十六人，其它（包括预备升学、未就事、已故及未明各项）有二千一百零三人；在进入职业界的人中比较起来，入教育界者有三千九百零一人，入农工商界者有九百三十五人，入政法界者有九十人。如果细分的话，则在这约九千人的中等学校毕业生中，从事于小学教员者竟有三千人之多，几乎占出路总数的三分之一。而中学毕业生的无出路者，在总数约四千人中有一千一百余人；师范毕业生的无出路者，在总数三千余人中有三百五十余人。由此亦可见想在职业界得一适宜的位置之难，从事小学教职成了消化中等毕业生的最大路径了，而新旧杂陈的教育界必因此而更加拥挤。② 萧楚女更是指出不能适当就业的学生已成为社会的乱源所在了，“我们又睁开眼睛一看，哪一个军队，哪一个匪巢，哪一宗非法取业，哪一地的私娼或至公娼中，可以说是绝对没有我们底男学生，女学生？就是无论在哪一处一事中没有男女学生存在着？以我所知：则四川军队中，所谓秘书、军需、军法等差缺，几乎全是外洋留学生和国内的大学卒业生。他们运用了他们仅有的或是丰富的，

① 过探先：《我国农业教育的改进》，《教育杂志》17 卷 1 号，1925 年 1 月，第 6 页（文页）。

② 盛朗西：《十年来江苏中等学校毕业生出路统计》，《教育杂志》17 卷 4 号，1925 年 4 月。

真的或是假的知识，一天天帮着刘存厚，帮着熊克武，帮着这个那个把四川闹得个永无宁日。他们并不是怎么样有意作恶，他们只是为了生活；他们并不是要如此用非所学，他们只是因为社会上并不用他，他们只是迫于不得不作恶，他们只是被一个唯物的虚荣与奢侈之社会的催眠所驱使。"①

造成这种情形的原因，也与教育体系与社会需要之间的脱节与疏离有关。根据舒新城后来的看法，晚清以来三十年的新教育历程之所以导致"受过此种教育者之流为无业的日有增加"，原因就在于"三十年来的中国教育，无论在形式或内容上都竭力向西洋的资本主义方面走，而置本国固有的社会背景、历史优点于不顾。"② 照搬移植的教育制度与中国社会性质完全不合，"我国现行之教育制度与方法，完全是工商业社会生活的产物，而国内的生产制度，仍以小农为本位，社会生产制度未变，即欲绝尘而奔，完全采用工商业社会之教育制度，扞格不入，自系应有的结果。"这样不顾国情地讲教育的结果，自难理想，"无怪乎愈讲愈不发达，愈讲愈与社会不发生关系，愈讲愈遭人民反对！"③

自清末以来，就不断有人指出新式学堂与社会的隔阂情形，"有学生读书数年，而责其成效渺不可期，书则遗忘过半，字则讹漏滋多，为家长都忽令其子弟舍学堂而入私塾。"④ 与士子童生和乡土社会的紧密联系相比，新学生入洋学堂后反而会变得看不起自己的一方父老，变得跋扈不礼，深为民众所厌恶，"入家

① 萧楚女：《教育与革命》(1924 年 5 月 20 日)，原载《新建设》1 卷 3 期，收入中共党史研究室《萧楚女文存》编辑组：《萧楚女文存》，中共党史出版社，1998 年，第 42 页。

② 舒新城：《三十年来之中国教育》(1927 年 11 月 19 日)，收入吕达、刘立德编：《舒新城教育论著选》(下)，人民教育出版社，2004 年，第 674 页。

③ 舒新城：《小学教育问题杂谈》，《中华教育界》14 卷 4 期，1924 年 10 月，第 4—5 页 (文页)。

④ 沈颐：《小学宜定温课时间》，《教育杂志》1909 年第 10 期，第 13—15 页。

庭则礼节简慢，遇农工者流，尤讪消而浅之。”[①] 到了新式教育蓬勃发展的民国初年，学生与社会间的这种隔阂情形却愈趋严重。胡适甫一归国即注意到了中等学生与社会的隔膜情形，“如今中学堂毕业的人才，高又高不得，低又低不得，竟成了一种无能的游民。这都由于学校里所教的功课，和社会上的需要毫无关涉。……社会所需要的是做事的人才，学堂所造成的是不会做事又不肯做事的人才”。[②] 李大钊也认为“学生”阶层在那个时代已成为一个严重的社会问题了，“独吾国今日之学生问题，乃为社会最近所自造之阶级身分，而被造就之人人，一入此阶级、一得此身分之后，乃以此阶级、身分之故，社会反与为冰炭之质，枘凿之势，所学无论其为何科，社会皆不能消纳之应用之。”学生在校所学的无论是什么，一走上社会多学非所用，最后仍不得不沦落于政治之一途，“于是无问其所学为工、为农、为商、为理、为文、为法政，乃如万派奔流以向政治之一途，仰面求人讨无聊之生活。”以至于人们一听到“学生”二字，就要摇首蹙眉，“似一为学生，即于中国社会为无用。”乃至作者要大声疾呼成为学生就等于自杀了，“学生正所以学死，循是而不变，人而著学生之冠服，即无异于自杀。社会而日日培养学生使蹈于自杀之途，以趋于自绝之运，即无异于杀人，其结果亦为社会之自杀。”[③] 学生的职业成为问题，除了社会经济组织发展不完善，职业分工不明确外，还和许多人仍秉持士大夫“学而优则仕”的传统，以跻身于正途为唯一出路的思想有关，梁启超就描述了从清末到民初政体虽然大变，这一思路却延续不变的现象，“居京师稍久，试以冷眼观察社会情状，则有一事最足令人瞿然惊者，

① 庄俞：《教育琐谈》，《教育杂志》1909年第3期，第13—16页。

② 胡适：《归国杂感》，《新青年》4卷1号，1918年1月15日，第26页。

③ 李大钊：《学生问题》，原载1917年4月3日《甲寅》日刊，署名守常，收于《李大钊文集》（上册），人民出版社，1984年，第425—428页。

曰：求官之人之多是也。以余所闻，居城厢内外旅馆者恒十余万，其什之八九，皆为求官来也。……盖学而优则仕之思想，千年来深入人心，凡学者皆以求仕也。……迨民国成立，仅仅二三年间，一面缘客观的时势之逼迫诱引，一面缘主观的心理之畔援歆羡，几于驱全国稍稍读书识字略有艺能之辈，而悉集于作官之一途。”①

学生在新式学堂所学的声光电化、英文几何，实在与以农村人口占主导的传统社会相去甚远，甚至以教书育人为宗旨的师范毕业生在乡村也远不如塾师受欢迎。一般塾师除了承担着教育功能外，还在社区里承担着文化服务的功能，如立契约、拟讣文、看日子、合婚嫁、写请帖、草借据、定合同乃至为小孩儿看病等等，几争无所不为。可是新式学堂里毕业里的学生们呢？不仅不懂这一套，现代性的教育反而使他们疏远了这些民众真正熟悉的传统文化实践。结果就只能被乡村民众所疏远了，在乡村社会里工作师范的学生更易产生这种疏离感，“教员的忙于应酬，穷于应酬，形成最奇特的一种现象。通常给孩子起个名，写封信，报个喜，检读张邮单，立张契约，讣文，请帖，借据记单，合同，表文，看个日子，合婚，甚而庙文，祭文，给小孩治病的‘幻童子’‘止哭歌’，正如他们对塾师的要求一样，认为也是洋学教师的工作，是义务的本份的事情；要应酬校董，要得乡民的信仰，要和塾师争地位争面子，教员们是不能不干这一套的；不然就得挨骂，‘什么狗先生，连看个日子都不会’。先不说我们的小学教员有没有这个准备，一个洋学高小毕业或是师讲所毕业的毛小子有否这种能力，一二十个奇形怪象的学生，许多教员已是无法应付，再加上这些社会人事，礼俗，无怪乎我们的教员说：‘当个

① 梁启超：《作官与谋生》(1915 年)，张品兴主编：《梁启超全集》卷 9，北京出版社，1999 年，第 114 页。

小学教员，不如在衙门里当个听差。'"[①] 毛泽东在 1927 年所著的《湖南农民运动考察报告》中亦曾叙述道："'洋学堂'，农民是一向看不惯的。我从前做学生时，回乡看见农民反对'洋学堂'，也和一般'洋学生''洋教习'一鼻孔出气，站在洋学堂的利益上面，总觉得农民未免有些不对。民国十四年在乡下住了半年，这时我是一个共产党员，有了马克思主义的观点，方才明白我是错了，农民的道理是对的。乡村小学的教材，完全说些城里的东西，不合农村的需要。小学教师对待农民的态度又非常不好。故农民宁欢迎私塾，不欢迎学校；宁欢迎私塾老师，不欢迎小学教员。"[②]

夏丏尊对这种教育愈发展读书人身价愈跌的情形，也有着切实的观察和精彩的描述。清末由于兴学潮初起，社会重视略懂新知皮毛的读书人，政府对新式学生也颇有褒奖，致使"略谙ABCD，粗知加减乘除"的学子，就可"睥睨一世自诩不凡"，而群众更是"视留学生如神人"，颇有不少借新学发迹的人。然而清末新知识阶级的受欢迎，实是由于其数量稀少，到了后来，学校学生的数目日渐增多："三年以前（1925 年），只上海一区就有大学三十八所，每逢星期，路上触目可见到着皮鞋洋服挂自来水笔的学生，懿欤盛矣！""全国教育诚不能算已发达，中等以上的毕业生年年产数当不在少数，单就上海一隅来说，专门或大学毕业生可得几千，全国合计，应有几万吧。这每年几万的知识阶级，他们到哪里去呢？"作者指出，除了那些留学镀金者外，留在本国的学生们，"不论是习农的习商的习工的或是习什么的，在中国如今，知识阶级的出路只有两条康庄大道，一是从政，一

① 廖泰初：《变动中的中国农村教育——山东省汶上县教育研究》，出版项不详，1936 年，第 73 页。

② 毛泽东：《湖南农民运动考察报告》，《毛泽东选集》第 1 卷，人民出版社，1991 年，第 40 页。

是教书。”然而“从政比较要有手腕，教书比较要有实力”，不是所有人都能谋得相应职位，如此，社会安置不下，身价也就一落千丈了，“民十三年上海邮局招考邮务员四十人，应试者逾四千人。我有一个朋友曾毕业于日本东京高师英语部的，亦居然去与试，取录是取录了，还须候补，这位朋友未及补缺，已于去年死了。去年之秋，上海某国立大学招考书记七人，而应试者至百六七十人之多。我曾从做该校教授的朋友某君处看到他们的试卷与相片履历，文章的过得去不消说，字体的工整，相貌的漂亮，都不愧为知识阶级，其履历有曾从法政专门毕业做过书记官的，有曾在某大学毕业的，有曾在师范学校毕业做过若干年的小学教师的。我那时不禁要叹惋说：‘斯文扫地尽矣！’”①

由此可见，由新式学堂培养出来的知识青年，已经与他们生长的社会土壤相当疏离，代表着“旧”的乡土他们不愿回去，即使回去了也格格不入；而待在缺乏充分就业机会的都市里，又同样难以融入，于是难免陷入彷徨迷茫之中。在这样的情景下，报纸杂志对青年学生职业问题的高度关注与论说也是势所当然的。

二、对学生择业问题的关注与讨论

因为自身面向中等学生服务的性质，《学生》对择业问题的讨论也一直贯穿于1920年以后的整个时间段里，虽然政治局势有所变化，择业问题的关注的不变的。前期杂志上关于职业的讨论，多是一些关于职业伦理的发言，局限于修德炼性的自我涵养，如忝一针对中学毕业生之辍学入社会者，也只是泛泛提出：“中学毕业生已具有完全之普通知识，故当知自立之道，能研究社会情形，恭以持己，谦以接物，勤以服务，慎以行事，自足以

① 夏丏尊：《知识阶级的运命》，《一般》5卷1号，1928年5月，第100—103页。

成社会上有用之人。”[①] 巽吾对于中等毕业生卒业后进行方针之选择，也只是认为应当“首当自审一己之材与所择处之地，必以适宜之材，处适宜之地，然后方有可望。”学生出身社会后不应该自傲与自甘退缩。[②] 也有学生就中学生与师范生及实业学生的不同来探求中学生不能为社会所重的原因，其结论是中学生缺乏职业训练，出身社会后难以自立，因此难以得社会信任：“为师范学校学生，为其他实业学校学生，毕业后即能自就职业以资其生，故社会上人亦不必计其善不善也。独我中学学生以训练言，则已经过小学，以学术言，则尚在预备期中，且毕业后未必能自谋生计，社会之信任心尚未确定。稍一不慎，人即诟病之矣。”[③] 不过总的来说，前期的杂志上基本没有结合社会实际情形进行针对性分析处理的言论，多是泛泛而谈，这自是与此时杂志的整体面貌相关的。而中后期涉及具体的选择与规划方面的文字就很多了。参与讨论者的身份也比较多元，有中等学生、大学生、职业青年，以及社会教育界人士。其中以大专学生与社会教育界人士为主。讨论所针对的情形，多半是中等学生进入社会求职面临的困难。

对于职业难觅的情形，有人认为是由于学校中缺乏职业的锻炼，而这种情形又以拿升学为目的的中学生为甚。他们因为多半没有职业的预备，当大部分因不能升学而流入职场时，并没有多少优势，即使到教育界求职还面临着师范生的竞争，因此在职场上面临的情况更糟，“你看，许多的中学毕业生，不是都喊着失

① 忝一：《告毕业学生》，《学生杂志》3 卷 7 号，1916 年 7 月，第 66—67 页（栏页）。

② 巽吾：《中学卒业后之方针》，《学生杂志》3 卷 6 号，1916 年 6 月，第 55—60 页（栏页）。

③ 谢开（江苏省立第八中学学生）：《中学学生不能见重于社会之故》，《学生杂志》5 卷 8 号，1918 年 8 月，第 62—66 页（栏页）。

业吗？想升学，大学的门槛不易进；想做小学教员，差不多都被师范生占去了；要去做劳动的工作吗？似乎有没有这样的勇气，所以只落得‘失业’‘没事干’，半世穷苦，一生潦倒。”这主要是因为他们在中学校里没有职业的训练，“也不知选择他们终身的职业，只是盲目的和无目标的读书。学校的生活和社会的生活又完全不同；所以一旦离了学校，踏进社会的门，好像乡下佬，初次入城一般，处处都是新奇和莫名其妙，认识都不易，哪里能够适应呢?”这是由于多种原因综合造成的，首先是学生进中学的目标，并不在获得职业，他们的希望都在做人的领袖，要超过职业界以上；其次是家庭希望他们借读书出人头地，而不是进入职业界的愿望产生的影响；第三，是由于当时中学校的课程，大都对于职业上没有一点贡献。教师只顾灌输书本知识。① 新学校里学到的东西，与社会需要的脱节，是中国近代模仿西方兴学以来的一个重大弊病，学校里的课程大多是体现成熟工业社会里的产物，在现代实业尚未充分发展与保守势力仍然浓厚的民国初期尤其如此，“管你数学学到代数几何微积分……，而社会上所需要的，仍不过一面算盘，和简单的加减乘除的笔算罢了；任你做起白话文来，发表你的意思，洋洋洒洒几千言，而社会上所需要的，仍是四六堂皇，骈丽的恭维人的典故文罢了。”并且在学校里待着的学生与社会的隔膜已是相当大了：青年人坦直忠厚，社会却需要世故奸猾的人；青年人毕业后因为资历和面子缘故，不愿意去做‘低贱’的职业，如大学生不愿意去做小学教师，中学生不愿意去做工人伙友；社会上仍不太信仰学校，但学校毕业生却又看不起一般民众，致使难以觅职；青年人不会巴结献媚于

① 程宗宣：《中学生与择业》，《学生杂志》12 卷 7 号，1925 年 7 月，第 2－4 页。

人，等等。[①]

“到农村去”或“到乡间去”的呼声贯穿了1920至1930年代的《学生杂志》。正如学者研究所显示的，新式教育培养出来的大批学生，虽然许多来自乡村，但他们多是“回不了家的人”，既不愿回，也不能回。由于他们所学的东西对乡土社会来说是“悬空了的，不切实际的”，是完全割裂的，即使他们在都市里没有学到什么学识与技术，但他们的生活习惯与价值理念已经同化于都市，不为乡土社会所接受。所以他们宁愿挤在人浮于事的都市里，忍受失业与经济上的苦痛；而乡村社会却由于缺乏新式人才与建设资源，其基础不断受到腐蚀、冲洗，趋向全面贫困化，被抛出现代化的轨道；城乡逐渐解钮。[②] 在《学生》上，一直有人批评从小学生到大学生都“游民化”了，因为只要受过新式教育，就都不愿意再回到乡间了，“现在的小学毕业生，教他们回到乡间帮助父兄劳作，那是不成，升学又多数为经济压迫而作罢，因此变为游民的，很是不少。中学毕业生，就有许多流为中等游民。大学毕业生，更有许多变为高等游民。其余有职业的，也是用非所学，——尤其是中学毕业生，升学力不足，归农非所愿。欲谋相当职业，又难乎其难，实是痛苦之至!”[③] 因此作为解决青年就业问题的一种方法，不断有人在杂志上发出呼声，要求学生“回到乡村”。作之的文章就从国际国内环境各个方面来阐释失业问题严重的原因。在他看来，中国和西方国家虽然同受经济萧条的影响而导致严重的失业问题，但是“中国的失业问

① 张友鹤：《青年与职业问题》，《学生杂志》11卷6号，1924年6月，第40页。

② 费孝通：《乡土重建》（1948年上海观察社初版），收入《民国丛书》第三编（14），上海书店，1991年，第70—73页。

③ 刘湛恩讲、赵习恒记：《青年与择业》，《学生杂志》12卷7号，1925年7月，第30页。

题，是由政治紊乱和农村经济破产而来的，中国成千上万的失业大众，自然也非政治统一，经济发展，中国独立，农村经济恢复不易解决。”对于学生失业至关重要的原因还是由于“一般青年从乡村到大都会大城市来读书，享受惯了有刺激性的都市生活，不愿意再回到单纯寂寞的乡村生活里去，而都市又需要不了这许多的青年。”因此，“就是教育最落后的中国，青年学生毕业数目与人口的比例虽是渺小得难说；而毕业后流连在大都市做高等游民的数目，虽无确实统计，但是谁也不能否认是一个可惊的数目。”另一方面，“在内地省份的乡村中，供给大批金钱给青年到各大城市来读书，而乡村文化种子的青年，不愿回到乡村来，结果使农村渐渐失掉优秀分子，因而文化衰落，生活窳败；……所以我们只有看见今日中国的农村更加破产与衰落。”因此，农村经济的重建与恢复不仅在现代国家的建设中位置重要，在解决青年学生的失业问题上也是关键的一环，“我们要将中国弄好，也只有从下层民众的自觉运动入手，而不能全靠上层的政府。……所以我主张解决青年的失业与出路问题，应该是‘回农村去’。”如果青年有计划有牺牲精神地回到农村去，提高农村的文明程度，发达其文化，使其享受都市生活的长处，就能解决许多问题。并且作者觉得这是完全可行的，青年回到农村去可以立足：因为土豪劣绅在农村把持一切，已经大失民心；青年回去，通过举办实业，改良水利，发展教育，创办消费合作社及俱乐部等机构，即能得农民信仰，解决中国的社会问题，也能解决自身的一切苦闷问题，“所以，我以最忠实的态度希望一般现在失业苦闷的青年，接受我这个意见，牺牲目前放荡的生活，‘回农村去’，真真实实的做一个新中国的创造者”。[①] 作之的建议在那个时代

① 作之：《现代青年的失业问题与出路问题》，《学生杂志》18卷10号，1931年10月，第13－15页。

的政治环境下未必可以立即实现，不过确是针对中国社会问题的本质作出了切实有益的设计。

虽然五四以后“劳工神圣”“到民间去”的呼声高涨，但是学校教育仍然轻视物质生活和体力劳动，只造出了一般少爷小姐的情况仍如往昔。[①] 有人批评到，“五四运动以后，青年们也觉悟了。知道文明不是从精神中造出；而且精神体力是不能分割的。于是乎大家知道体力劳动是可贵的了。‘到民间去！’‘投身到工厂去！’以及半工半读等等；都是觉悟后的呼声。可是事实上并不容易办到。”这是因为旧社会上的暗示太深，并且一般青年对于体力劳动既无技术又无体格。这样导致他们或是口是心非，或是心有余而力不足，况且社会上的工作机会也很少。因此青年学生需要拥有强健的体格才能进入职场竞争，“我以为我们青年，不是一脑子新学说新思想就可以，也不是会作新文学就算数。还要有强健的体格会做工才是。不然以前埋首在四书五经里，现在不过埋首在主义学说罢了。”[②] 号召中等学生到工场做工的呼吁，直到1930年代中期仍然很强劲，倪文宙就极力从薪资收入、新生力量的孕育、促成教育体制的转化等几个方面来论证中学生入工场做工之益，认为这比作小学教员与小职员更有意义。[③]

不少人还在青年自身上找就职难的原因。如来自九江的中学生蔡瓒就认为中等学生不能在社会上立足的原因除了“生产者少，以致社会上酿成‘人满为患’的现象”这一原因以外，学生

① 当时就有人批评学生满口新名词，却放不下身段与底层老百姓为伍，以致出现“人人都说民间去，民间不曾见一人”的局面。杨幼炯：《勖革命的青年男女同志》，《民国日报·觉悟》，1925年5月23日，第4张第1版。

② CH：《青年与工作》，《学生杂志》10卷10号，1923年10月，第1—2页（文页）。

③ 倪文宙：《中学生将何往》，引自“中学生”社编：《中学生的出路》，开明书店，1935年，第64页。

自身要承担主要的责任，如所学的往往不适于所用，且“程度肤浅，虽然有谋事的能力；每苦于学问不够用，而误事的。”他提出中等学生的求学时应抱着为职业作预备的目标，注意以下三条：1. 对于功课不可抱鬼混的宗旨；2. 择定何科是自己的特长处，尽力研究，这是异日谋事的准备和升学的目的。3. 有目的地上进，百折不回，切不可见异思迁。发生浅尝辄止的弊病。[①]更有人具体提议中等学生为了求职的便利，应该重视国、算、外等主干学科，“我们的环境既然难以许可我们继续升学，则在中学时代，尤须加倍注意自己的功课。因为寻找职业的便利，依一般社会的要求，我们应该特别注意国文、算术，特殊的地方，更需懂得一种外国语，最好是英文会话。”[②] 有人认为中等学生到职业界找事并不困难，“中等程度的青年，若曾受过相当程度的职业训练，在社会上大都还能得到职业”，因为学徒制度逐渐不适用于现代实业界，许多工商业者不得不找基础较好的中等学生来担任，“而且中等学生的地位和学徒相差不远，自然是不难得业了”。但是由于中等学生求学无目标，在学无预备，也无职业兴味，到了职场上也不能乐业、不能进业，为实业界人士所不满。例如在中华职业学校的调查中，显示实业界对在职青年学生的学力、办事能力、道德、行为、交际等各方面都有批评。[③] 青年学生不能在职业界立足，自身也有很大一部分原因。

除了青年学生自身的弊病以外，职业界用人标准的混乱，也是一个重要原因。虽然大机器生产方式已经对中国社会造成很大

① 蔡瓒：《中等学生毕业后的危机》，《学生杂志》13卷4号，1926年4月，第13—17页。

② 杨辛泊：《青年的职业问题》，《学生杂志》18卷11号，1931年11月，第18页。

③ 李云良：《我国青年的职业问题》，《学生杂志》12卷7号，1925年7月，第62—63页。

的冲击，但是传统亲族宗法式的用人标准仍然大行其道，一位作者总结其特点是："专看情面，不讲才学——滥竽充数；不求适合，但求省费——效率减低；随意委派职务，不察个性——彼此不利；不和教育界合作，职业的供求不能调剂"，"这四种成为通病，实在是我国职业界的不良现象"。[①]

至于如何解决这一问题，打破旧观念的束缚是重要一环。因许多学生仍是由传统士人观念所束缚，这使他们不愿意从事一些体力劳动的职业；因此打破新式读书人的"士人"与独尊思想，呼吁他们与实业界打成一片，是不少讨论者的观点。一位作者就激烈批评传统的理念，认为这是导致一般读书人在实业界没有用武之地的根本原因，"智识是任何职业都需要的，所以智识与职业本来应该打成一片，'士'界不过是职业界以外各种职业的总称，那么，什么'士为四民之首'的话头，实是荒谬之谈！"[②]打破了这种观念以后，中等学生即应拓宽就业门路，不嫌弃一般职业的微贱，向农工商界里去努力，由于中等学生多以初等教育界为栖身之地，以致"没有许多小学教员地位足以容纳我们"，除此之外，当时的中等学生似乎找不出更多的门路来，"然则除了做小学教员这好门路外，为工吗？当这时，中国实业不振，没有工厂可入。为商吗？自己又没有资本。做伙友吗？薪水又不敷用。为农更不用说了：社会上的坏风气是重文人而轻农人的，固然也不容易做农，即使做了农，又未免要由人说几句嘲笑话。"这位作者主张正应排除万难，向这个方向去努力，"朋友们！处在这个环境，实在难乎为情！我现在没有积极的办法，就用你们做学生时所惯说的几句话来安慰你们罢。你们不是常说'农工运

① 李云良：《我国青年的职业问题》，《学生杂志》12 卷 7 号，1925 年 7 月，第 61 页。

② 李云良：《我国青年的职业问题》，《学生杂志》12 卷 7 号，1925 年 7 月，第 62 页。

动'‘改造运动’吗?，既然如此，你们若不去做农做工做商，何由知道他们的痛苦。这些人的生活不改造，何从改造社会？不去接近他们，何从唤醒民众？所以走这一条路，或者还是一条生路罢?”不过在这个“到民间去”的过程中身份的确认与维系仍然重要，“别要忘记我是个学生。我这话是有所见而说的。在学生时，总是天真烂漫，洁白的人格；一跳出‘学生圈’外，就腐败不堪了，忘记了我是个学生了!”[①] 由此可见，在“与民间打成一片”的呼声中，仍有不少青年学生们在考虑着自身独特身份的维系。

由于《学生》向来以对中等学生发言为主，因此上面的许多讨论也是有针对性的以中等学生为讨论主体的。如一位经常在杂志上就中学生问题进行讨论的作者就说“本志的读者多半是中学生，当然我所谈到，也偏重中学生方面。”[②] 而在中等学生中，中学生的就业问题似乎又最为紧张。因为师范学生与实业学生都还有一定的专门职业训练，容纳机构虽也有限，但终有法可想。中学生所学为普通常识，教育目标上以之为升学预备为宗旨，但如前所述，升学率又一直很低，大多数人不得不提前进入职业界。虽然民初教育部曾根据全国教育联合会的建议，于 1917 年咨文各省区要求各中学酌定增设职业科，注重职业教育；1922 年设定的壬戌学制也相当重视中学校里的职业教育，将中学生分为普通科与职业科，以为升学与求职的不同预备。[③] 时人即评论道，“于是民国五、六年以来之职业教育思潮影响及于中学教育，

---

① 陈觉民：《敬告中学毕业诸君》，《学生杂志》13 卷 10 号，1926 年 10 月，第 30－31 页。

② 渭川：《青年择业的根据》，《学生杂志》12 卷 7 号，1925 年 7 月，第 16 页。

③ 参见黄炎培：《民国六年之职业教育》，原载《教育与职业》1918 年第 4 期；《民国十一年之职业教育》，原载《教育与职业》1922 年第 40 期。均收于朱有瓛主编：《中国近代学制史料》第 3 辑（下），华东师范大学出版社，1992 年，第 303－307 页。

现在之高中分科，尤为重视职业教育之表征”。[①] 不过由于各种各样的原因，中学生求职问题一时仍难以解决。重要的原因在于中学校里所谓职业训练并不适合社会实际需要，他们因为多半没有职业的预备，当大部分因不能升学而流入职场时，并没有多少优势，即使到教育界求职还面临着师范生的竞争，因此在职场上面临的情况更糟，“你看，许多的中学毕业生，不是都喊着失业吗？想升学，大学的门槛不易进；想做小学教员，差不多都被师范生占去了；要去做劳动的工作吗？似乎有没有这样的勇气，所以只落得‘失业’，‘没事干’，半世穷苦，一生潦倒。”这主要是因为他们在中学校里没有职业的训练，“也不知选择他们终身的职业，只是盲目的和无目标的读书。学校的生活和社会的生活又完全不同；所以一旦离了学校，踏进社会的门，好像乡下佬，初次入城一般，处处都是新奇和莫名其妙，认识都不易，哪里能够适应呢？”这是由于多种原因综合造成的，首先是学生进中学的目标，并不在获得职业，他们的希望都在做人的领袖，要超过职业界以上；其次是家庭希望他们借读书出人头地，而不是进入职业界的愿望产生的影响；第三，是由于当时中学校的课程，大都对于职业上没有一点贡献。教师只顾灌输书本知识。[②] 中学生的学非所用问题相当严重，“中等学校选择职业，最感困难的原因，就是学非所用。中等学校的课程最繁杂不过，五花八门，什么都有。然究其实，则大部分的所学，和日后的职业生活没有直接的关系，甚有连间接的关系亦无者，所谓‘学以致用’者何在？”“中等学生，费了九牛二虎之力，念了几年英文，充其量也不过

① 舒新城：《近代中国中学教育小史》（1926 年 12 月），原载《新教育评论》第 3 卷第 3—4 期，收入吕达、刘立德编：《舒新城教育论著选》（上），人民教育出版社，2004 年，第 542 页。

② 程宗宣：《中学生与择业》，《学生杂志》12 卷 7 号，1925 年 7 月，第 2—4 页。

阅读几张英文报，以外更无能为了，况且大多数又是连英文报都不能读的呢？这种人顶好是教教小学校，然而这岂是本来的面目？即此一例，以足见学非所用的一般了。假使我们用这一番功夫，去学些别的社会科学、工商知识，岂不较好？可惜大多数人依然不悟，仍拼命用功于日后所不必用的事功上，岂不可叹！"①

还有在职的青年以自身经历警示中等学生，在学校的那一套行为方式到了职场是行不通的，以前的嚣张气息必须除去，"我们青年若是想在职业界上谋生活，则开宗明义第一章要明白的是'职业生活'与'学校生活'完全是一个反比例。因为学校生活是自由性质，'职业生活'却是一种服从性质。在学校方面，像什么'食堂打菜碗'，今天'请愿'，明天'赶校长'，很像是家常便饭，不以为奇的。若在职业时代，你要说什么'伙食不丰富'、'经理不宽待'。那就简直是直截了当地是与自己的'饭票子'作对了！所以说我们青年要想在职业界觅一吃饭地，无论如何，必须将种种不良的嚣张习气，丢得一干二净，方才可以。"②

在后革命时期，舆论界不仅对于学生与政治的关联有所反省，而且对这一新状况给青年职业上带来的负面影响也有所涉及。"一九二五年代，风靡全中土的革命怒潮，毕竟也送给学生做官的多少机运了。旧的人物从政治舞台退了位，登上台的新人便多是生气蓬勃的学生青年。那景象，我不敢说不好，而且说是给以中国几多的新生命，从此与世界周旋的中国，是新露头角的青年中国。""可是还有一部分的青年，因着从事革命的关系，直到现今，却大都不得不度那失业的痛苦生活。在他们，未使不想寻找职业，暂求生命的存续，但是社会上既已'人浮于事'，自

① 姚贻清：《中等学生择业的困难》，《学生杂志》12卷7号，1925年7月，第70—72页。

② 熊毅刚：《在职青年的心得与经验》，《学生杂志》12卷7号，1925年7月，第129页。

己又无特别技能或体力以与整千整万寻求工作的大众争胜，在这个生活困难的人间，没有饭吃，不也是无足惊叹的么?”这位作者并不反对学生参与政治，但是希望能在政治之外，要有一种作为副业的技能，以之为谋生的基础，“学生从事政治运动，或是社会运动，我并不反对，而且觉得学生毕竟是创造新社会的重心，至少也是负着这一方面的责任的。这样说来就是把它当做一种职业看，或当做一种职业而终身服务，未使不是好的事情。不过要是以做官为一生生活的重大事件，那就错误了——官僚政客的一切罪恶，就在把做官当做生活资料取给不尽的宝库，一意欲上出发。所以，即使以政治为毕生事业，无论就社会想，就个身想，在政治领域以外，那副业般的技能也须预备有着一种。照那样，即使离开政治。一时也不至于因失业而陷于生活的绝境了。”作者重点强调青年的职业化，以此作为解决失业问题的核心。最后他提出“无论怎样的想，尤其是在人类生活日渐限于困难一点上，都觉得有着一种生产技能随带身边是比较的幸福。这幸福，是学生时代积蓄的遗产——扬弃一切旧有的传统观念和依赖人的错误思想，要求学科的实践，注意生产技能的训练，力行生活职业化。”[①] 当国民党政权逐步稳定下来后，青年的求职问题也成为政府试图引导解决的内容。教育部就曾编印《青年择业问题》一书，对于“职业之种类”“职业与家庭之关系”“职业与乡土之关系”以及各类职业之特点与未来进行了详尽说明，以为学生研究之助。这说明青年的职业问题已不再是单纯的民间讨论话题，体制化的力量也开始对问题的解决施加影响。[②]

20 世纪二三十年代正处于社会急剧动荡的时期，在这个新

---

① 伊卡：《职业化的重要》，《学生杂志》17 卷 2 号，1930 年 2 月，第 20—22 页。

② 教育部编：《青年择业问题》(职业指导丛书之二)，商务印书馆，1936 年。

旧杂陈、变化莫测的时代里，身心与学识都处于成长期的青年学生，难免处处陷入苦闷彷徨的境地，他们自己乃至文教界、政界、职业界的各类人士，均纷纷借助《学生杂志》这个公共论坛出谋划策，探讨解决之道。通过以上种种的分析与呈现，在这些多样分歧的话语中，我们可以看到舆论的分化，社会的重组，政治的转移。由此，这个公共论坛无疑也成了一面反映历史变迁的镜子，让我们更能深入体认那个时代的多元性和丰富性。

第五章 阅读与生活：传播媒介与学生生活营造

本书在前面各章里已经陆续交代了有关《学生杂志》作者与读者的基本情况，我们知道其中最重要的组成部分是在学的中等学生，以男性为主，包括少部分女性；除此之外，也有部分失学或是在职的下层知识青年。那么这些读者是如何与《学生杂志》互动的呢？他们如何阅读？为什么阅读？阅读活动在多大程度上影响了他们的人生道路选择？在参与阅读的过程中，他们是怎样以自己的力量与杂志编者一起塑造这份期刊的面貌与趋向？本章所要解决的问题就是，在这样一个由印刷符号构成的话语场域中，他们如何各取所需，或寻求思想资源与理论指导以解决自身问题；或追求稿酬以解决生活困境；或初试啼声，通过发表处女作获自我实现，从此走上创作道路；或借与其他作者/读者的文字交流以形成群体意识，因此参与建构集体身份认同，并依此作出社会区分，等等。为了更加清晰地说明阅读与生活在近代学生群体中的情景呈现，此处将不只限于《学生杂志》上的资料，而是进一步扩大视野，对其他刊物与学生个体身上反映出来的情形也将有涉及。总之，本章尝试借鉴阅读史的理论与方法，观察在那个时代里，读杂志的知识青年们是如何与这份期刊互动、对话，最终达到了什么样的效果。[①] 下面笔者就将根据所掌握的资料对读者与杂志间的复杂而有趣的关系进行深入探讨。

第一节　从资深作者到实际主编：杨贤江与《学生杂志》的因缘

由于材料和事实的关系，在《学生杂志》近十八年的发行和阅读史中，最值得也最可能进行详细探讨的读者无疑就是杨贤江了。他不仅是早期杂志的忠实读者与投稿者，而且也是给中期的杂志带来全新面貌和新生命的重要人物。而他留下的 1915 与 1918 两年间的不完全的日记，也是研究一名具备中等教育程度的知识青年如何与这份杂志建立因缘，并最终由此走上编辑与教育研究的道路，从而塑造了自己人生轨迹的重要资料。

形塑了《学生杂志》被记忆模式的幕后编辑杨贤江，是一名来自于浙东余姚乡村的贫寒青年。在其早起自传性质的作品《我

① 目前在海内外中国史学界，以阅读史理论作为研究路径以丰富历史解释过程的作品，也所在多有。中国近代史学界最早将阅读史作为一种研究取向进行提倡的是台湾中研院近史所的潘光哲教授。参见潘光哲：《追索晚清阅读史的一些想法："知识仓库""思想资源"与"概念变迁"》,《新史学》第 16 卷第 3 期，2005 年 9 月，第 137－170 页；此外，他还将之应用于自己的史学实践中，做出了一些优秀成果。见潘光哲：《时务报和它的读者》,《历史研究》2005 年第 5 期，第 60－83 页；《开创"世界知识"的公共空间：以〈时务报〉的译稿为例》，《史林》2006 年第 5 期，第 1－18 页；《美国〈独立宣言〉在晚清中国》,《中研院近代史研究所集刊》第 57 期，2007 年 9 月，第 1－55 页。此外，在由他主编的《思与言》杂志的"近代中国的阅读、出版与文化"专号里，也收有数篇精彩的阅读史研究成果，具代表性的有，周叙琪：《阅读与生活：恽代英的家庭生活与〈妇女杂志〉之关系》，余芳珍：《闲书消永日：良友图书与近代中国的消闲阅读习惯》等文，见《思与言》第 43 卷 3 期，2005 年 9 月，第 107—282 页。相关具体理论的梳理与研究概况综述，可参看张仲民：《从书籍史到阅读史——关于晚清书籍史/阅读史研究的若干思考》，《史林》2007 年第 5 期，第 151－180 页。

生之一学期》中，他描述自己是“隶籍浙东，家素贫微，僻处乡隅，苦限闻见”。[①] 他在校时即勤于自修律己。曾与杨贤江同在余姚诚意高等小学求学的农家子弟沈宗瀚，就回忆那时与自己相交的好友就惟有似杨贤江这样的农村贫寒勤学子弟，“诚意学校毕业生多入商，少数为法政与师范及小学教员，在校除杨贤江外，殊少论学言志之友。余斯时已有一种特性，即与志同道合嘉言懿行者为友，不与庸碌因循者伍。”[②]

那么这样一位僻处乡隅的贫寒青年，是如何一步步地从寂寂无闻的师范学生转变到全国学子心中的人生指导者与教育界知名人士的？这当然主要依托于传播媒介的功用——报刊文字为他构建了在人生路途上一步步上升的阶梯。[③] 与五四时期那些叱咤风云的学生领袖相比，“新思想”“新文化”等符号资源对于杨贤江这样的底层贫寒青年来讲，既是他们追求实践自身理想的凭借，也是他们谋求改变自身处境的工具。不过在利用这些资源的时候，身处不同环境的青年，也会有不同的选择。和与他同年出生的恽代英相比，杨贤江更热衷于投稿教育类杂志。从 1915 年的第二卷开始几乎每卷他都有不少文章在《学生》上发表，且大多是登载在较重要的“论说”栏里，除此之外，在“修养”“谈话”“小说”“杂纂”“征文”等栏目也刊登有不少文字，而在当时普通学生发表文章的大宗——“文苑”里却几乎未见他的诗文。与

① 杨贤江（浙江省立第一师范学校本科二年生）：《我生之一学期》，《学生杂志》2 卷 6 号，1915 年 6 月，第 65 页（栏页）。

② 沈氏还回忆辛亥革命后自己曾与杨贤江等一、二好友相约前往省垣杭州投学生军，只因体格不合未遂。后来他冲破重重阻力前往浙江甲种农业学校念书时，也多承杨氏相帮。沈宗瀚：《克难苦学记》，台北：正中书局，1954 年第 2 版，第 23—24 页。

③ 关于近代以来新式传播媒介构成读书人的某种进身之阶与身份意义表达渠道的详细分析，可参阅章清：《民初思想界“解析”——报刊媒介与读书人的生活形态》，《近代史研究》2007 年第 3 期，第 1—25 页。

杨相比，同期的恽代英投稿范围则比较多元化，他虽也在早期《学生杂志》上发表过两篇文章，但一篇是发在“英文”栏里的在校的英文演讲稿，一篇是登在“杂纂”栏里的《自讼语》，均不是在显要位置登载的重要文章。[①] 恽氏的文字广泛地分布在《妇女杂志》《东方杂志》《新青年》《青年进步》《妇女时报》《新申报》《时事新报》等报刊上，他的著译作品论及的主题也包括儿童哺育、妇女问题、妊娠卫生、家政知识以及文化论说等多个方面。杨、恽二人报刊文字的这种不同分布状态自是与他们的知识结构和生活经历相关的。可能是受师范生身份的影响，杨贤江比较倾向投稿于《学生杂志》这类直接面向中等学生立说的刊物，并且这也关联到一定的人际因缘（后文将述及）。[②] 而恽代英对婚姻生活的重视，以及与爱妻一起经营理想小家庭的努力，也决定了他多关注于婚姻、妊娠、家庭等方面的主题。[③] 再来看

① 见恽代英：《The Foolish Question》，《学生杂志》2卷2号，1915年2月，第2-3页（栏页）；《自讼语》，《学生杂志》3卷8号，1916年8月，第23-26页（栏页）。此外，在2卷2号的“通讯答问”里他还就近世的国家观念提出问题以询问编辑，编辑却认为其意旨模糊，“惟来书词旨不甚明了”，但也予以了回答。

② 杨贤江在早期的文稿中也屡屡以自己的师范生身份为重，常以此自励或在校内刊物上宣示他人。如他在获得《学生杂志》特别征文第一名的自述文《我之学校生活》中，即这样说道：“余辈师范生也。是又不可不就师范生所当特有之自觉而一言之。习师范者，对于国家、人民两方面均负有极重大之责任。盖造就良好之国民，促进一国之文明，小学教师实肩其初基。而在我今日风雨飘摇之民国，其责任更为重大。转贫弱为富强，化鄙陋为文明，均在为教员者之身。而师范生实一预备之教员也，故对于责任问题须自觉者一也。”见杨贤江：《说自觉》，原载《浙江省立第一师范校友会志》，1915年第6期，收入任钟印等编：《杨贤江全集》卷一，河南教育出版社，1996年，第50-53页，引文见第52页。在他进入《学生杂志》社前从1915到1920的六年时间里，除了后来参加少年中国学会后在其会刊《少年世界》《少年社会》《少年中国》等团体刊物上有近十篇文字发表外，再加上两三篇在《教育杂志》和《中华教育界》上的文章，其他文字几乎都是在《学生杂志》上发表的，有据可查的数据一共是35篇之多。

③ 可参看台湾学者周叙琪对恽代英的阅读与生活之间互动关系的精彩描述，周叙琪：《阅读与生活：恽代英的家庭生活与〈妇女杂志〉之关系》，《思与言》第43卷3期，2005年9月，第107—190页。

恽代英的同学余家菊，其第一篇研究性的作品发表在武昌中华大学学报《光华》上；此后几篇让他声誉鹊起的著译文字则分别发表在《中华教育界》《少年中国》与《晨报》上，这自然也是与他的人脉关系分不开的。例如他的少年中国学会会员身份及其在北京高师念书时与胡适、李大钊等北大新派教授建立起来的关系，使他在发表文字时获得推荐，文稿更易被录取。如他所翻译的罗素的《社会改造的原理》一书，即“由李守常介绍北京《晨报》发表，名誉鹊起”。而他在赴欧留学旅途中所写的《海行日记》则发表在《学生杂志》上，“对于所见各民族的衰落的情形以及各地的风光有简单的记载。后来听见好几个人说他们都受到这篇文字的影响”。[①] 后来他与曾琦、李璜等在巴黎编辑的小册子《国家主义的教育》，也是通过少中会友左舜生的关系在中华书局以最快的速度印刷出版的。那个时代青年人不同的写作与文字发表生活，呈现出了他们不同的兴趣趋向与志业抉择。

在杨贤江留下的 1915 年、1918 两年的日记中，可以看到自我修养一直是其生活中最为重要的一面。杨在日记中不断地自我警醒、自我提点，即使在琐碎小事上稍有杂念，也自责甚厉。这种重持身重修养的人生态度，一直持续到他供职商务之时。他在同事们心中留下的印象一律是少言寡语，生活有节，持己甚严。有人回忆他饮食简单，唯一的自慰便是在清汤里加一小勺“味之素”了，“星期六晚上，喝一杯五加皮酒，也好像参加大宴席似的。在将近三十岁的人，对于私生活这样的不苟认真，在朋友中是少有的”。[②] 他这种生活态度的养成，既与少年时所处环境联系紧密，也与其在阅读生活中不断汲取的精神养料相关。从杨贤

① 余家菊：《余家菊景陶先生回忆录》，台北：慧炬出版社，1994 年，第 9—11 页。

② 周予同：《追念贤江》，杨贤江教育思想研究会编：《杨贤江纪念集》，商务印书馆，1985 年，第 26 页。

江在一师念书时所留日记中的阅读书目来看，是新旧皆有；他所常阅看的知识与修身书籍中，不仅有《明儒学案》《近思录》《曾文正公家书》《三传经训经训通编》《求阙斋日记类抄》《国朝名人小简》等传统的儒家资源，也有从西方传来的承载新式思想学术资源的书籍，如康德的《人心能力论》、马维克·斯密斯的《公民鉴》、桑迪克的《教育学讲义》、杜威的《教育学》(英文)、《美国社会生活》等书。这其中尤其《明儒学案》《曾文正公家书》《公民鉴》等书是他阅读最勤的，并从中抄录了许多治身修德的格言。杨后来在商务的同事周予同就认为，“他将宋儒学家处理生活的态度和近代西洋的实践思想混合起来，作为担负中国启蒙运动的心身训练的基础。”友人回忆周氏在闲聊中还忽发奇论，“说在杨贤江身上，可以看到朱舜水学说和马克思主义的奇妙结合。”此论也得到其他人的认可。[①] 更可注意的是，报章杂志已成为十分注重教育问题的师范生杨贤江最为重要和常用的课外读物之一了。在他的日记中，随处可看到在教师缺课和闲暇时自修《教育杂志》《京师教育报》《中华教育界》《学生杂志》《中华学生界》《英文杂志》《东方杂志》等期刊。[②] 这些杂志成为杨贤江在课堂学习以外另外一个重要的知识来源。例如，他就试图在杂志中寻求能为学生研究之助的科学知识，并对其过于浅显不太满意，“以后复阅《学生界》关于科学书者，篇数甚多。然此所谓科学，只可与人以一种常识，欲为学生研究之助，仍属不

① 周予同：《追念贤江》、夏衍：《回忆杨贤江同志》，参见杨贤江教育思想研究会编：《杨贤江纪念集》，商务印书馆，1985年，第26、68页。

② 如日记1915年2月22日条：“上午第一时‘教育’，叶师告假，阅《中华学生界》。下午乐歌不上，阅《学生界》、《论理学》”；3月1日条：“第四时体操复告假，阅《京师教育报》”；4月30日条：“未几上课，课毕再无受课，即自阅《教育杂志》，以代论理课”；9月10日条：“下午修身，经师告假，自修《学生杂志》”，等等，相关记录所在多有。见任钟印等编：《杨贤江全集》卷四，第5、10、46、128页。

能。何则，以其只有皮毛也。”① 杨氏不仅从中学习理论资源，还吸取经验资源，以之为自己平时的生活树立行为的标准。如1915年4月18日，他在阅读《中华学生界》后，即感到“其中修养几篇余已实践，自信非庸庸者矣。”②

还值得注意的是，杨贤江在此时对于新旧文化的态度尤为令人玩味。他不仅常阅读《近思录》《明儒学案》等儒学经典，读后还常常“撷其切实可行者依次录于格言薄中，以为自省之资料”，积极从中吸取修身进德的资源。但他对其中不合己意的也加以评判或质疑，如他在同年4月21日阅《近思录》后，便有这样的感叹，“古人之敬字着重极矣，然规步矩行，无形之范围太固，活动之思想静寂。故数千年来只知墨守成法，不知创立新物、阐明新理，致有现实无科学之结果；其势积重难返，余亦受此影响之一人者也。唯近来外界之刺激剧甚，或有转变面目之一日；然趋于极端，犹恐不免数典忘祖之弊耳。”由此可见，身为青年学子的杨氏与其同时代人一样，对中国文化传统中没有孕育出科学之结果亦是耿耿于怀，并对自己也身受传统的某些消极影响有所自觉。但与此同时，他又力图在“变”与“不变”中寻求平衡，不愿意看到较为极端的转变，接下来在另一处，他又表示道，“盖余将来之生活以编述书籍饷国人为期，欲践其实，无清爽之文笔以达之，愿终不遂也。呜呼！近年西学浸入，国学渐有衰颓之事，一国之精神骨髓未免潜伤，余亦感此潮流之一人，及今觉悟其非，是其尚可救药乎？然无名人指教，未知究当如何入门耳。”③ 可见西学与国学在其心目中的位置，并不是处于绝对的二元对立关系，他对于国学，尚怀有不少同情之心。而其心目

① 见日记1915年6月20日条，《杨贤江全集》卷四，第82页。

② 见日记1915年4月18日条，《杨贤江全集》卷四，第37页。

③ 见日记1915年4月21日条，5月12日条，《杨贤江全集》卷四，第40、55页。

中关于道德之标准，此时也仍是指向传统的。同年的7月22日，他在日记中叙述道："早餐既毕，阅《公民鉴·笃实篇》，窃叹我国人心不古，世风日浇，先民秉彝之良德扫地尽矣，安得有如林肯辈之一挽颓风哉！我辈职司教育，应有先觉之责，可不引为己任乎！"①

对于这一代青年学子来讲，杨的想法或许并不孤立。同时期的恽代英的看法也与之类似，直到五四运动前后恽氏仍然对于传统的文化学术抱有相当的同情之心，他在日记中不仅主张利用新思想以推行旧思想，并且反对将旧思想一概抹杀，"吾等信新学说，非以纯理的脑筋信纯理的学说，乃以此学说有利于大多数人也。由此则苟利大多数人，如利用旧思想之正确者，以传播新思想，何为非最可用之办法。必欲将旧思想一概抹煞，以启争辩，而碍事机之进行，若非为自己好奇立异，殊不必也。"可以看出，恽代英在对待新旧思想的态度上，功利主义态度超过了在价值上进行新旧二元对立的区分。另外他对于孔子学说亦怀着"理解之同情"的态度，"孔子之学说，自然不尽可信，然苟确有所见之大学者，其根本观念每每不谬，其余则受当时社会之影响，有不正确处，有不可讳者。如孔子《礼运·大同》及《论语·道之以政》章，何曾不好。至谓女子比于小人，事君期于尽礼，则囿于时见，此人之常情。以此责孔子，犹责其不用阳历而行夏之时，不坐摩托车而乘殷之辂，此岂非可笑事耶！甚者，必周纳孔子之言行，而《礼运》则必谓非孔子所作，此纯为批评陈死人之闲话则可，不然必是与孔子结下不共戴天之仇。不然，何苦必以如此凌辱孔子为快？一个人必定要争孔子是大圣，没有一句错的。一个人必定要争孔子是大愚，没有一句不错的。若不是为孔子，是

① 见日记1915年7月22日条，《杨贤江全集》卷四，第101页。

为世界人，我看这都错了。"[1] 同样生于 1895 年的沈宗瀚，于 1910 年代初在小学念书时就特别喜读曾文正、王阳明及黄梨洲等人的道德文章，"总吾一年间思想之进步，第一为黄梨洲、梁任公之爱国思想，第二为曾文正公之自省与修养，第三为阳明之知行合一。此三者对于我以后求学做事之精神有莫大影响。"在行为上，他更是依此准则厉行求学修身之道，"自此立志，夙兴夜寐，极重自立自治自修功夫。点读王阳明文集，黄梨洲明夷待访录，曾文正、曾纪泽等文集，及史地书籍与笔算数学等"。[2] 余家菊也回忆自己"少年时代，受理学熏染，不免过度的检束自己，流入矜持一途，缺少发扬气象"。[3]

在自己的人生抉择方面，杨贤江一直是坚持以投身教育作为自己的终身选择的。他常常以此自励。当他读了《中华学生界》上讲无线电之致用技术的文章后，便发出如此慨叹："不禁崇叹发明家马可尼之本领也。然彼亦世界之一人耳！余信潜心研究亦必能有所得。惟余立志不与彼同，余惟望于教育界有所尽力耳。"因此，此时的他对于政治是没有什么兴趣的，"余欲革命，惟有于教育革命耳。余固知政治革命之奏效，实有不如教育革命者也。"[4]

杨贤江日记中记录了不少他阅读《学生杂志》《中华学生界》等学生类杂志的信息，以及积极地向这些刊物投稿的信息。杨氏作为一名普通的师范学生，他的例子应该可以为我们提供作为读者方面的一些情况。阅读杂志不仅给他树立了作文构思的楷模，

---

① 见 1919 年 4 月 27 日条，中央档案馆等编：《恽代英日记》，中共中央党校出版社，1981 年，第 530 页。

② 沈宗瀚：《克难苦学记》，台北：正中书局，1954 年第 2 版，第 22 页。

③ 余家菊：《余家菊景陶先生回忆录》，台北：慧炬出版社，1994 年，第 140 页。

④ 见日记 1915 年 2 月 23 日条，7 月 14 日条，《杨贤江全集》卷四，第 5、96 页。

也给他带来了新的思想和学术资源，积累了文化资本，而且还为其提示了人生道路的多样可能性。例如，关于作文方面，他就明确地以在杂志上发表的文章为钦羡与学习的榜样。在1915年5月3日的日记中，有这样的记载："第三时阅《学生杂志》丁君《寒假两周记》，简而明，自愧不如。"而这个月的25日，他又写道："读《学生杂志·文苑》，其文确较余好。"次日亦有阅读的记录，"下午五时，阅《学生杂志·文苑》，见其命辞立意句句妥当，余愧不如远甚。"而关乎道德修养方面，他也在阅读活动中受到了不少熏陶，如在1915年4月3日的日记中，有这样的记载："阅《学生杂志》，艾迪氏言曰，人生以道德为正当目的，金钱安逸皆非目的云云。箴言箴言，敢不折服。"4月18日条，"阅《学生界》，其中修养几篇余已实践，自信非庸庸者矣。"6月12日条，"下午阅《中华学生界》。其材料裨益至人智慧者甚多，真良师友之一种也。"9月6日条则有这样的议论，"集中力于穷理竟事，有切要之关系，无此力者，所得不免浮泛，不尽肯檠（?）。《学生杂志》登有养成此力之方法，吾甚感激此论以其提醒余者足以裨益余也。"①

在这种投稿生涯中，他还与商务诸人逐渐建立起了联系，这无疑为他以后投身商务铺平了道路。如他在一师时，就为计划入商务英文函授学校而与当时的商务英文部部长邝富灼通过信，"作至邝富灼先生信一，已完稿，惟未誊清。余不识先生，然余欲效菲斯的见康德故事，求助于先生，俾得入函授学社英文科之愿。"不久即获回音，"函授英文科信来，邝科长已许可，是则当感谢不置者也。"② 但对杨贤江或以后《学生杂志》命运发展轨

① 分见日记1915年5月3日、5月25日、5月26日、4月3日、4月18日、6月12日、9月6日各条，《杨贤江全集》卷四，第48、64、26、37、77、126页。

② 分见日记1915年9月10日、10月6日条，《杨贤江全集》卷四，第128、145页。

迹产生最大影响的，无过于杨借助投稿而与当时的主编朱天民（赤民）开始了交往。不难理解，作为《学生杂志》前期最重要的投稿者之一，杨氏与正需要合适稿件的编辑之间逐渐形成私下的人际关系，也是再正常不过的事情了。[①] 况且杨贤江此时的作品皆以学生自身的修身进德为中心，无疑是最为符合杂志编者口味及市场需要的。因为杨贤江留下的日记缺失 1916－1917 年间的部分，所以，他从何时起与朱天民建立起了私下的交往关系，并不能确证。但他在 1918 年初的寒假期间回家途经上海时，已经独自前往朱的寓所拜访，虽因朱外出不遇，但由此也可看出，他们之间的私人交往应早于 1918 年。接下来，杨氏即通信询问朱氏关于代付函授学款及是否续译美学书的问题，而朱氏的答复则是"拟嘱译件并作论文"；稍隔几日杨便将所作论文《个体之觉悟》等径直寄给了朱天民。这年 4 月，杨又收到朱氏的来函，"赤民先生来信，嘱余多撰学生论文或论时局，惟用语宜含蓄；又谓拟译西洋哲学史。余复愿勉强相助。至前投论文，复采用两艺云。"而此年暑假杨回家途经上海时，仍往朱天民处拜访，这次见到了，"交《美学书》译稿，伊赠余《学生》杂志稿银十元。余以前有英文函授款系伊代付，拟以此费先还。伊不肯，谓彼款可不必提及，以余前译《哲学概论》，今译《美学》，尚欲报酬余也。不得辞，乃谢受。"是年，杨又收到朱的赠书，"赤民先生赠

① 其实通过现有的材料看来，杨贤江与后来亦通过参与文化教育乃至政治活动而成名的诸多知识青年相比，并不是那么积极主动地愿意和掌握文化权力资源的出版界、教育界人士联系，至少与恽代英、舒新城、施存统、俞秀松、陈启天等人比起来，杨氏还是内敛的多。相关情况可参看张仲民：《舒新城与五四新文化》，收于牛大勇、欧阳哲生编：《五四的历史与历史中的五四——北京大学纪念五四运动 90 周年国际学术研讨会论文集》，北京大学出版社，2010 年，第 376－409 页；Yeh Wenhsin（叶文心），*Provincial Passages：Culture，Space，and the Origins of Chinese Communism*，Berkeley，Los angeles：University of California Press，1996.

余《成唯识论学记》一部，计四册。盛情可感，志之以示不忘。”[①] 杨与朱的关系之亲密，不仅止于文字之间，还可从一件小事看出，朱氏丧母后，曾寄杨贤江以讣闻，而杨亦寄悼词以答之，由此可看出二人之关系，已非一般编辑与读者之关系可比了，这无疑为以后杨贤江进入《学生杂志》社奠定了基础。

素以教育为职志的杨贤江却并没有如自身所期望的那样成为教育界的中坚，除了早期在高小里短期任教和在南高里从事过学生管理事务外[②]，他有限的人生中最重要的一部分都是在编辑生涯中与文字打交道。教职或新闻出版机构，是那个转型时代知识分子最重要的两条出路。杨贤江也不例外。这在废科举前后接受教育的那一代年轻人来说，似乎是一个较为普遍的现象。恽代英、沈雁冰、余家菊、陈启天、舒新城等人，亦多如此。而这与那代青年人和刊物之间的紧密联系是分不开的。重要的是，报刊不仅为他们带来声誉、名望等象征资本，还有更为实际的物质利益。从恽代英、杨贤江等人留下的资料来看，他们之所以积极为报刊投稿，也与其家累较重、经济匮乏，希望借此稍缓压力紧密相关。如恽代英即曾列表总结自己整个 1917 年的投稿受益，一共收入是现洋 109 元，书券 35 元 2 角。这对于当时的一个青年学生来说，不可谓不丰厚了。并且他在日记中透露出欲借此以赚钱还债的心态也是很急迫的，“今日寄去多稿，如了宿债。计

① 分见日记 1918 年 2 月 1 日、3 月 6 日、3 月 9 日、4 月 17 日、8 月 7 日、9 月 26 日各条，《杨贤江全集》卷四，第 213、224、225、238、284、296 页。

② 杨贤江于 1917 年夏从浙江一师毕业后，便被经子渊等人推荐至南京高师学监处工作，一直到三年后辞职为止。其有关经历可参见杨贤江：《余任职之第一年》，《学生杂志》5 卷 12 期；《杨贤江年谱》第 107－202 页。杨从教育活动转入编辑活动，也与他在 1920 年 9 月辞去南京高师职务，受聘前往广东肇庆高要县任“国民师范补习所”教务主任，结果因军阀战争被困五十天，最终一事无成，满怀的雄心与希望灰飞烟灭这一事件有关。而此一事件对杨贤江以后人生及社会政治态度的转变也应有相当的影响。

《妇女杂志》社三稿共一万一千三百余字，预计可得酬十六元余。但《禁食篇》恐未必售耳。《小说丛报》社一稿，计八千余字，余索酬十元，但恐未必售耳。如能尽酬，则差可了一切债”，又如，“余又急于欲赚钱矣。余欠帐尚十一、二元，而应办之事尚多。吾所拟方针：于《妇女杂志》赚洋十元（译体育二篇，家政一篇）及书券若干，《女子交际问题》。于《青年进步》赚洋十元，《职业与学问》等。于《新青年》赚洋十元，《基督教平议》。小说与少年读物于《环球》赚洋十元。此外，在《东方》仍赚书券若干，尚须他处赚现洋若干。”①

再反观杨贤江的情况，亦何尝不是如此。投稿杂志所得的稿费或书券，对于家境贫寒的杨贤江来说，也不是可有可无的。1915 年 6 月 28 日，杨贤江“夜接《学生杂志》寄来书券十二元，盖前寄去之《学生自动之必要及其事业》《读书要言》《我生之一学期》三篇已蒙刊录也。”而杨还常常积极响应杂志的征文，这年的 8 月 26 日，他“在校中得阅《学生杂志》第七号，知特别征文已揭晓，余幸获第一，得赠书券二十元，系最高奖也。然余亦何得意，不过聊心愿耳！”虽然杨氏处处提醒自己淡泊名利，然而这也从反面衬托出其内心深处实际对此的看重。因此极度着重自我修养，刻意与利禄之心疏离的杨贤江，在 6 月 8 日的日记中也有如下的叙述，“中华书局寄来应大征文所得书券，值价三元，实得不偿失也。”而投稿不获刊登，也难免郁闷惆怅，因而积极自我排解。是年 11 月 27 日，杨贤江在同椿坊阅《时报》时，“见《学生杂志》广告，余所投者复不见登出，不免有不豫之想。既乃自解曰：果有价值，自可录取，余只问余业之精与不精，予夺由人可也。况吾人眼光须图远大，此区区者，何足萦吾

① 见 1917 年 8 月 11 日条，10 月 1 日条，《恽代英日记》，第 128、156 页。

心哉!”[①] 而从杨在《学生杂志》上如此高产量的发表频率来说，其获得的报酬应该不少。这些文字酬报对家境贫寒的杨来说，应是他求学路上很大的助力。他后来在商务结识的好友郑振铎便回忆道：“他的家境是很穷苦的，他很早便是一位‘苦学’的学生。他在中学的时代（浙江第一师范），便已是一边读书，一边写文章以维持他的生活了。”[②] 在获得酬报后，贤江也不忘与同窗好友们一起分享，以加强彼此的友谊关系，他的同班同学朱文叔回忆他“有时候得到稿费，邀几个同学到联桥堍陈宝泰去喝斤把老酒，吃一盘肉丝炒年糕之类，那已是奢侈之极的事。”[③]

1917 年秋从浙江一师毕业后，杨贤江进入南京高师担任学监。虽已进入职场，但他借文墨以弥补收入的愿望却更加强烈了。1918 年 1 月 14 日，杨在订阅了《现代教育》杂志后，即在日记中提出自己的期望，“一年之《现代教育》能为余赚银一百元乎，余日望之。”而 3 月 18 日，他开始作《对于本报添设“学灯”栏之感想》一文，在日记中却吐露了心迹，“今日所作感言一篇，系将投寄《时事新报》者，实为赚钱计耳。”5 月 2 日，在投至《东方杂志》社的译文《支那之国有铁道现状》寄出后，他又在日记中感叹道：“前数日撰论、译文，多费脑力，赚钱念炽热，悠游心纷，默计暑假以前，恐难了却此桩心事。如壬丁，如母校十周年纪念期迫眉睫，不能不赶；如本校杂志以及《学生杂志》，亦不能付诸阙如；更加《教育周报》、《东方杂志》等，又思投寄数篇，以博几许酬银，便于偿还宿债。可以不为而竟至

① 以上皆 1915 年日记，分见 6 月 28 日、8 月 26 日、6 月 8 日、11 月 27 日各条，《杨贤江全集》卷四，第 87、120、74、177 页。

② 郑振铎：《一位最好的先驱》，原载清华大学中国文学会编：《文学月刊》2 卷 2 期（1932 年 1 月），转引自《杨贤江纪念集》，第 13 页。

③ 朱文叔：《浙一师时代的杨贤江》，《杨贤江纪念集》，第 50 页。

不得不为，此所以为宿债欤。"[①] 杨氏在文字方面的产量，以及与国内名流相交游的努力，或许比不上恽代英[②]，但其心境却是类似的。他们一方面希望借此获得一定的声名，博得更多的资源，为以后投身职业界做预备；一方面也借此纾缓经济上的压力。毕竟可供处于积累期的青年学子利用的资源本身就颇为有限，舞文弄墨通常是他们较为拿手的办法。[③]

当然，通过报刊文字这样的途径，国内的知识青年之间，也能初步建立起沟通联系的渠道，以形成并扩大自己的交往网络。比如，杨贤江与恽代英二人就是通过互相阅读报刊上的文字而相识乃至相知的。1918 年 1 月 20 日，杨贤江在《光华杂志》上看到恽代英的文章，表示赞同，"说得来可称透辟"。5 月 14 日，其获恽代英的来信，"不下千字，历述办'互助社'经过情形，并愿纳交以策进行。读毕全书，深佩其热心实力之有成，能即知即行之，不可及也。"杨并由此也拟想他日组建"中华学生力行

① 见日记 1918 年 1 月 14 日、3 月 18 日、5 月 2 日各条，《杨贤江全集》卷四，第 205、228、244 页。

② 恽代英于 1917 年 4 月曾作《中国对欧战之大任务》一文，述说自己对此的感想建议，分别寄送给当时的总统黎元洪、总理段祺瑞以及伍廷芳、王正廷、冯国璋、蔡孑民（托陈独秀转）、汤济武等名人及京沪各报馆，甚至欲译为世界语，以"分布全世各民党"，可见其愿望之宏大；与名流联络的意愿与努力在他处也屡有表达，在 1917 年 3 月 14 日的日记里，其表示"刘子通先生闻余曾投稿陈独秀先生处，因索底稿一阅，并云陈函颇赞美余。余自思，余之地位或已日渐加高"；再如 1919 年 8 月 22 日的日记："写致东荪先生信，与昨致适之先生信，皆我联络善势力，以得正当助力之企谋。"参见《恽代英日记》，第 69、50、610 页。

③ 除了利用文字资源以外，杨贤江为了在校内占一稳固位置，甚至一度迷上了催眠术，"尚欲赴沪学催眠术，期在本校能显一技之长，而有永居之想。"见日记 1918 年 7 月 18 日条，第 278 页。当然，这也与商务向都市青年界提供的文化产品相关。正如它极力推广静坐法一样，商务在民国初期各刊物的广告中亦大打所出催眠术书籍的广告，如在一则推销《催眠术讲义》《催眠术独习》二书的广告中就称"催眠术学居心理学中的一部，于教育医道，均有莫大利益"，因此"得此二书，可以无师自通"。《妇女杂志》5 卷 1 号，1919 年 1 月。于此可见这些文化产品亦是知识青年规划自身生活的一种支持性资源。

会”，将“树帜于全国，广考他国学生之行事，参考本国社会之情状，为一国社会之中坚，一变因循巽懦之风气。”但对此“大志愿”并无把握，“将与恽君商之”。6月3日，杨收到恽的第二封来信，“恽君第二次信来，于吾‘自助助人’一语多所纠正。”杨贤江并通过恽代英之弟，其时在南京高师念书的恽代贤了解了代英的信息，并对之更加推崇，“夜与恽君代贤谈，询其兄代英，不过二十四岁，与余同年，然彼之思想，彼之文字，较余周到流利得多。凡物经比较而审优劣，故人不可独处自傲也。”① 从此，他便与恽代英你来我往，开始了彼此的交往，关系愈来愈紧密，以后共同走上了为革命宣传的道路。② 此外，杨贤江通过杂志还与更多未曾谋面的作者＼读者建立起了交往。例如，1915年9月16日，杨贤江收到成都《世界杂志》社寄来杂志一本，杨表示“余本不识，内亦无信，惟有肖公弼君著作，知系肖君寄来。盖君亦属投稿《学生杂志》社，故知余也，君亦有心人哉！暇时当译‘东文’以寄之。”③

其实，杨也曾主动与《学生杂志》社联系，以便利用自身所学寻觅取得报酬的机会。他在浙江余姚诚意高小做国文老师时的学生谢菊曾就回忆道，“（杨贤江）时方在杭州省立第一师范学习，经常有作品在该志发表，而且几次获得征文首奖，因此受到主编朱赤萌的重视。先是该志里面许多材料均从日文杂志译出，

① 见日记1918年1月20日、5月14日、6月3日、6月12日各条，《杨贤江全集》卷四，第207、249、259、263页。

② 从恽代英这一方面也能看到一些与杨贤江相交往的资料。在《恽代英日记》中最早见到的与杨贤江通信记录是1918年4月28日。在是年的5月17日，恽氏在日记中记录，“杨贤江氏来信，大抵仍不能自信己之能力，未肯放手作助人事。然助人初非谓摩顶放踵，惟就可度者度之，用力少成功大。人多于此不肯似自己事同一留心，贤者亦不免此耶。其言就业后感想颇有可注意者。”而恽在次日到“仁社”作报告时，述自己得良友二人，其中就包括杨贤江。分见《恽代英日记》第358、378、379页。

③ 见日记1915年9月16日条，《杨贤江全集》卷四，第132页。

系委托无锡华文祺翻译。该社订阅了不少日文刊物，寄到后由朱赤萌审阅，选择合用于该志专用红笔圈出，随邮寄华文祺照译，译就寄来，再由朱润色一过，随便署上一个笔名，即在该志发表。我进所后，杨贤江写信给我，想于课余为该志译些日文稿件，经朱同意，先交杨试译了一篇短稿，认为可用，此后即将需要译出的文稿，分拨一部分寄杨代译，译费每千字按六角计算（华文祺的译费为千字八角），由朱赤萌自己拿出，待刊出后则向馆中支付千字一元半至二元的稿费，则放进朱的腰包了。”① 而杨贤江进入杂志社的缘故在谢的回忆中，也是与薪水高低联系在一起的，“五四运动以后，商务印书馆出版的各种杂志，不得不顺应潮流，分别作适当的革新，至是朱赤萌渐觉应付不易，亟思卸肩，适杨贤江自浙江省立一师毕业后，在南京高等师范谋得一项工作，收入不多，朱乃征得编译所当局同意，招之来所，协助杂志部工作，不久《学生杂志》即由杨接手担任主编。”② 杨虽从来没有正式获得杂志的主编头衔，但他勤于用力，兢兢业业地将普通学生的实际问题作为讨论关注的重心，为学生群体提供了大量丰富切实的知识资源与思想资源，并不厌其烦地尽量回答每位青年学生的疑问，给 1920 年代的许多学生留下了深刻的印象，在时人与后来研究者的心目中奠定了“青年教育家”的地位，可说与他获得了《学生杂志》这块舆论阵地与言论场域密切相关，也与他自学生时代始坚持不懈的文字努力、教育关怀与自我超越有关。

---

① 经笔者查阅，杨在进馆前署名发表在《学生杂志》上的译文仅一篇，即他与同班同学朱文叔从日文合译的《意志之修养》，载于《学生杂志》4 卷 10 号（1917 年 10 月）。但或许不止这一篇，结合前述日记资料来看，可能他为杂志社的译文多由编辑朱元善（天民）“随便”署上别的笔名发表。值得注意的是，杨贤江曾于 1919—1920 这一阶段在浙江省教育会办的《教育潮》上发表过不少译文，可知其发表文章的渠道与人脉或已有所拓宽。

② 参见谢菊曾：《十里洋场的侧影》，花城出版社，1983 年，第 35—36 页。

第二节　初试啼声、应付困境与思想媒介：报纸杂志与普通学生的生活营造

除杨贤江以外，我们还能从历史资料中找到不少类似的例子，以展现那个时代贫苦学生对报刊媒介的依赖，以及青年学生借传播媒介以进行自我表达、自我实现的过程。这种过程往往给他们人生道路的抉择与发展带来重大的影响。此外，类似于《学生杂志》这样的刊物，还往往成为他们汲取知识与思想资源的管道；在各种媒介上与尚未谋面的异地学生相互交流，关心其他同类遭遇的窘迫与困境，就某些问题互相呼应乃至产生共鸣，都是在新的信息传播时代里新式读书人联结聚合的基本途径。对于相关问题，以往研究多关注于中心地域的上层知识精英，比较忽略中下层青年学生的具体境遇。在本节里笔者将就此作初步的梳理。

一、初试啼声与应付困境

通过前面杨贤江、恽代英等人的例子，我们可以看出近代读书人与传播媒介的紧密联系，而这种联系多是从学生时代就建立起来的。如横跨政学两界的陈启天，晚年就回忆自己一生著述文字甚多，重在以之为修学与治生的工具，“总计各类稿费收入，是我平生生活的一个重要来源，而稿件的内容则重在修学与报国”。这个文字旅程开始于陈氏民初在武昌中华大学求学时，“我的文字生涯，开端于民国初年，当时一般人所注意的大问题，是辛亥革命以后的建国问题，尤其是制宪问题。其时我在武昌中华大学专攻政治经济，自然也容易注意到这种问题。而我读书的习惯，又喜欢将研究的心得，草成论文，偶尔送登日报，也居然能

被刊登出来。这在现代的大学生不算稀奇，然在民国初年的大学生却不很多。”他初期的研究性文字都发表在《大中华》《丙辰杂志》《东方杂志》等知名刊物上，这种初弄笔墨时的文字发表，自然也刺激了他笔耕生涯的继续延伸，“文字既有发表的机会，自易引起写作的兴趣。”因为他努力要将论著发表，“便用心将学科知识与时事问题联系起来加以研究，似不失为研究社会科学的一种方法”，这样便为他以后的政治活动也打下了知识的根基，“而我利用这些文字，将政治与宪法的基本问题弄得大体明白，这对于民国十三年以后我的政治活动，也不无一点帮助”。[①] 时在北京高师念书的余家菊也是通过从在校时就在报刊上发表文字与译书而在学界、文化界声名鹊起的。[②] 后来与陈、余等人同为国家主义派巨擘的曾琦，清末在桂林中学念书时就通过报刊养成了初步的政治意识：“引起我的‘国家观念’如梁任公的《新民丛报》，引起我的‘革命思想’如章太炎的《民报》，都是我所爱不忍释的。我当时除读书外，便志在革命。”等到他辛亥革命前夕回成都的四川国立政法学校求学时，与报刊媒介的关系已相当紧密，“我在学生时代，最喜欢骛外。常常作文投稿报馆，或是兼充主笔。在成都时曾投稿《商报》，并主笔《四川公报》。随后复辍学往重庆创办《民国新报》《群报》。”[③] 正是这样不断的文字生涯塑造了他以后的人生道路，不论是以后因政治局势从日本回国参与创办《救国日报》，还是担当《醒狮周报》的笔政，都

① 陈启天：《寄园回忆录》，台北：台湾商务印书馆，1965 年，第 96 页。

② 据余家菊回忆，他所作的第一篇研究性作品《梦的心理学》就发表在中华大学的《光华学报》上，还被《时事新报》转载，时年仅二十岁；接着又在《中华教育界》、《教育杂志》、《晨报》等刊物上发表《教科书革命》、《乡村教育的危机》、《社会改造原理》（译著）等文，发生了不小的影响。余家菊：《余家菊景陶先生回忆录》，台北：慧炬出版社，1994 年，第 9－13、140 页。

③ 曾琦：《一个奇怪的学生生活》，《学生杂志》9 卷 7 号，1922 年 7 月，第 4－8 页（栏页）。

是从求学时就培养的趣味开始的。而民初在日本帝国大学留学的周佛海，同样是通过著述生涯拓展自己的人生空间。他不仅在繁忙的课业中抽出时间来阅读社会主义、国际问题方面的书籍，还将心得诉诸文字以刊布，“因为阅读国际问题的书籍，也有多少心得，一时高兴，做了一篇分析当时国际形势并推测其趋势的论文，投到留日回国学生在上海办的《救国日报》，居然登了出来，而且博得好评，……这便是我的处女作。”随着他作文译书的兴趣大增加，不仅从日文翻译了《社会问题概观》一书卖给中华书局并得了一大笔稿费，还更频繁地往国内报刊投稿，“当时梁任公一派的人，在上海办有《解放与改造》半月刊，我常投稿，都登载出来，稿费非常丰富。这种稿费，大部分寄回家养母，一部拿来买书。”①

不止陈、余、曾、周这些从地方走向全国舞台的民初大学生、留学生们和新式报刊媒介间的联系是如此的紧密，对五四以后各地逐步活跃起来的中下层知识青年们来说，情况更是如此。当时不少人均认为五四运动的一个主要成果就是让全国读书人都“动”了起来。② 在各地“动”起来的接受了新式资源与价值模式的青少年们，都在急切地为自己的未来寻求新的出路；然而在逐步形成中的新型文化秩序与社会结构中，为他们预留的位置并不算多。那些有名的新文化报刊并不能一下子就容纳这么多渴望新出路的少年们，他们除了在旋起旋灭的自办刊物上发声外，能大批量容纳籍籍无名的普通学子的习作的《学生杂志》，就成了他们初试啼声、刊布自己稚嫩文字的首选了。笔者在前文中已屡有所述及，改革后的该杂志成为全国学生发表新文艺作品的公开

① 周佛海：《往矣集》，上海古今出版社，1943 年，第 27—29 页。

② 罗家伦：《一年来我们学生运动底成功失败和将来应取的方针》，《新潮》(合订本)，第 2 卷第 4 号附录，第 850 页。

园地，而这或许会影响到他们日后对人生道路的选择。

有许多后来在文学创作与文史研究方向卓有成绩的学者，他们最早的写作生涯都是从《学生》上起步的。1920 年前后在四川读高小的艾芜就曾抄录杂志上的文艺作品，以之做为练习作文之道，“我看见有些同学到图书馆去借书来看，便也去借一本《学生杂志》。当时的编辑大约是杨贤江，只是所载的文字，还全是文言。里面多半是登载全国学生的文章，作者姓名上面都标有某省某某学校的字样。我最喜欢读的，便是这一类的作品。常常读了之后，还用一个本子，将它抄写一道。这大约由于在初小养成的习惯，以为读了这类文章，便会写作文章。反而对于那些并非学生写的专论，倒并不予以怎样的注意。我在半年之间，大约抄了百来篇文章，厚厚的一本空白簿子，全都填满了蚂蚁大的小字。”这些文字不仅学生喜欢，就连教塾馆的先生也喜欢，“后来，我祖父第四个兄弟汤旭东，田卖完了，无以为生。便开个私馆教乡下孩子读书。他来我家，看见我这个抄本，也以为籍，此可以练好作文，便甚为喜爱，要我送给他，还把他的一部《本草纲目》送我，以作交换。”[①] 古典文学研究专家任访秋（1909 年生）在河南第一师范念书时，就以任维焜的笔名在《学生》上发表了《杨柳与文学》一文（1928 年 3 月）。著名作家杨凤歧（又名欧阳山，1908 年生）从 16 岁时开始创作，他最早的作品就是以“凡鸟”的笔名在《学生》上发表的[②]；著名的儿童文学家陈

① 艾芜：“我的幼年时代”，《艾芜文集》卷二，四川人民出版社，1984 年，第 132 页。

② 如刊登在十一卷八号上的诗歌《月夜》《读了‘死的诱惑’以后》等，十一卷十一号上的短篇小说《那一夜》，自从发表这些作品以后，他决心要走文学创作道路，在接下来的几年时间内他创作了大量的文学作品，虽然以后就很少再在《学生》上发表作品了，但是《学生》对其走上文学创作的道路无疑起了奠基的作用。参见魏建、房福贤主编：《中国现当代作家作品研究》，山东人民出版社，2001 年，第 272 页。

伯吹的文学创作道路也是从《学生杂志》《少年杂志》等商务期刊开始的，他在上海市郊的国民小学任教时，先后在《学生》上发表了《故乡的泪痕》(15卷1号)、《给一个女友》(16卷2号)等作品。此外，后来知名的香港作家叶灵凤第一篇短篇小说《故乡行》也发表在《学生》上。[①] 著名的新诗人任钧（卢嘉文）在大量阅读新文化书籍尤其是创造社成员的作品后，也产生了创作的欲望，高层次的文化刊物不敢问津，首选的除了地方性报刊外，就是全国范围内流行的《学生》了，“并且，很大胆地，几乎是同时，我也不时拿起笔来，学写一些论文、小说、戏剧、诗歌、……还常常投寄到当时由杨贤江先生主编的《学生杂志》和当地的一级潮汕的报纸刊物上去发表。前面曾经提到过我所写的第一首新诗，抒写自己怀念亡母的情感的那首新诗，就是在这时候写的”。[②] 后来加入左联并进入进步文化界的陆万美也有过相似的经历，“到十六岁，因为家庭生活困难，我到一个机关当过三个月的文书，看到许多怪现象，也受过一些欺侮，后来我把这段经历写成一篇短篇小说，名《三个月的薪水》寄给上海《学生杂志》。简直意想不到，几个月后竟然也被发表了，而且突然寄来了七元钱的稿费，折合滇币二十一元，这不仅对家庭困难有所补助，而且也鼓励着我后来不断写作。”[③] 1915年至1919年间在浙江东阳县立中学念书的程宽正曾回忆自己从杂志所登的描述苦学生活的文章中获得的共鸣与影响，“四足年之中学时期，课外阅读，以当时商务印书馆出版之《学生杂志》为主，其中有浙江第一师范杨贤江所写之《苦学生读书记》分期连载，最为余所喜读，文中叙述之酸苦情况，如泣如诉，颇引起余之同情与共鸣，

① 王剑丛：《香港作家传略》，广西人民出版社，1989年，第23页。

② 任钧：《任钧诗选：新诗集》，上海永祥印书馆，1946年，第146—147页。

③ 本书编委会：《烽火岁月：华东文艺兵风云录》，上海文艺出版社，2003年，第348页。

反覆细读，不能自已。今日写此回忆录，犹多受杨文之影响。”①

除了发表习作以在文坛或知识界逐步获得上升的管道外，他们还从中吸收到了许多前所未闻的新智识资源。文化界知名人士于卓后来就回忆道：“我向往那波澜壮阔的知识的海洋，怎奈我无从从童年时代就陷入的迷津中超渡出来。课堂上老师讲解的书本知识，满足不了我的强烈的求知欲。长夜漫漫何时旦？我苦闷、彷徨！是一个星期天，我偶然从学校漫步到商务的沈阳分馆，无意之中买到了一本商务出版的《学生杂志》。《学生杂志》究竟是怎么样的一种刊物，内容如何？我是茫茫然一无所知，出于好奇心，我回到学校，立刻把目录首先从头到尾仔细看了一遍，然后一篇篇地读下去。越读越觉得有意思。越读越不忍释手。它把我带到了一个新的天地，一个新的世界！从我读过的所有的教科书和课外读物中从来没有看到的新的天地，新的世界！我好像哥伦布发现新大陆时那样的高兴！万万没有想到商务竟会有这样一本难得的宝书！……同时又先后开辟了‘通讯’和‘答问’两个栏目来加强和读者的联系，帮助读者解答他们在学习、工作和生活中遇到的种种问题，进一步起到读者良师益友的作用。”②

《学生》有时还作为传递新文化信息的中介管道。《新青年》等刊物虽也是以青年为动员对象的，但毕竟其阐发理论传播观念比一般刊物深奥，而《学生》以一种更加亲切的身姿出现在普通学生面前，抓住学生的主要问题，吸引他们的注意力，能够将一些高深的道理以较浅显的方式传递给他们。1911 年出生的文字

---

① 程宽正：《苦教苦学回忆录》，出版项不详，第 13 页（复旦大学图书馆藏）。程氏此处所提及杨贤江所写的《苦学生读书记》，经笔者查核该杂志并无此文，疑应为杨氏所撰的自传体式小说《我生之一学期》（《学生杂志》2 卷 6 号，1915 年 6 月）。

② 于卓：《我和商务印书馆》，商务印书馆编：《商务印书馆九十年》，商务印书馆，1987 年，第 450—451 页。

改革专家和世界语学者叶籁士就回忆自己少年时通过《学生》接触新思潮的情形，“那是在1925—1926年间，当时我在苏州一所教会学校读初中二年级。在学校的图书馆里，《学生杂志》引起我的兴趣。为什么对它感兴趣，理由很简单，就是因为我是个学生，当时它是以学生命名的唯一的杂志。《学生杂志》是杨贤江（著名共产党人）编辑，上海商务印书馆出版的。我喜欢这个杂志，尽管我还不能完全看懂上面所有的文章。现在想起来，我应该说，《学生杂志》对我起了启蒙和引导的作用，为我打开了一个新的天地。首先，它引导我接触五四运动的新文化思潮。五四运动发生那年，我还是个八岁的孩子，在一个小镇上的私塾里读《大学》《中庸》，对五四运动一无所知。我所知道五四运动是从《学生杂志》开始的。”他不仅通过《学生》的中介阅读了《胡适文存》与《独秀文存》等新文化精英的著作，还有新文化运动的元典——《新青年》，“接着我从旧的书铺里陆续搜罗到几期旧的《新青年》杂志。”此外，《学生杂志》的“学生世界语”专栏还使他接受了世界语，不仅通过杂志上面的广告参加了上海世界语学会附设的函授学校，以后还成为终身的世界语研究者。[①]

正如前述，类似《学生》这样的普及性文化刊物也是贫苦学生们应付困境的重要工具。让我们来看看与杨贤江差不多同时出现在《学生杂志》上的另外一位学生作者——邹恩润（韬奋）。在前期《学生杂志》的历程中，邹也算是出现得最频繁的作者之

① 叶籁士：《我是怎样学起世界语来的》，收入《叶籁士文集》，中国世界语出版社，1995年，第49—52页。

一了。[①] 从在南洋公学读中学开始，邹韬奋就积极地在寻求投稿的对象，主要目的是为了缓解经济的紧张状况，“我读到中学初年级，几个月后就陷入了经济的绝境。我知道家里已绝对没有办法，只有自己挣扎，在挣扎中想起投稿也许不无小补。但是不知道可以投到哪里去。有一天偶然在学校的阅报室里看到《申报》的‘自由谈’登着请领稿费的启事，才打定主意写点东西去试试看。”他最初选定的投稿对象便是《申报》“自由谈”，却觉得没有什么素材可写，“但是因为经验的薄弱，观察的不深刻，实在觉得没有什么可写。”英文不错的邹氏于是便想到了从英美杂志上翻译文章出来投稿，——这其实也是商务杂志编者们初期最拿手的办法，——“于是我想个办法，到图书馆里去看几种英文的杂志，选译一些东西。这选译并不是什么长篇大文，只是几百字的短篇的材料，例如体育杂志、科学杂志等等里面的零星的材料，大讲其健康或卫生的方法，以及科学上形形色色的有趣的发明”。在多次摸索过后，邹终于开始了在报刊上发表文字的生涯。但仅仅是“编译”似乎不能满足他的欲望了，他又开始寻找新的发表园地，而专针对普通学生而设的《学生杂志》闯入了他的视线，“不久我又发现了一个投稿的新园地——商务印书馆出版的《学生杂志》”，这份杂志似乎更合邹的胃口，因为其内容多是他熟悉的主题，如修养勤学方面的，读者也是与他一样的学生群体，对熟悉学生生活的邹而言，这显然比投稿以成人社会为预设对象的《申报》“自由谈”更容易些，“在这个杂志里所投的稿不

---

① 据邹自己回忆，“记得当时在这个杂志里投稿最多的有三个人：一个是杨贤江，当时他还在师范学校求学；一个是萧公权，他的底细我不知道，由他文字里看出他似乎是四川人；一个便是我。我的文字虽常常也被采登，但我自己知道都不及他们两位的好，因此愈益勉力求进步，好像暗中和他们比赛似的。”邹氏的回忆大致不差，他们三人确实是早期杂志上出现频率比较高的，不过其中“萧公权”似应为“萧公弼”之误。见邹韬奋：《经历・患难余生记》，岳麓书社，1999 年，第 15 页。

像在‘自由谈’上的只有数百字，一来就是几千字了。所写的内容，大概偏于学生修养方面的居多，这是我在当时的学生群中观察得来的材料，（当时南洋公学的学生有千余人，这学生群还不算小）比以前译述健康方法和科学小品的内容又有不同，在组织材料和构思方面比较地多得一点训练。我从这里又得到一个教训，就是我们要写自己所知道得最清楚的事情，尤其是实践或经验中感到最深刻印象的事情。”因此，邹从开始往外投稿的1915年直到1919年转学圣约翰大学之前，其主要作品几乎都发表在《学生杂志》上。[①]

这样的投稿经历无疑对邹氏以后从事编辑事业有一定的影响，正如他自述的，“我在《学生杂志》里投稿也不是完全顺利的。总是去了好几篇才登出一篇。登了一篇之后，好像替我打了一个强心针，再陆续写几篇去，登后再等着多少时候。关于好多没有采登的稿子，我当时并不知道，也没有想到这应该埋怨编辑先生，因为我知道自己的稿子并不是篇篇都好。我当时虽一点不知道自己将来的职业是编辑，但是说来奇怪，对于做编辑的苦衷，似乎已经了解。”[②] 而其后来在主编《生活》周刊时，对青年群体切身问题的关注与讨论，也可以说就是于此时开始培养起来的。邹韬奋此时的苦学生涯，在他后来频繁地解答贫苦的失学青年与职业青年向他提出的相关问题时，也有亲切的体会与帮助，“现在常有些青年写信问我苦学生怎样可以自给，这问题的确不易答复，因为这事没有什么一定的公式，要看各人的环境、人缘和自己的能力。回想我自己当时的苦学生生涯，也不敢说有

① 据查实，邹韬奋从1915—1918年间先后在《学生杂志》上发表了18篇各类文章，主要分布于“论说”“修养”“谈话”“讲演”“学艺”等栏目中，以学生的个人修养与卫生讲求为主要内容。在其1919年转学入圣约翰大学后，便以圣约翰的校刊《约翰声》与《约翰年刊》等为主要的作品发表园地了。

② 邹韬奋：《经历·患难余生记》，岳麓书社，1999年，第16—17页。

什么把握，只是过一学期算一学期，过一个月其一个月。这学期不知道下学期的费用在那里，甚至这一个月不知道下一个月的费用在哪里，这简直是常事。因此心境上常常好像有一块石头重重地压住。”然而，他对这种积极地投稿以救济贫寒生活的性质也有着清醒的自觉：“诸君知道学校里的费用，学费不过占着其中的一小部分，此外如买书费、膳费、纸笔费、洗衣费以及无法再节省的零用费，都要另外设法。投稿生涯也是‘开源’之一法，所以当时有许多写作译述，与其说是要发表意见或介绍知识，不如说是要救穷。”①

其实，似这类贫苦学生，除了杨、邹等人以外还大有人在。后来以研究市政学成名的殷体扬，情况也比较类似。他曾回忆自己向《生活》周刊投稿被刊登，并得到不菲的稿费以后，很受鼓舞，“以后我就不时向商务印书馆发行的《东方杂志》《学生杂志》《新闻报》《申报》《国民日报》等报刊投稿，以补助生活费用。因为我在大学四婶每月只给我一块银元，我如不投稿是无法维持生活的。”后来他的长篇专论也在《学生》上发表，“1930年，在商务印书馆主编的《学生杂志》上发表了题为《田园都市的理想与实践》长文，后来印成小册子”，成功的投稿生涯对他以后走上市政研究的道路有相当大的影响。② 这些既靠在报刊上发表文字“救穷”，又以此赢得信心、经验、声誉等无形资源的普通学生们的身影，在《学生杂志》的漫长历程上屡有出现。当然，报刊媒介与青年学生们的关系还不止如此，前者还成为后者在不断变幻的社会环境里的思想媒介与聚合途径。

---

① 邹韬奋：《经历·患难余生记》，岳麓书社，1999年，第23—24页。

② 参阅陈翔华、毛华轩等编：《中国当代社会科学家传略》第11辑，书目文献出版社，1990年，第306页。

二、思想媒介与聚合途径

近代中国新式教育体制逐步建立后，学子的生活方式发生了重大转变。其中一个最重要的变化，就是由传统的个别式学习转向集体化、标准化的学习生活方式；尤其是到后来，随着规范化程度加深，士子童生逐步淡出新式学堂，学生年龄分布愈加趋近。这种新的教育方式为某种基于现代学校体制而形成的代际共同体提供了可能。正如论者所述，新的聚集方式为知识青年带来了新的自觉意识，“在分散的状态下，士人之间的相互砥砺影响缺乏经常性、连续性和稳定性，加上单一向上的心理定势，对现存社会依附有余，震动不足。而学堂使学生聚居一处，空间距离缩短，相互联系密切，彼此激励制约，养成团结之心和群体意识，围绕小群体轴心的自转形成大群体意识的自觉”。[①] 在这种以知识、情感为内涵的代际共同体形成过程中，共同的学校生活是一种重要的促成因素。相对于前近代学子士人们的学习生活方式而言，现代教育体制下的校园无疑是学生们接受知识与形塑价值观及情感体验的重要场所。[②] 因为在新式教育里过着集体生活的同一所学校的学生们，通过接受一样的知识与思想资源，在同一种制度空间内生活起居，享受近似的文化观念产品，甚至在同一种刊物上发表文字，即可由此积累起相似的代际经验，最终构

① 章开沅、罗福惠主编：《比较中的审视：中国早期现代化研究》，浙江人民出版社，1993 年，第 549 页。

② 例如王东杰就从一个成都女师学生的个案出发，阐述了现代学校机构作为新的生活场所对女学生所可能具有的意义，包括拓展出异于家庭空间的交往场所，为其提供丰富多彩的文化产品，塑造特别的情感经验等。参见王东杰：《一个女学生日记中的情感世界（1931—1934）》，《近代中国妇女史研究》（台北），第 15 期，2007 年 12 月，第 211－254 页。

成为一种不同以往的新型代际共同体。①

当然，这种转变是需要一个过程的，这种虚拟的知识/情感“共同体”的形成从清末兴学到民国时期一直处在演变之中。最重要的阶段自是五四学生运动及其前后的新文化运动，这个充满生机的时代为学生们带来了新的群体生活经验。通过阅读新文化书报、结成知识与修养社团、参与社会政治运动等途径，在更大范围内的青年学生中间，建立起了更为紧密与普遍的联系。② 学生们通过新文化报刊形成的交流渠道与网络也为他们赋予了网络身份的意义，帮助他们掌握了能用以解释环境与表达自身的概念工具。

尽管此时在现代读书人实际的群体活动中，地缘、学缘等传统因素仍然会成为重要的聚集力量，③ 但在趋新的青年学生群

---

① 藤井省三教授在研究鲁迅小说《故乡》的阅读史时，就曾提到在20年代的北京知识青年群体中存在着一种“四合院共同体”，来自全国各地的学生“以房间为单位或者以院落为单位，轮流阅读一本杂志或者一份报纸，并且交流读后感”。参阅藤井省三著、董炳月译：《鲁迅〈故乡〉阅读史》，新世界出版社，2002年，第15页。在这里，知识青年集体住宿的方式为共同代际经验的形成起了推动作用，而学校里的情况则更是如此。

② 如许钦文就回忆此时围绕新书报形成的交往网络，“报刊、书籍，已经翻阅得破破碎碎了，还是邮寄来、邮寄去。有了新的好书，如果不寄给朋友看，好像是对不起朋友似的。友谊也往往建筑在书籍的阅读、赠送和学术的讨论上”。钦文：《五四时期的学生生活》，中国社科院近代史所编：《五四运动回忆录》（下），中国社会科学出版社，1979年，第984—985页。至于五四时期青年团体之间的交流更是所在多有，如河南二中的“青年学会”与北京高师附中的“少年学会”之间就形成了密切的交流往来，包括互换读物，代印刊物等。参见曹靖华：《回忆青年学会》，张允侯等编：《五四时期的社团》（三），三联书店，1979年，第109页。

③ 比如早期《新青年》杂志的撰稿者多是安徽同乡，北大新潮社初期聚集的六位核心成员中有四位来自山东，少年中国学会最初的七个发起人中，四川人就占四个。甚至在初期党派活动中，也有这种情形，1920年春夏间成立的上海共产主义小组的七名成员中，有五位均为浙江同乡。不过愈到后来，学缘、业缘与思想认同等因素愈益加强，渐渐取代了地缘，成为读书人聚合的基础。相关讨论可参阅杨琥：《同乡、同门、同事、同道：社会交往与思想交融》，《近代史研究》2009年第1期，第54—72页。

中，追求建立更具超越性与普遍性的人际联系，渐成为一种时代的自觉。如参与创办新潮社的北大学生傅斯年就曾叙述这种新式的人际联结方式与传统途径的不同之处："我们是由于觉悟而结合的。每人觉得以前的生活上、思想上，有些不是，决计以后不如此了。因为彼此都在同一时代，受同样的教育，所以以前的错误大致同类，所觉悟的差不多一样。这可谓知识上的同一趋向。我以为最纯粹、最精密、最能长久的感情，是在知识上建设的感情，比着宗族或戚属的感情纯粹得多。"[①] 这种近代读书人新的聚合途径，虽未必由报刊媒介作为起点，但差不多都是由其作为基础建制（infrastructure）。不仅社会精英们通过这种方式聚集起来，许多青年学生也通过这样的管道形成集团的力量。[②] 比较知名的"少年中国学会""新潮社""觉悟社""浙江新潮社"等自不必论了，就是一些在后来影响不大（其实在当时未必影响不大），未进入历史学者研究视野的许多社团，也是首选以自办或公共刊物为媒介宣扬自己的主张宗旨。如天津一批青年学生成立的"青年问题讨论会"就专门创办一种副刊，附属于《新民意报》，每期都将会员的相关讨论结果刊布，并在国内各种报刊上转载，以期得同情者的响应与赞助。[③] 可以这么说，几乎所有这些社团留下的文字材料，大都是通过报刊媒介发表出来的。全国

---

① 傅斯年：《新潮社之回顾与前瞻》，《新潮》2卷1号，1919年10月，第201—202页。

② 对于现代中国以胡适为中心的文化精英们的聚集模式，及其与报刊媒介之间的互动关系，章清曾做过细致的研究。参阅章清：《"胡适派学人群"与现代中国自由主义》，上海古籍出版社，2004年。

③ 在发刊旨趣中，该会特意解释了为什么要将属于少数人的期刊出版在社会上，"我们的会，虽然是少数人结合的；但是我们的工作，却是多数人的。我们承认多数人的工作，应当多数人来做，我们绝不敢相信我们就是全中国的关心青年问题的人；所以，我们把刊物贡献到社会上，以便不曾加入本会的关心青年问题的人们，也可以得着机会，来同我们讨论。"《发刊旨趣》，天津青年问题讨论会编：《青声》(不定期刊)，第2号，1923年7月24日，第1页。

范围内循环的学生刊物当然更能起到这样的作用。我们可以看到，通过《学生杂志》的中介作用，不少异地的学生之间建立起了友谊关系。国立北京大学的学生缪金源也自述与杨的友谊是通过《学生杂志》建立起来的，“有了这风行全国的《学生杂志》，从文字上便可结识许多朋友，——比从打牌、打野鸡场结识的高得多！例如我和杨君，从前他在杭州，我在通州，有如秦越；而卒至能成为很好的朋友，便是《学生杂志》做的介绍人！”[①] 如前所述，杨贤江与萧公弼、高尔松、楼适夷、侯绍裘等人之间的熟识因缘，也是由该杂志文字而引起的。[②] 在通讯栏中，不少学生就反复表达希望通过刊物的中介作用认识志同道合的朋友，并在上面相互呼应，彼此援引，为他人的困难处境出谋划策，也是很好的体现。此点后节将详细述及。

在这种新的聚合过程中，新型刊物对学生言行转变所起的思想媒介作用也不可讳言。北高师学生董渭川就高度评价陈独秀主办的《新青年》“为中国新出版物之始祖”，认为那上面的文章“哪一篇不是青年们底清醒剂?”它还和其他新派刊物一起构成了新文化舆论阵营，“和《新青年》唱同调的就是《新潮》；它也产生在五四运动之前，和五四同时产生的有《新中国》，稍后又有《新生活》。当我在中学读书的时候，猛然见到《新青年》和《新

① 缪金源：《〈学生杂志〉革新与学生革新》，《学生杂志》8卷7号，1921年7月，第104页。

② 通过报刊文字彼此熟识后，他们不仅一起组织社团，参与政治活动，如杨贤江、楼适夷、朱公垂等余姚同乡就一起组织过余姚青年协社，杨和侯绍裘、高尔松等人更是在上海教育文化界的活动中彼此援引，如杨、高均兼任过由侯绍裘负责的松江景贤女中教员。高尔松还在其他报刊上作文推介由杨贤江实际主持的《学生杂志》，参见尔松：《介绍特辟学生世界语栏的〈学生杂志〉》，《民国日报·觉悟》，1922年9月11日，第四张第一版。高氏在文中大力推介该杂志新添加的“学生世界语”栏，“亲爱的〈学生杂志〉读者，和觉悟的诸位青年，我们大家恭恭敬敬真心实力鼓着精神去迎受他们的好意，使他们那个神圣的东西都做我们亲热的朋友才好哦!”

潮》两种东西，对于那上面的种种离经叛道的话，惊异得不知怎样才好；然而同时又觉得很舒服很凉爽”。[①] 高尔松、高尔柏昆仲最开始进入南洋公学中院时，只想做“中国式的文学家”，五四运动时加入学生义勇队，且受《学灯》《觉悟》《星期评论》《解放与改造》等刊物的影响，思想开始变化，“在五四时候，《时事新报》的《学灯》上，常常有论及我们这种运动的文章，而且很有革新的现象。对于白话文的提倡，更是不遗余力，我们起先看看他，并没有十分趣味；因为我们对于浅近的白话体文字，还不免有一种厌恶的心理。后来久而久之，竟至天天要去细细看彼一遍，对于白话文的感情，竟由厌恶而变为亲热了。”报刊文字对他们最大的影响，要算在1920年春上海学生的大罢课中，他们由阅读《觉悟》副刊上的文字而消泯了爱国狂热，“我们在这大罢课里竟得阅了存统在《觉悟》上发表的一篇《从爱国运动到社会运动》一文，受了大大的觉省，对于什么爱国运动，从此灰心；而对于社会主义，劳动运动，使我们渐渐生了研究趣味。”这年暑假中他们也似那时的许多热血青年一样，办起了油印报纸《文化介绍》，出到第八期才停刊。再往后，通过与施存统的接触，“我们因此便入了青年团，从事马克司主义的研究。”[②] 带政治色彩刊物对塑造青年学生的政治倾向作用重大，有研究者就指出：“《觉悟》未尝劝人入党，但江浙年轻读者，读《觉悟》而加入国民党籍的很多。”[③]

原本笃信儒家浙东学派修身学说的施存统，也在与新式刊物

---

① 渭川：《学风与学潮》，《学生杂志》12卷5号，1925年5月，第43页。

② 高尔松、高尔柏：《我们四年来的中学生活》9卷7号，1922年7月，第18—20页（栏页）。不过作者此处所指施存统文章的篇名并不确实，真实篇名应为《把爱国运动变为社会运动》（《民国日报·觉悟》，1920年4月18日）。

③ 黄天鹏：《中国新闻事业大事记》（原载《报学》第3期），转引自赖光临：《中国新闻传播史》，台北：三民书局，1983年，第146页。

文字的接触中逐渐改变了自己原先的信仰，不过却是经历了一个过程，“我最初和新思潮接触的，是进第一师范的头一年。那时我看《新青年》，头一篇看见的是陈独秀底《复辟与孔子》。我看这个题目很新，于是就拿来看”，看到陈独秀在其中大骂孔子，施氏还心中大怒，弃书而走；不过后来又觉得陈骂得也有些道理，便转而“常常看《新青年》，以为这也是一件很好玩的事情，比看小说还有趣”。到后来他又见到陈独秀驳康有为虚君共和论的文章，大表同情，“以为陈独秀真是一个很有学问的人了，连康圣人都被他驳倒了！”从此后他便做了一个“《新青年》的半信徒，除了关于反对孔子的一部分以外，大概都很赞同。到了民国8年下半年，就全体都赞同了，凡是《新青年》所说的话，总是不错的了！”[①] 这一段自我阅读趣味变化轨迹的描述，也反映了部分得风气之先的青年学生在五四前后所走过的心态历程。后来施存统通过将家庭中的不幸际遇发表在学生自办期刊上，掀起来一系列莫大的风波，他的人生旅途也由此发生了根本转折。[②]

上述这些例子有力地说明了新时代背景下学生的自我表达与命运变化和报刊媒介之间的紧密联系。不只是《新青年》这样的由文化精英掌控的激进刊物可以起到思想资源传播媒介的作用，革新前后的《学生杂志》也同样影响深远。郑振铎就回忆自己上中学时受到杨贤江所写青年修养文字的影响，“我正在中学里念着书，颇受他的论文的影响，也主张吃苦自修。彷佛还把《五种遗规》和《读书分年日程》《小学集注》《近思录》《大学衍义》

---

① 存统：《回头看二十二年来底我》，《民国日报·觉悟》，1920年9月22日，第四张第三版。

② 相关情况回忆文章众多，可参阅施复亮：《“五四”在杭州》，徐白民：《浙一师风潮经过》，傅彬然：《回忆浙江新潮社》，倪维熊：《〈浙江新潮〉的回忆》等文章，均收入沈自强主编：《浙江一师风潮》，浙江大学出版社，1990年，第351－422页。

等等，弄得颇有些‘道学’气。”① 当时在川南泸州念书的黄源也述及商务新刊物的这种影响作用，“不仅《学生杂志》和《小说月报》，该馆出版的其余杂志如《教育杂志》《东方杂志》《妇女杂志》等也都是属于革新派。我们这一代青年，先后走上革命道路，不能不说受到它们的深远影响。杨贤江同志和沈雁冰同志一样，同时常在国民党报纸《民国日报》的副刊《觉悟》上写文章。《觉悟》的主编邵力子，那时也是共产党员。我就是《觉悟》《学生杂志》《小说月报》的忠实读者之一。它们在旧社会正像一盏明灯，照耀在年青一代之前，引导青年在成长中不误入歧路，先后走上革命道路。”② 其时也在读中学的何能叙述道：“二十年代前半期，我在中学念书，对杨贤江在上海商务印书馆负责主编的《学生杂志》很感兴趣。我常和几位同学传阅、漫谈，认为这个杂志的文章、社评、通讯等文笔生动，浅显易懂，提出的一些问题针对性强，内容多样，容易触动我们青年人的思想感情，解答了我们对某些事物所产生的疑点。我们有什么难解之处，就去信向《学生杂志》社请教。……当时，我们在校同学接受进步思潮的还有其它渠道，但结合《学生杂志》文章一起，认识更加完备、深刻。……四年中学毕业后，我回乡任教职期间，仍尽可能去读这杂志，以便汲取更多的新知识。”在成都念书的洪沛然回忆了自己与杂志从初识到成为长期读者的过程：“那时在成都有一个华阳书报流通处，专门销售省外出版的报章、杂志和书籍。其中如《新青年》《每周评论》《星期评论》《湘江评论》《新潮》《中国青年》《语丝》《民国日报》副刊《觉悟》等。商务印书馆出版的《学生杂志》，在中学生中也是畅销刊物，这些书刊积极

① 郑振铎：《忆贤江》，《杨贤江纪念集》，第 34 页。

② 黄源：《忆念二十年代革命青年运动的杰出领导者》，《杨贤江纪念集》，第 94 页。

传播新思想，对许多现实问题敢于探索，如处世待人问题，求学升学问题，职业问题，家庭婚姻问题等等。二十年代初的一个青年学生，也是在人生的道路上开始进行探索。由于家庭穷困，升学就业都是问题，时时陷于苦闷之中。一次偶然翻阅《学生杂志》，读到杨贤江同志有关青年问题的论文和他在答问栏中回答读者提出的问题，倍感亲切，于是在商务印书馆订购了一份，从此成为《学生杂志》的长期读者。"[①] 虽然这些回忆文字有较深的革命化叙事模式的痕迹，但也能说明该刊物在当时青年学生中的影响力。

此外，还值得注意的是，以往的回忆与研究都过于倾向突出如《新青年》这类思想性较强的精英型期刊给予时代的影响，对于一般的学生读物却略而不谈。就本书讨论的《学生杂志》来说，作为一本面向中等知识程度的普通学生与知识青年的大众刊物，其在全国青少年读者中的流行度并不见得会低于《新青年》《新潮》这类鼓吹社会变革的先锋刊物，因为后者中容纳的信息可能超过一般学生的接受程度。[②]《学生杂志》上的某些浅近文章尚有不少读者反映看不懂，更何况谈"社会""学术""人生"

① 何能：《青年挚友、革命良师》、洪沛然：《青年导师、革命先驱》，分见《杨贤江纪念集》，第103—105，109页。

② 许多学生对现代学术社会中的一些基本名词都不甚了了，询问"生活""主义""社会""人生观""人格""国家""新文学"等是什么的问题在《学生杂志》答问栏中比比皆是。相关情况可参阅王飞仙前揭书，第137页。不仅学生如此，一般教员也好不到哪里去。舒新城就自述其经历以证明小学教员程度之差，"去年在某省讲道尔顿制，中有'历史背景'四字，听者许多不解其意，讲后屡来询问；今年在某省讲演，为'经济、不经济'几字，解释大半个时辰，听者还不明白。"小学教师又多是中等学校毕业的，由此可见一般中等学校的知识程度远不如后人所想象的那样高。舒新城：《小学教育问题杂谈》，《中华教育界》14卷4期，1924年10月，第4—5页（文页）。

“世界”等大道理的新文化精英刊物?[①] 时在东大附中念书的韦杰三还认为《学生杂志》的程度过深了，只适合不耻下问的大学生或程度特高的中学生，使得一般中学生望之而生畏，“现在专门以上的学生，多嫌你肤浅了，够不上他们，他们要交结的，原来是《教育》《小说》《英文》《农学》《诗》……，那些专门家，再不然，便《东方》《民铎》《学艺》《科学》……等等呢；而我们中等学生，又嫌你过深，五十个有四十九是望你生畏的!”他甚至发出如此哀怨：“《学生》!《学生》! 你以前确是和那‘不耻下问的大学生’‘程度特高的中学生’恋爱，我们大多数，何尝和你亲过颊? 我们算至苦，我们都是失恋的人儿!”[②] 当然，选择或喜读《新青年》等先锋报刊的人自然也不少，不过在总体的

① 对于《学生杂志》“学习法专号”上的一些文章，山东一中的姜敬舆及其同学就表示看不懂，“就一般而言，先生以为中学生的学力，究到了一种什么程度? 常涉猎新文化如我或我一样的人，对于那两篇文字——《学习法概论》与《治逻辑》——怕也有一些不能了解的句子罢? 我有几个同学，也各买了一本《学习法号》；我尝问他们于此中所得几何，却得到回答：‘很不容易看懂呢!’”姜敬舆来函，《学生杂志》10卷12号，1923年12月，“通讯”，第12页(栏页)。

② 韦杰三：《我对于本志改进的几点管见》，《学生杂志》10卷1号，1923年1月，第19—20页。

青年学生中占有多大比例，并不容过高估计。[①] 尤其是地域和环境造成的差异更应该受到重视。舒新城曾述及 1922 年他在某中学演讲时遭遇的情形，“有涉及国语、文言的地方，谈及《新青年》三字，记录者以为指称语，初以为系误听，事后询之，则他实未曾阅过《新青年》，不知《新青年》到底是什么。”[②] 个人的经验也可旁证，例如谢觉哉就曾在日记中记述自己阅读《新青年》后的感受：“顷读《青年杂志》，几不解所谓。高深文学，固非普通国民所宜，而白话行文，不足达绵穆之意。且方言互异，有时且令能文者莫名其妙。况仅识字者乎。”[③] 举这些例子当然不是说明不读《新青年》、不了解五四运动的学生就会是《学生杂志》的忠实读者，笔者只是想说明，我们在持续关注思想元典

---

① 即使后来相当流行的五四运动叙事在当时学生中究竟有多大影响也还是个疑问。1922 年夏胡适在北大监考预科国文时，考题中有“述五四以来青年所得的教训”这一题目，考场上就有位奉天高师附中的学生问他“五四运动是个什么东西，是哪一年的事?”他还以为这只是个别现象，结果走出考场后其他监考者告诉他“竟有十几个人不知道五四运动是什么的!”曹伯言整理：《胡适日记全编》第 3 册，1922 年 7 月 24 日，安徽教育出版社，2001 年，第 737—738 页。当年就有考生在报刊上披露这种情况，来自杭州的絅之就叙述道：“因为这个题目做不出而交白卷的人的很多”，并对此大发感慨，“我想我们在杭州的时候，闹得多少热闹：……从八年到九年，从九年到十年，到十一年，大家所闹的学生自治，妇女解放，劳工神圣，……等等，哪一椿不是从‘五四运动’以后才有的？我想这个破天荒的‘五四运动’谁也都该知道！真不料还有一种中学毕业生不知道这个‘五四运动’!”絅之：《不懂得‘五四’的中学毕业生》，《民国日报·觉悟》1922 年 8 月 21 日，第四张第四版。此时去五四运动不过三年而已。这种景象给人造成的印象是深刻的，两年后又有人在讨论青年要具备的常识时，重提当时情景，“北大前年招生，关于‘五四运动’的国文题，当作‘五月四日开运动会’解释的，听说也很有几位。”嘉谟：《青年生活与常识》，《学生杂志》11 卷 9 号，1924 年 9 月，第 45 页。因此，后来人的“读新青年，参加五四运动”的流行叙述模式，实值得详细考究。

② 舒新城：《对于江苏中等教育界的建议》，原载《教育与人生》第 16 期(1924 年 1 月)，收入《舒新城教育论著选》（上），人民教育出版社，2004 年，第 339 页。

③ 参见谢觉哉：《谢觉哉日记》，1919 年 4 月 13 日条，人民出版社，1984 年，第 5 页。

与时代先锋的同时，也有必要注意历史的常态与其朴实的一面，以丰富我们对历史整体的认识。

第三节 "通讯"栏与知识青年的生活图像及群体认同

通过通讯方式来讨论问题，吸引国内青年人的注意，以解决青年人的困惑及维持青年的纯洁性，从而达到革新社会的目的，似乎是五四前后流行的一种方式。[①] 在新文化运动中闻名遐迩的《新青年》，就曾以通讯栏为重要渠道，为国内有志革新的读书人提供自由发言的公共论坛，并因此凝聚起了一批新文化运动的参与力量。[②] 而较为人忽视的《学生杂志》也在 1922 年重设了改进后的"通讯"栏，以之作为编者、作者、读者之间的联系管道。该栏设置以后，在 20 年代前期的青年学生中引起了热烈的欢迎，他们反响热烈，纷纷就遇到的各类问题向编者提问，并和作者与其他读者展开积极地交流互动。[③] 通过这个栏目提供的窗口，我们也可以看到传播媒介上呈现出来的此时学生生活的一些面相，以及他们如何看待这份刊物，如何通过阅读报刊来经营乃

---

① 据学者考证，近代国人自办报刊上最先设置通讯栏以联系读者的是章士钊在日本创办的《甲寅》月刊。参见刘桂生《章士钊与〈甲寅〉月刊和〈新青年〉》，《百年潮》，2000 年第 10 期，第 79 页。

② 参阅杨琥：《〈新青年〉"通信"栏与五四时期的社会、文化互动》，收入李金铨编：《文人论政：知识分子与报刊》，广西师大出版社，2008 年，第 43－67 页。

③ "答问"栏虽然也是《学生杂志》上一个存在时间较长且容量丰富的栏目，不过由于其材料过于琐碎，且多为单方面的简单问答，缺乏编读互动的特色，因此本书暂不拟将其纳入讨论。

至规划自己的理想生活。[①] 通讯栏在中期的《学生杂志》上也占有一个较重要的地位，我们可以通过下表来考察这个时期“通讯”一栏在刊物中所占分量（通讯栏所用字体较正文小二号，因此实际内容比正常文章所占篇幅为多）（见表 5－1）。

表 5－1　“通讯”栏内容在各号所占篇幅百分比统计

卷号次	篇数（篇）	篇幅（页）	该号总页数（页）	在该号所占百分比（%）
九卷三号	1	3	108	2.7
九卷六号	3	4	115	3.5
九卷十一号	1	2	121	1.7
九卷十二号	2	10	127	7.9
十卷三号	10	9	117	7.7
十卷四号	3	3	155	1.9
十卷五号	4	6	125	4.8
十卷七号	9	7	121	5.8
十卷八号	20	13	129	10.1
十卷九号	7	5	112	4.5
十卷十号	14	10	117	8.5
十卷十一号	5	6	128	4.7

① 当然，编辑与读者在期刊“通讯”栏中积极互动，并回应且满足他们的一些要求，也有试图在竞争激烈的杂志阅读市场中抓住青年读者，以提升销量的意图。据学者研究，晚清报刊编读之间的积极互动就已有这方面的意味，这方面情况可参看潘光哲对《时务报》的分析。潘光哲：《时务报和它的读者》，《历史研究》2005 年第 5 期，第 71－74 页。民国中后期的报刊都普遍设立了通信栏。如二十年代编辑《生活周刊》很成功的邹韬奋也特别注重借“信箱”栏来联络读者。夏衍回忆邹曾告诉他，办好刊物的诀窍“第一是抓社论，更重要的是写‘答读者问’。…社论可以请志同道合的人写，而通讯和答问则是非自己执笔不可。”夏衍：《回忆杨贤江同志》，收入杨贤江教育思想研究会编：《杨贤江纪念集》，商务印书馆，1985 年，第 68 页。

续表5-1

卷号次	篇数（篇）	篇幅（页）	该号总页数（页）	在该号所占百分比（%）
十卷十二号	26	23	124	18.5
十一卷二号	6	8	108	7.4
十一卷三号	15	12	152	7.9
十一卷五号	10	9	139	6.5
十一卷七号	7	5	111	4.5
十一卷八号	19	10	102	9.8
十一卷十二号	12	10	123	8.1
十二卷一号	11	6	160	3.8
十二卷二号	2	3	125	2.4
十二卷三号	3	2	127	1.6
十二卷四号	1	1	122	0.8
十二卷五号	4	3	136	2.2
十二卷八号	5	5	104	4.8
十二卷九号	4	2	92	2.2
十二卷十号	5	3	103	2.9
十二卷十一号	3	2	122	1.6

注：1. 全号页码总数不计入封面封底及广告页码；

2. 以来函数统计篇次，来函与复函亦以1篇计。

如果进行具体的内容分析，我们可以看到，在这一共28期的211封通信中（如加上回信可能接近400封），“通讯”中，关注自身学业问题、生活问题、婚姻问题及前途问题的内容基本上占了主要的篇幅。最关键的是，在这样的栏目中，各种各样的读者——不论文化程度高低与文字水平如何，都可以畅所欲言，与编辑及作者交流，和其他读者共鸣，提出各式各样的困惑与问题；虽然许多问题在今天看来只是相当普通的常识，有的甚至非常琐碎，还被翻来覆去的问及，编者仍然尽量一一耐心解答。[①]通讯栏之所以吸引了许多青年注意的原因也正在于此。除了编者几乎每问必答的尽职态度外，还因只有在这个栏目中，他们才能无拘无束的叙述自己的所有疑问与个人困境，以寻求编者及其他读者的帮助和指引。我们可以将之与同时期的新文化期刊做一比较。早期的《新青年》其实也为不少中下层知识青年提供了解惑问难的渠道，不少人投书询问求学、修身、择业、早婚等各方面问题，较琐细者还有函询如何向霍元甲拜师学习拳术等问题的，陈独秀也一一作了认真的回答。不过在《新青年》逐步成为鼓吹伦理与文学革命的新文化精英同人杂志后，这个功能就渐渐消失了。[②] 而《新潮》与《少年中国》等著名新文化刊物的“通信”栏也是以少数同道间的思想启发、精神交流与学术探讨为主，中等知识程度的青年学生参与很少。因此，在20年代中期能够容纳如此多的普通中等学生和知识青年发言，无所顾忌的倾诉自身个人问题的言论空间，实不多见。下面以表格形式列出通讯栏中身份可考的通信者信息，以窥见该杂志读者群的构成（见表5—2）。

① 如直隶读者赵望斗问及雄猫吃幼仔与植物结籽多少的问题，以致编者在请人回答后声明：“本通讯栏篇幅有限，以后关于询问事件，凡是太琐细的，如此次赵君所提出的，恕不再答复”。赵望斗来函，记者复函，《学生杂志》10卷8号，1923年8月，“通讯”，第10页（栏页）。

② 有学者专门分析过《新青年》“通信”栏从普通青年畅所欲言的公共论坛，到新文化同仁主导以促进新思想传播的“自己的园地”这一角色转变的过程，参见李宪瑜：《“公共论坛”与“自己的园地”——〈新青年〉杂志“通信”栏》，收入陈平原、山口守编：《大众传媒与现代文学》，北京新世界出版社，2003年，第266—281页。

表 5-2　1922-1925 年间身份可考的通信作者名录

姓名	身份	姓名	身份
徐廉垣	青州省立四师	宓汝卓	上海大同大学
张永福	河南省立二中	李磐真	广东省立梅县中学
张名彦	奉天安东商业学校	世颖	东南大学附中
彭朝纲	广东潮州金山中学	高崇福	陕西省立一中
崔万秋	山东曹州省立六中	姜敬舆	山东济宁中西中学
吕品	云南昆明省立一中	张炯之	苏州电话局
陈瑾瑜	徐州培心中学	廖世颖	东南大学附中
华少峰	浙江衢州第八中学师范部	汝良	徐州培心中学
读书研究团同人	武昌启黄中学	陈乐德	山东聊城省立二中
适之	湖南衡阳省立三师	黄景柏	江苏苏州省立一师
于锡乾	河南西平县立第二小学	孙岱岳、沈瑞琨	浙江省立第十一师范学校
陶高志	安庆座堂学校	陈于德	浙江绍兴省立五中
祁延霈	山东济南省立一中	伍治之	暹罗尖竹汶南华学校
李义炳	河南开封省立第一师范学校	张秉仁	陕西华县成林中学
刘巍	山东济南省立一中	沈选千	上海枫泾镇第五高小
吴守复	安庆一师	徐异植	福州私立中学
李雄	浙江省立七中师范部	张云阁	山东济南省立一中
S. J.	云南昆明师范学校	吴素痕	江苏芜湖省立五中
许金元	浙江杭州之江大学	S. C. H.	湖南常德省立二师
冯连山	广东汕头丰顺中学	尹诚	广西桂林省立二师
周继福	湖南江华县立高小	刘光照	湖北陨山中学校

续表5—2

姓名	身份	姓名	身份
再华	南开大学	龚贤渤	北京四中
李汝霖	安徽凤阳省立五师	龙冠海	清华学校
王家荷	江苏苏州省立一师	王达强	武昌启黄中学
伍介石	广东北海香坪学校	高广新	直隶申工学校
刘缁林	江西吉安吉州中学	施宗瑜	安徽合肥省立六师
李翔梧	河南省立新制师范	邢祖让	湖北襄阳鄂北中学
贾钟晔	云南曲靖省立三师	王继章	安徽无为励学社
云端	广东文昌私立三溪高小	陈崧涛	湖北武昌商大
倪迪桢	浙江瑞安中学	K. C. L.	福建省立三师
陈弼	广东琼州文昌中学	翁秀民	广东潮州金山中学
黎国模	广东平远县石正学校	C. H.	江西吉安吉州中学
应若滨	江苏沭阳师范学校	逯云汉	绥远师范学校
林植藩	北京民国大学	农秋霖	广西省立七中
李其华	江苏第二代用师范	张国林	绥远区立一中
茂宏	上海青年会日校	张金鉴	河南彰德省立第十一中学
夏坚白	上海吴淞中国公学附中	郭绎之	杭州安定中学
姚海霞	香港皇仁中学	张从道	徐州培心中学
熊文和	云南宁洱省立四师	叶国英	江苏武进省立五中

注：1. 资料来源：《学生杂志》第9—12卷（1922—1925）；

2. 表内只统计标明了具体所属学校或职业的通信者信息。从通讯内容判断，有不少通信者或仍然在学，或已经辍学在家，或已经进入职业界，但由于具体信息不清楚，暂不列入统计表内。

我们依据通讯内容可以作出推断，上表里以学校学生为主的通信者也同时会是杂志的读者。他们分布于全国各地的各类学校中，我们可以看到，其中某些学校的通讯人数较多，如山东济南省立一中、徐州培心中学等。这反映出通过新式报刊的阅读而可能形成处于整体社会之中的次共同体。①

对于上述这些五四后出现的时代特征，我们也可从《学生杂志》所呈现的读者/作者群的生活经验中看到。从《学生杂志》"通讯"作者身份的分析来看，应该说较充分地体现了它的读者预设：以中学生与中师生为主，再延伸到少量大专学生与小学高年级学生。据笔者统计，在标明身份的通讯者中，有各地中学生41人，中等师范生24人，大学生5人，高小生4人，其他还有少量的实业学校学生和在职青年。而这也与此时的教育结构相符。在通讯中，学生们就《学生》的栏目编排，个人问题，教育问题，时事问题，以及社会问题等发表意见。这个平台不仅为学生提供了一个答难问疑的渠道，还有针对各种问题的共同讨论，读者在此栏中彼此交流。许多学生在这里看到其他人的问题与痛苦，往往感同身受，或表达共鸣与同情，或积极地提供解决办法。在这个栏目中，他们更进一步巩固了自己的群体感与共同体想象。因为他们年龄相差无几，又拥有大同小异的生活经验，在新式教育体制下接受的是几乎一样的教育，很容易将自身与他人的遭遇与经历牵连对比。另外，许多通信者通过在杂志上发表文章而身份转变成为作者。

那么青年学生们是如何理解与对待这个能让自己直抒胸臆的

① 对新式报刊的阅读既具有内部凝聚功能，也具有社会区分的功能，在趋同的"我们"与相异的"他们"之间建立起某种"边界"。如艾芜在四川家乡念高小时，对严厉的国文教员并不感到亲切。但当学生们偶然发现他也在读《新青年》时，一种认同感油然而；而且对阅读《直觉》《星期日》《学生潮》等新书报的人总是感觉格外亲切，乐于交流。但对于崇尚古文写作、鄙视白话的师生，他却是不以为然、敬而远之。参见艾芜："我的幼年时代"，《艾芜文集》卷二，四川人民出版社，1984年，第135-142页。

栏目呢？时就读于上海大同大学的宓汝卓对之寄予厚望，“对于《学生》，我也有些意见。我以为通讯一栏，应该尽量扩充。因为通讯讨论，最是亲切有味。我以前很爱读《少年中国》，因为《少年中国》的通讯一栏。是我所读了不忍释手的。《新青年》为文学革命的先锋，他的收效，不在胡适之、陈独秀一流的正式文章的鼓吹，还在通讯栏里周详的讨论与商榷。我以为在通讯栏内尽有许多关于学生切身的问题可以提出仔细讨论。登载底函札，也不必限于《学生杂志》一方面的。凡是关于青年们的，都可以尽量收入。——就是你私人函札，或朋友们的私人的函札，只要他有公开的价值，我以为都可收入。总之，通讯一栏，应该绝对公开，尽量扩充”。① 另一位读者也对早期通讯栏因稿源缺乏，导致学理讨论功能没有充分发挥出来而感到遗憾，“通信讨论本是一件极妥协的办法，苟能公平的据理的去讨论和商榷，比任何正式文章要收效得多。本志近几期刊登这类文字很少。真正讨论学理的尤其寥寥不多觐，难道这一类稿子寄来得少吗？以后务请你特别扩充才好。”② 而此种交流并非只是编辑与读者间的单向性往来，许多读者也积极地参与到这个过程中。有的人对他人叙述的不幸遭遇表示同情与共鸣，并将其与自己的经历进行类比和联系；有的读者则积极为他人提出的疑难问题寻求答案，帮助解决；有的读者不同意某些发言者的论调，就致信讨论辩驳，发表不同意见。虽编者在其中毋庸置疑地起着某种主导作用，但是通过现存的材料，仍能生动描述出这个拥有“相对”自由的栏目呈

① 宓汝卓来函，《学生杂志》9卷6号，1922年6月，“通讯”，第100页。

② 华少峰来函，《学生杂志》10卷9号，1923年9月，“通讯”，第4页（栏页）。

现出来的某些特征。[①]

因此，在“通讯”栏提供的交流平台内，我们能看到许多普通中等学生和小知识分子的声音，他们为了自己的前途或是社会、国家的未来而惆怅、焦虑。首先这个栏目成了许多读者表达与《学生》亲密关系及情感认同的场所。来自奉天安东商业学校的张名彦就认为《学生》改变了自己的整个生活，“我从前是一个枯寂守旧的学生，从来不知何谓‘改（解）放’‘新潮’‘新思想’‘新文化’，……种种新名词、新学说；每日除开埋首窗下，温读功课以外，没有一种有益的杂志来参阅；而我自己也不知觉悟，仍然糊糊涂涂度我的岁月。后来在校中图书馆偶然看到一本《学生杂志》，读过一遍，不仅兀自惊讶，以为世界上竟有如此补益学生的一种杂志”，在把杂志拿来从头读过以后，“好像我从一个旧式的人，跃而为一新式的人，从黑暗地牢里一跃而入了光明的世界”，在表达自己的感激之情后，他提出了自己对杂志的期望，尤其对于通讯一栏寄望甚深，“因为本栏多是各地方各同志对于本栏的意见，或是讨论本志的疑点，也是我们交通信息，联络感情的机关，所以本栏不可不注意的”，他还希望能借此获得与异地学生联络的机会，“每期可登出爱读本志及常投稿本志学生的照片，最好在照片注明通信地址，使我们可以一睹他们的革容，并足便于通信接洽。”[②] 来自河南西平县的一位高小生也从中得益匪浅，“我和《学生》会面，不过几个月，以几个月的初交，还因为我是小学生，所以不敢妄加批评。但是我读了本志

① 当然，这个媒介空间也如其他任何一种舆论场域一样，并不是完全对所有人和所有信息都是自由公开的。受杂志篇幅、编辑倾向等因素影响，要想在言论空间里绝对自由发言并不是一件现实的事。当然，从被过滤的声音中我们也能同样看到学生群体思想趋向的某些侧面。

② 张名彦来函，《学生杂志》10 卷 3 号，1923 年 3 月，“通讯”，第 6 页（栏页）。

后，好像从一个旧式的人翻而为一个新式的人，从黑暗中进入光明世界中一样。”① 陕西学生高崇福致信表达其对编辑杨贤江的倾慕之情，“我僻处西北，组织的同志们，除高氏昆仲和你的名字常在《学生》上看见的——尤其看见你的多；自我从民六读《学生》以来，每卷只要有你的作品，没有不先看的；这是情感的自趋，不足怪奇的！你在上海，我在西安，中隔关、山、河、川，不知几千里，谁见过谁？但我相信情感上已经是认识得很久了。”除此之外，他还恳请杨贤江常常与之通信并介绍其加入“青年问题讨论会”，“我很盼望你应允我的请求，介绍我入‘青年问题讨论会’，并恳祈你和我以后常常通信，讨论砥砺，补救我脑中的饥荒，社交的穷乏；都是我所奢望的。”② 这些学生们普遍都有参与到一种遍及全国的人际交流网络中来的强烈愿望。如商务早期为吸引学生投稿而组织的“文艺观摩会”就不断被读者提及，希望恢复这个组织作为全国学生交流联系的机构，最终建成一个巩固的全国性团体。山东青州省立四师的徐廉垣就此阐述自己的理由，“一个人的知识有限，所愿知道的东西，却是无穷，现在关于学生的本身问题，实在是不可胜数了，倘若非彻底的明了，不免有些盲目的举动。所以必须大家互相帮助，互相讨论，才能够得个正当的结果，作一般青年学生的目标。我个人的意见，觉得似乎可以就前日贵社所组织的文艺观摩会，再大大扩充起来，教她做全国学生界讨论问题的公所。限期令会员投稿，或由贵社酌定题目，令各会员发表意见。把他们的结论，就在《学生》上面发表出来，供给全国青年学生的参考。一方面可以借这个机会，解决许多问题；一方面可以联合国内各地学生，作

① 于锡乾垣来函，《学生杂志》10卷8号，1923年8月，“通讯”，第12页(栏页)。

② 高崇福来函，《学生杂志》10卷5号，1923年5月，“通讯”，第6页（栏页)。

成一个重要团体。不但可以协力共进，并可教读者得许多没见面的朋友；实在是完全的一个善法。比较只读几篇一定的文字，独自赏鉴，更好得多了!”就是杨贤江、侯绍裘等九人组成的“青年问题讨论会”亦应扩充以达到此目的，“可惜这个会，是由杨君贤江等九人所组织的，似有点不大普及，倘若能扩大范围，教国内的热心者们得到个参与的机会，那就庆幸极了!”① 他们都渴望认识在杂志上正式发表文章的人，也希望了解编辑者，“本志从本年份起、增了‘投镐者小史’一栏，使我们爱读本志的文字的人，知道本志文字投稿人的历史，再好没有。但是我更希望本志的几位编辑先生们，也把他们一己的小史详细地写出，使我们读本志的人们得知些编辑者事迹和经历。倘能将各人的照片同时印出，那更加可以使我们得认识诸先生的形容，安慰我们读者的渴慕于万一了。”② 其他学校的情形，也是他们所极愿意了解的，《学生》设置了从第九卷开始设置了“学校写真”，目的是“可以增人滑稽的感觉，可以助人反省的资料”，③ 但是后来因缺乏材料而暂时停顿，不少学生读者来信表示希望恢复此栏，因为它可以使学生们了解其他学校的状况，“学生生活写真，学校生活写真，越法多收集些稿件越好，好教我们知道各地学生或学校的信形。”④ 最重要的是它可以打破各地“学生社会”之间的隔膜，使国内学生界互通消息，“我们晓得，现在中国学生生活，实在隔膜得很，换句话说，就是大家互相不能得到一种观摩。……我们没有一个居间的机关，为我们尽量发表我们所受的

① 徐廉垣来函，《学生杂志》10卷7号，1923年7月，“通讯”，第2页(栏页)。

② 郑颂平来函，《学生杂志》10卷7号，1923年7月，“通讯”，第3页(栏页)。

③ 《征求学校密谈》，《学生杂志》9卷1号，1922年1月。

④ 谷凤田来函，《学生杂志》10卷10号，1923年10月，“通讯”，第7页(栏页)。

愉快或痛苦，国内学生的消息，未免太寂寞了。这是何等的恨事啊！所以我今后对于本志惟一的愿望，便在能使‘学校写真’重新复活。这就是与学生界通消息最经济的方法。”①

除了情感表达以外，各地学生们还通过这个渠道寻求自己想要的东西。如精神上的慰藉，学业上的帮助，身体上的治疗，活动上的支援……，总之，将其当成了无所不能、可以倾心相诉的生活总顾问。

学生最关心的自然是学业问题。很多在学校里摸不着门道的学生将《学生》视为课外辅导的唯一工具，寄望甚厚，“贵社所出《学生》杂志，要算全国中等学生界最好的读物。这并非是我的过誉，实在中等学生界课外自习的书本，舍《学生》而外，找不着比他更适宜更满足需要的一本了。所以《学生》是黑暗之明灯，引导青年走入光明之路，功劳实在不小啊。”② 有人建议出英文研究号，有人建议多登理化类作品，有人建议审定科学名词，有人建议刊登入学试题，……失学的学生也将它当成自修时询问疑难的最好渠道，《学生》的亲和与平易近人跟其他刊物形成鲜明对比，“像我们这样无师可寻的人（失学者），本已是痛苦极了，屡屡将一些疑问寄到那些所谓启发知识、在学界占位置的刊物上，但是他们那号称主笔先生的，都是要摆面孔，搭臭架子的。你虽三番四次的求答、乞教，他总是置之不理的。我们想一想，本也难怪他们. 因为他们本是借‘启发读者如识’来混饭吃的哦！像《学生》这样诚恳的待读者，真真了不得啊！从此我不独把《学生》看作益友，并且要认《学生》为良师了。”③ 总之，

① 郭绎之来函，《学生杂志》10卷7号，1923年7月，“通讯”，第4页（栏页）。

② 李曰晅来函，《学生杂志》10卷12号，1923年12月，“通讯”，第22页（栏页）。

③ 佚名来函，《学生杂志》10卷7号，1923年7月，“通讯”，第6页（栏页）。

学生们将之视为课外自修的重要甚至是唯一的工具。[①]

我们可以看到，《学生》成为一些固定读者生活中的一部分，他们通过长期的阅读建立起了对刊物的情感依恋。有的是改版前就成为忠实读者，有的则是被改版后的杂志更为亲切的风格所吸引。一位积极的通信者——济宁中西中学的学生姜敬舆从1920年前后开始阅读《学生》，亲身感受了杂志鲜明的变化："本志改进的精神，实在使人佩服！三年来，我领受它的勉励劝言和指导，使我生活上、精神上生了很大的变迁：趋向于有目的善良的方面。为此，我不能不感谢诸先生！今后的本志，因采纳读者的意见和诸先生的努力与热心，必更臻于完美的地步了。"[②] 有的读者从中得到做人的方法，"《学生》不仅供给我们知识，并且指示我们做人方法。在这出版品幼稚的中国，真是一种不可多得的完美读物啊！有人说：《学生》是青年界的明星，是青年界的保姆；想是非常中肯的罢？即以我个人而论，得它的益处也着实不少。不能不借这机会感谢一声。"[③] 有的读者从中得到参与社会活动的启发与勇气："我读《学生》三四年以来，受的益处，真真不少！尤其是引起我社会服务的心。——大半都是受你的高尚议论之感动；你确是我们一般青年的良友啊！"[④] 有的读者视之为学问上探讨的真朋友，从中得到各种学科的相关消息和研究科学的兴趣，"我从前是一个生活枯寂的学生。人说：学问多是从

① 有人就认为学校解决不了学生的求知欲与生活问题，只有借助《学生》这样的媒体及与之联系的广大学生群。参见吴守复来函，《学生杂志》10卷11号，1923年11月，"通讯"，第6页（栏页）。

② 姜敬舆来函，《学生杂志》10卷7号，1923年7月，"通讯"，第7页（栏页）。

③ 华少峰来函，《学生杂志》10卷9号，1923年9月，"通讯"，第4页（栏页）。

④ 孙渊来函，《学生杂志》10卷9号，1923年9月，"通讯"，第4—5页（栏页）。

朋友间研究得来的；但是我一个真学朋友都没有！有了，就是《学生》罢。我和《学生》订交只有三年；她便能提高我的思想，增进我的学术，引起我对于科学的兴味。令我不再度那枯寂的生活！”。[①] 有的从中警觉了自己过去生活的不当与堕落，力图自我救赎。江西吉安吉州中学的刘缁林在通讯中自承是个病夫，深受手淫和酗酒的苦楚，并喜欢看颓废派的文艺作品，“我心目中所希望的将来的我，是一个怯懦的文人”。阅读《学生杂志》使其幡然猛醒，“我读了《学生》后，使我得到人的正常的生活。知道努力读书，练习种种社会服务，增加壮交，都是我应该走的路。可是有《学生》在手上时，就有这种念头。一离开《学生》，便立刻恢复病状！只有天天读些厌世、颓丧派的文艺作品，有时还要滴几滴泪。”因此，他能做的也是向《学生》求救，“先生！我这个病，你可以‘承医’吗？你看这封信后，或能够指示我对于身体、精神两方面如何去训练，我或者可有生路；倘若你说，这是无可救药！那末，我就早晚只有实行自杀。”[②] 自然，因阅读杂志而带来生活态度及价值观念的改变，在《学生》的其他内容中也有体现，不止限于通讯栏。如直隶的一位中学生自述读“青年生活态度”专号前后的人生观变化，“我读青年生活态度号以前，我是个抱消极主义的中学生，以致功课坏的很，品行更无言，辜负了大好光阴，实是抱愧的很，现在读了该号以后，便觉悟了！将前日抱定的悲观，完全打消；抱定了乐观，切实向前做去。成功与否，则在所不计了！抱悲观是无济于事的，欲改造社会，另建中国，前面都是快乐，何必去抱悲观？”[③]

---

① 姚海霞来函，《学生杂志》10卷8号，1923年8月，“通讯”，第8—9页(栏页)。

② 刘缁林来函，《学生杂志》11卷8号，1924年8月，“通讯”，第92页。

③ 云峰：《读‘青年生活态度’号以前和以后》，《学生杂志》11卷7号，1924年7月，第107—108页。

此外，在《学生》这个公共平台上，读者可以与正文中的作者直接交流，当他们对相关主题有什么疑惑时，就直接向作者讨教，而作者也在栏内回复。如中国公学附中的夏坚白对研究科学很感兴趣，因此写信向经常在《学生》上系统介绍科学知识的陈广沅表达景仰，“我读《学生》三号，见先生的《什么是科学的精神》。于是高高兴兴详详细细地读。我是想研究科学的人，但是程度非常浅薄，并且还缺少良朋的指导，所以虽有志而不得达。我读《学生》，最喜欢读先生的文章，而最近的这篇，尤使我满意。先生的忠告——三件事，已写于我的日记册上了。”他并就研究科学的门径向陈求教，陈氏也对其问题进行了详细答复。① 陕西青年卫仰仲来信表示读了高尔松的《苦学生生活》一文后非常地钦佩，但他认为其方法仅仅是针对校内苦学生而言，对于校外在职的贫苦青年没有多大帮助，他自承是一位仅仅读过初小的学生，现在初小教书，家乡风气蔽塞，附近学校里一点新报刊新书籍都没有；自己想再求些新知识，但是求学无路，所以想再请高氏指条明路。高尔松回信承认未谈及这个问题，且认为这个问题很难解决，“青年问题讨论会”曾经在讨论自学问题时亦想筹思解决之道，结果发觉此事极难，毫无办法，“作过渡时代的人，本来是最苦的，而我们做过渡时代中的苦学生、苦青年，尤其于精神与物质两方面都要感受加倍的痛苦。”高氏最后建议其在每年的薪水中抽出二三十元作为求学费用，通过入函授学校、订阅新杂志、购买新丛书、与外边朋友通信等变通的方法来追求新知识。②

学生们自己也能在这个空间内彼此交流，互相援助，使之真

① 夏坚白来函，《学生杂志》10卷5号，1923年5月，“通讯”，第6页（栏页）。

② 卫仰仲来函，高尔松复函，《学生杂志》10卷9号，1923年9月，“通讯”，第2-3页（栏页）。

正成为面向普通学生们的公共论坛。比如有几位学生因为患有严重的口吃症而向编者与其他读者求助，“我想先生常能够给我们一般青年解决各种问题，我这个身体上莫大的缺陷，还是请先生想个圆满方法，给我解决罢。千万先生多费点神，救我这一命才好，否则我实在痛苦死了。”[①] 另一位读者悲生见之也来函求救，寄托全部希望在《学生》的编者和读者身上，“先生虽然不是‘医生’或‘口吃经验者’，但我想先生交际很广，朋友中或有一二精通医理的人，请先生本诸平素爱护青年的心，帮我们问问医治的方法；倘是没有医生的朋友，是否可以特别加惠，将《学生》留出一些空位，征求这‘疗治口吃’的方法？我想我国人这么多，或有一二能医治的人，也说不定。若能办到，不独我们受先生的厚赐，想全国和我同病的人也不少，一定也感先生的大恩呀!”[②] 不久，就有几位读者看到这种情况，投书杂志，为他们筹思种种救济方法。绥远师范的逯云汉提供了自己在某报章上看到的治疗法，以及切身经历的实例；另一位读者荫余则表示，“连读仲直和悲生的通讯，使我难过极了”，在劝导之余，也提供了救治方法，以“表示我们青年的互相怜爱”。[③] 另外有读者在杂志上看见有青年陷入手淫的泥沼不能自拔时，也亟亟地为之介绍相关控制性欲的书籍，以供参考。[④] 还有热心读者积极为其他在职自学者介绍函授学校，虽然有为商务做广告之嫌，但也是热诚可感，“现在以我经验所得，敢以十二分的诚恳来劝告你，请你速入商务印书馆函授学社，我敢保证你，如其你能够去读，那

① 仲直来函，《学生杂志》10 卷 12 号，1923 年 12 月，“通讯”，第 13 页（栏页）。

② 悲生来函，《学生杂志》11 卷 7 号，1924 年 7 月，“通讯”，第 97 页。

③ 逯云汉、荫余来函，《学生杂志》12 卷 1 号，1925 年 1 月，“通讯”，第 154—155 页。

④ HKD 来函，《学生杂志》10 卷 10 号，1923 年 10 月，“通讯”，第 9 页（栏页）。

你绝不至于会空耗金钱与光阴的！一定会达到你求知的目的的。”[①]

至于规划生活，许多学生受到新思想资源的启发，提出应以科学化与艺术化为生活原则。山东省立一中的祁延霈就认为应该以艺术化与科学化为生活的原则，科学化即是“研究科学：从科学的内容中，知道生活现象的原则，从原则中，以定生活的标准。并用科学的方法，应用做人生的方法——生活的方法——以成有条理、有意义、不盲从、不武断的生活。”而艺术化是“生活要悬一个具体的高尚的理想，然后照着理想去创造。并要使生活像艺术品那样协和、整饬、优美、一致，以成理想化、美化的生活。”[②] 姜敬舆在面对当时学生们颓废的个人享乐生活时，也呼吁“我们也须要一种科学化的生活呵！——比享乐生活更重要！”[③] 以科学方法来规范生活，是五四后崇尚科学的新派们的主张，从中明显可以看出中等学生们的思想资源受新文化精英们影响的痕迹。[④]

不能不提及的是，由于这个栏目的自由灵活性以及编辑杨贤江的激进色彩，“通讯”栏在某种程度上转化成了宣传政治革命理念的园地，这种趋向愈到后来愈为明显。杨氏在回复中将许多学生提出来的具体个人问题都引向对社会的整体把握与阶级化分析，最终的结论往往是在现存的政治、经济制度下，个人的具体

① 严洗尘来函，《学生杂志》12卷9号，1925年9月，“通讯”，第92页。

② 祁延霈来函，《学生杂志》10卷10号，1923年10月，“通讯”，第1页（栏页）。

③ 姜敬舆来函，《学生杂志》10卷12号，1923年12月，“通讯”，第11页（栏页）。

④ 关于科学可以变更或解决人生观问题，可以使混沌散乱的思想规范化，甚至可以产生人生观的论述，参见叔永（任鸿隽）：《人生观的科学或科学的人生观》，《努力周报》第53号，1923年5月20日。不少学生提到自己受胡适、周作人、蔡元培等新文化精英的影响。

问题唯有放在民族或社会革命的大框架中才能解决，即“觉悟”青年只能通过参加整体的国民革命才能彻底改造社会并纾解自身困境。江西中学生刘缁林在读过杨贤江的文章后就感叹道：“先生的文章，多么富于刺激啊！我是一个无产的中学生，虽不为升学所苦，——因为我不敢做升学的梦。——但我对于将来的职业问题，是异样的恐惧。”接着便是觉今是而昨非的恍然大悟感，“我以前对于这种情形，只是归之于自己的命运，毫不思起而反抗。好像这种怪现象，是人类社会所当有的。现在得了先生的教训，才如梦初醒，知道我们无产阶级尚有一个重大的使命”。因此新的“觉悟”产生了：“我如其为饥寒而死，到不如为奋斗而死！从今后，我虽不能做个健将，但我至少要效力做个小卒，愿与我同志们群起而争回自己的人权。在我来从事以前，自然是要静听先生与国内诸志士的教训。”①

虽然不能确定有多少读者受到了这种激进政治理念的影响，但显然有不少读者在了解并掌握了这样的理论后，纷纷表示恍然大悟，随后便自动用其来阐释自身处境与人生方向，将自身焦虑与民族国家的困境联系起来。② 这种解释模式即最小化了个人的责任（如在升学考试中由于程度不足而被淘汰者），又进一步提升了自身使命感，将一己的生活挣扎与国家民族的命运改变结合起来。这种改变重塑了他们对自身的理解，不过此时已不再是以

① 刘缁林来函，《学生杂志》11卷8号，1924年8月，“通讯”，第93页。

② 叶文心在论及同样面向城市职业青年发言的《生活》周刊时，认为期刊使小市民们将他们自己看作为一种新的阅读受众，周刊广受欢迎的“读者信箱”栏则通过将数千个个体自己的困境与作为一个整体的国家的困境联系起来，从而将城市中下层知识青年关于自身的焦虑转化成为关于国家的政治忧虑。对于此处所讨论的《学生杂志》“通讯”栏来说，这个描述无疑也是适用的。参阅 Wen hsin Yeh（叶文心），“Progressive Journalism and Shanghai’s Petty Urbanites：Zou Taofen and the Shenghuo Enterprise，1926 — 1945.” In *Shanghai Sojourners*，ed. Frederic Wakeman，Jr.，and Wen－hsin Yeh，University of California Inst of East，1992，pp. 186－238.

学生为社会中坚阶层或国家未来主人翁的“虚拟想象”而参与社会，而是先用新的身份分析概念将自身“无产阶级”化，[①] 然后再将自己放在工农大众引导者、唤醒者或是附属者的位置上，以新的方式参与社会和政治。因此，某种意义上可以说阅读刊物改变了某些学生对社会与自身的理解方式。[②] 当然，这个交流园地的逐步政治化随着栏目于1925年底的被取消而终结。虽然激进政治动员的声音仍然在刊物上一直持续到1926年底。但是作为学生中介联络方式的媒介作用，并未完全消失。各地学生仍在杂志上发表习作，在“答问”栏中询问问题，持续进行着阅读活动。

那么，读者是通过什么渠道阅读到该杂志的呢？从通信材料中我们可知道，有的是从校图书馆借阅，有的是从朋友处看到，更有许多是自己订阅。一位读者讲述了自己从借阅到自订的过程，“我向来是向人借阅的，得著的益处自然不少。后来觉得向人借阅有些不便，自本年七号起，自定一份了。现在收到七、八

---

① 这种自我身份表达的无产阶级化某种意义上是一种主观的建构，许多家境并不贫穷的学生，因受家庭压迫、包办婚姻、入学考试限制等因素影响导致不能升学，也多自我命名为“无产阶级青年”，参见《学生》通讯栏：周继福来函，11卷3号；王继章来函，K. C. L. 来函，11卷8号；周师哲来函，12卷11号，等等。这种现象恰如费正清所述及的，“无产阶级”这个词在中国革命中被巧妙地转化成了“无财产阶级”，包括进了贫农等阶层。参见费正清主编、杨品泉等译：《剑桥中华民国史》(上)，中国社会科学出版社，1993年，第6页。学生们对这个术语的使用，无疑也是从源于字面意义的想象着手，借此进行自我的身份建构和认同塑造。虽然他们未必真正明白诸如此类的马克思主义分析术语的实际意涵，但这并不妨碍他们将其挪为己用，作为理解社会的理论“装置”，并针对社会和个人建立起一套反思性的言说体系。

② 费约翰在描述近代中国的政治“代表”问题时，认为知识分子对被压迫阶级的代表方式有从同情型代表向觉悟型代表转化的趋势，即从“出于人类同情心”的代表向“为后者描画真正的物质利益来代表他们”的方式转变，《学生》编者的动员策略似乎也有这样的转换轨迹可寻。参见费约翰著、李恭忠等译：《唤醒中国：国民革命中的政治、文化与阶级》，北京三联书店，2004年，第465—471页。

两期，手不释卷的读著。在本期看完、下期未收到的中间，脑海中竟闹起饥荒来。”[①] 作为自修工具，他们除了阅读《学生》外，自然还订阅有不少其他期刊报纸。一名中学毕业在家自学的青年就自述所采方法为“广读书报增进学识。除批阅课本解答试题以外，又购关于文学、社会学、卫生学之最新出版书籍二十余种，并定有《东方》《妇女》《小说》《学生》《英文》五种杂志及《民国日报》以便披阅，而明社会潮流之趋势”。[②] 类似这样的青年还有不少，可见阅读报纸杂志也是当时失学或在职青年自学的重要方法。

总之，从《学生杂志》的“通讯”栏可以看出，这份杂志在当时一般青年学生的阅读市场中拥有较高的普及度和占有量。学生们将它视为良师益友，能指引自己脱离困境，走上光明之途，因此他们无论什么问题都愿意告知编者，以求得解答与帮助。某种意义上，可以说当时《学生》已经成为一般普通学生私人生活中的一部分，并为他们拓展了生活空间，在全国的舞台上为他们建立起来互相交流与联系的渠道。《学生》既是他们获取新的知识与思想资源的媒介，又是他们身份表达与自我认同形成的载体。当然，我们也不能过高估计了《学生杂志》在中等学生中的流行程度，新式教育培养出来的学生们不一定都喜欢读新文化刊物，大众休闲类的作品或仍是人们最容易接受的。如陈广沅就在20年代初的交通大学上海学校（南洋大学）中观察到，读通俗类小说是学生的最爱，图书馆里小说的“销场很大”，“差不多一种《礼拜六》在校内就有两百余本”。[③] 其他地方情况也差不多，

---

① 李曰晅来函，《学生杂志》10卷12号，1923年12月，“通讯”，第22页（栏页）。

② 李佩卿来函，《学生杂志》12卷11号，1925年11月，“通讯”，第1页。

③ 陈广沅：《交通大学上海学校学生生活》，《学生杂志》9卷7号，1922年7月，第46页。

山东济宁的姜敬舆也看到一般中学生爱读小说的居多，“青年人很少有不看小说的。——据各学校图书馆的报告，贷出的书以文学书为最多。我们学校里有五六个学生，每人定了一份《小说世界》。但定《学生》《东方》《学艺》《说报》，那就很少了。不因为别的，是因为读后面这些书，要多绞脑汁!”① 蔡元培在论及新文化的传播过程时也说，“最热闹的是小说”，其中首要的还是新标点的旧式小说《水浒》《红楼梦》《儒林外史》等，其次是翻译的外国小说，再次是新创作的白话小说。② 不过无论如何，在这个栏目中，我们还是可以明显感觉到阅读杂志给他们的生活带来的某些变化，也能看到当时学生学习生活过程的时代特质的某种呈现。

综上所述，可以说自近代以来，报刊媒介的深度参与，极大地改变了学生群体的学习与生活方式，既构成了他们的思想媒介，也塑造了他们的聚合方式。正如前人研究指出的，近代以来，办杂志者和读杂志者渐形成一个自足的社群，不甚注意杂志之外的读物。因此传统旧学渐渐疏离出大众视野，西洋传来之新学主导社会，这既与近代中国峻急逼仄之时代语境相关，也导因于学术思想传播媒介的变化。③ 如有人指出 20 世纪最初 20 年的考证之学取得了很大发展，却不为世人所知，“特专门之事，少数个人之业，世人鲜有知之者，而阅杂志之少壮诸君则知之尤鲜。”④ 其中最重要的原因之一恐怕就是新派学人与学生用来接

---

① 姜敬舆来函，《学生杂志》10 卷 10 号，1923 年 10 月，“通讯”，第 8 页（栏页）。

② 蔡元培：《三十五年来中国之新文化》，庄俞、贺圣鼐编：《最近三十五年之中国教育》，(上海）商务印书馆，1931 年 9 月，第 21 页。

③ 罗志田：《国家与学术：清季民初关于“国学”的思想论争》，三联书店，2003 年，第 308—309 页。

④ 抗父：《最近二十年间中国旧学之进步》，《东方杂志》19 卷 3 号，1922 年 2 月 10 日，第 33 页。

受和传输智识资源的工具已与传统全然不同，致使他们跟与新派报刊关系较浅的学界“老辈”日渐疏离。[①] 而与之相对的是，大众传播媒介与青年学生之间的密切互动，使得近代学校学生的生活图像呈现出与传统读书人完全不同的情景。报刊阅读与生活营建已经在青年学生的个人生命历程中紧密地缠绕在了一起。可以说，他们的人生道路也往往因此而发生转变。

① 这些老辈学者的人脉、学缘、业缘等固然与五四前后崛起的新派学者不同，他们与那时成为学术思想传播重要工具的大众报刊乃至新式丛书之间的疏远恐怕也是一个重要原因。关于民国学界老辈的具体情况，可参阅桑兵：《民国学界的老辈》，《历史研究》2005 年第 6 期，第 3－24 页。

结　语　媒介与学生

——近代社会文化史的另一个侧面

在近代中国社会，无论是学生群体作为一支独立力量的兴起，还是报刊媒介在转型时期逐渐成为近代读书人寻求角色认同、身份表达的主要凭借，其意义都已被学界中人充分论证。不过论者多关注于已具备一定社会身份的知识分子如何借助报刊媒介经营自身生活，实现事业理想；普通学生群体与报刊媒介之间的关系，则还缺乏深入的研究。本书便是希望从报刊史的角度来审视与近代学生群体相关的若干问题。例如，学生学习方式的演变，切身问题的突出，社会地位与群体形象的塑造，自我认同与集体意识的呈现，进身之阶与聚合途径的转变，这些问题都是关乎学生这个知识分子次群体在近代社会形成并发挥影响的重要因素。而有意味的是，这些问题无不与新式报刊媒介的出现与兴盛紧密相关。本书前面几章已经从《学生杂志》出发对学生及其问题在媒介中的呈现，以及学生与媒介的紧密联系做了初步的讨论。下面将进一步深化文中提出的一些问题，对某些比较重要或未来得及详细展开的关节，进行更深层次的梳理与补充讨论。

一、报刊媒介、知识转型与新学生群体的关联

清末民初报刊媒介的勃兴不仅催化了近代政治之演变，也与近代知识体系的转型紧密相关。在政治上，甲午中日战争后，受

到丧师失地之耻辱的刺激，各种新式传播媒体应运而兴，不仅在数量上还是质量上都发生了较大的变化，许多通商大埠乃至某些内地城市都创办了大量新式媒体。不少士绅名流及中下层官僚都借新式媒体发表政见，鼓吹变化维新，襄助新兴事业，使得传播媒体的政治化倾向愈加显著。[①] 不仅上层士大夫与报刊联系趋近，清末还出现了大批面向下层社会读者说法的白话报刊，体现了当时读书人热衷于开通“下流社会”的程度。[②] 不仅在政治、社会层面，报刊发生着巨大的作用，在知识体系转型方面，其照样意义重大。众所周知，作为传统典范知识的三坟五典、四书五经，其存在形态多是以单本、类书、汇编等方式呈现。[③] 而近代西学东渐后的知识类别，则多是以报刊文章的方式传播到广大的读书人中间。前者的流通速率及知识承载方式显然与后者迥异。正如一位学者所述，“制作知识的方式必然会影响到知识的本身——其形式与内容。”[④] 并且，近代意义上的报刊在中国出现之初，就主要是作为一种承载西学的媒介而被接受的。[⑤] 到了晚清，大量报刊作为西学（新学）知识的装置系统涌现，直接影响了士人接受知识的路径。清末科举改制后，不仅在社会群类上，士子童生逐渐为学堂学生而取代；在学习方式上，更是经历一个

① 可参阅李仁渊：《晚清的新式传播媒体与知识分子：以报刊出版为中心的讨论》，台北：稻乡出版社，2005 年，第 97—151 页；Joan Judge，“Public Opinion and the New Politics of Contestation in the Late Qing，1904－1911”，*Modern China*，Vol. 20，No. 1 (Jan.，1994)，pp. 64—91.

② 蔡乐苏：《清末民初的一百七十余种白话报刊》，收入丁守和主编：《辛亥革命时期期刊介绍》第 5 集，人民出版社，1987 年，第 493—538 页。

③ 艾尔曼著、刘宗灵译：《收集与分类：明代汇编与类书》，《学术月刊》2009 年第 5 期，第 126—138 页。

④ 戴维斯（John Davis）：《历史与欧洲以外的民族》，收入海斯翠普（Kristen Hastrup）编、贾士蘅译：《他者的历史》，台北：麦田出版社，1998 年，第 34 页。

⑤ 参阅熊月之：《西学东渐与晚清社会》，上海人民出版社，1994 年，第 392—396、418—474 页。

重大的变化。因为在传统科举形成的一套制度性建制中，读书人所修习的无非是四书五经等圣贤家言，富家巨室可在家延师设馆，或是在官学书院修读，为学者亦不能离开试帖、楷法、时文等的羁绊。而到教育制度整体转型后，近代学生的学习方式不仅与学校这样的建制空间联系起来，也因报刊媒介的出现而发生转变。这自然与新的知识谱系的建立有关，由西方传来的现代型知识样式一方面通过译著被传输，一方面也通过报章文字被普及。而在那个追求快速高效地接受西学的转型时代，后者的功用或更大于前者。阅读课外报刊成为学生们汲取旧学新知的主要渠道。如在苏州求学的青年包天笑就从阅读报刊新书中获得了初步的科学知识与中国急需科学的观念：

> “我常常去购买上海报来阅读，虽然只是零零碎碎，因此也略识时事，发为议论，自命新派。也知道外国有许多科学，如什么声、光、电、化之学，在中国书上叫做‘格物’，一知半解，咫闻尺见，于是也说：‘中国要自强，必须研究科学’。”①

从晚清至民国，提倡学生阅报以充学识的呼声一直未曾间断。1917 年底，一名清华学生就指出阅报有识时务、助思考、益学术等种种功效：

> “识时务之道不一，就学生地位论之，似惟有阅报耳，试问吾侪终日与书卷为伍，与简单生活为侍，除阅报以外，尚有何术以识时务哉？……阅报所以增学识。凡科学之发明，哲理之探讨，政论之辨析，人事之研究，无不于报章焉发布之至，若农商教育之实况，社会教育之调查，则又无在

① 包天笑：《钏影楼回忆录》，山西教育出版社、山西古籍出版社，1999 年，第 169 页。q

非参考之资料，推而至于记述之谈话，辑录之诗文，虽东鳞西爪，不成统系，亦皆可喜客观，益人神智。”①

作者此处所指的“报”自然也包括期刊在内，可见当时学生自己对阅报之益处的充分自觉。进入1930年代后，仍有学生在强调向外求智识的读报，胜过呆板机械的教科书本学习：

> “社会的环境是这样恶劣，为了寻求智的充实，优美，拿来做人斗争的武器，所以有学校的设立和书本的印行，来做求智的工具。然而学校依书教授，书本又是机械的，死的科学，社会的进化无穷。机械的学理不能应环境的需求而改进，于是在研究呆板的学科之外，还有向外求智识的必然的选择，所以发生了阅读报志这一回事。报志是有时间性的记述，和评论的刊物，是适应社会潮流的著作。”②

可见报刊媒介在学生知识获取方面的作用已被时人广泛认知。结合笔者前面的分析，可以知道，因中国近代所遭受的屡次军事、政治挫败，再加之“从四部之学到七科之学”的知识转型，与旧习旧学相关联的成人在时代舆论中的形象日益低落，而象征新知与未来的学生的地位则愈益突出，而要构建这样的“新”学生，报刊媒介不可或缺。

二、报刊媒介与打造“学生共同体”的可能

大众传播媒介在近代世界组织中所起的作用已获得学界的共识与反复申述。其中最著名的论说，则当属本尼迪克特·安德森的阐释。他认为，近代世界广泛流通的印刷媒介——如报刊、小

① 权：《学生与阅报》，《清华周刊》第124期，1917年12月20日，第1—2页。

② 翁恺明（初中三丙）：《我对于阅读报志的困难》，《市一中学生》1931年第1卷第3—4期，第11—13页。

说等使得民族国家这个“想象的共同体”成为可能，18世纪以来兴起的报纸与小说，和现代“民族主义”观念的出现紧密相关。这些文字出版品的被消费，使得阅读它们的人们形成了超越时空的群体感；这些出版品创造了一个个“超乎寻常的群众仪式”，即对于作为小说的报纸几乎分秒不差的同时消费（“想象”）。同一份报刊的读者知道同时有许多人在与他进行共同的阅读活动，因此他们“更是持续地确信那个想象的世界就植根于日常生活中，清晰可见”。① 正是这些印刷品穿越了同质而空洞的空间，将散居各地的阅读者们转成一个具有相同趣味与诉求的共同体。安德森的阐释方法对于我们理解中国近代历史发展是同样有意义的，阅读市场的发展与近代集体意识和新型文化形态的形成紧密相关。② 通过阅读相同或相近的书报，人们会产生一种相同的时间观念和自我意识；一个知识青年可以因此而获得稳定的时间进程感，明白在本身个体之外，还有来自全国不同地域的不同读者，在与自己阅读着同样的文字，在共同参与着对新的历史过程的建造，而自身并没有被抛出这个过程之外。正如学者所述，报纸与其他媒体扮演的角色是“建构与维系一个井然有序而又意义无穷的文化世界”，因此，阅报的最重要效果，并不是读者可以得到各式各样的事实信息，而是他或她可以“作为观察者，参与一个各种力量相互竞逐的世界”。③

报刊媒介在形成集体共同身份的同时，也在促进知识、思

---

① 本尼迪克特·安德森著、吴叡人译：《想象的共同体——民族主义的起源与散布》，上海世纪出版集团，2005年，第31—32页。

② 参阅张仲民：《出版与文化政治：晚清的“卫生”书籍研究》，上海世纪出版集团，2009年，第294—300页。

③ Jeremy D. Popkin, “Media and Revolutionary Crises,” in Jeremy D. Popkin (ed.), Media and Revolution: Comparative Perspectives, Lexington, Ky.: University Press of Kentucky, 1995, p. 23. 转引自潘光哲：《时务报和它的读者》，《历史研究》2005年第5期，第76页。

想、情感乃至机遇等符号资源在共同体中的流动与共享。法国社会学家布迪厄曾指出共同身份对个体聚合与资源共享所起的作用，尤其是“通过某一称号或某一共同身份对个体（他们是由于极大的社会相似性而聚集起来，并因此得到认同和合法化的个体）的强制作用而建构起来的以学业为基础的群体”，因为“青年学生之间必然会建立起一种浓厚而持续的兄弟般的情感联系，正是这些情感联系构成了群体成员之间连带关系的基础——这一基础具有自然的表象，就像家庭对于家族那么自然。”近代的学校制度将数量众多的学生集中于同一个物理空间内，创造了社会资本共享与流动的机会，“教学机构实施的聚合性隔离或许就是情感社会构造的最有力的操纵者，而同窗之间的友情或者爱情，正是社会资本这一珍贵的资本类别在结构上呈现的一种最可靠、最隐秘的形式。”① 不过，在现代教育机构之中能够同窗共读的好友毕竟有限，共同体情感的形成，更多的还是那些从未谋面，却能在报刊媒介上相互感知的学生。因此，报刊在形成社会资本的流动与共享方面，并不亚于学缘所起的作用。在传播媒介已成为近代读书人身份依托与角色表达的重要工具时，情况更是如此。

从本书的叙述中可以看出，《学生杂志》就参与形塑了近代学生群体的自我意识和身份认同。正如文中所述，凭借商务强大的资本力量与发行网络，该杂志在全国范围内的学生群中流通，前期在该杂志上发表文章的庞大作者群中，具有学生身份的占据主导地位。虽然杂志发行量不超过五千，但该杂志社组织的“文艺观摩会”前后报名入会的在校学生超过两万人，而 1920 年以前全国中等学校学生数也仅止十万人左右，因此可以说该杂志拥

① 布尔迪厄著、杨亚平译：《国家精英—名牌大学与群体精神》，商务印书馆，2004 年，第 315 页。

有以中等学生为主体的相当可观的读者群。①

这些年龄相当，接受的教育内容也相差无几的学生们，在中国峻急的时代环境影响下，主体意识与责任感进一步加强，尤其是借助于《学生杂志》这样专为己身说法且流传全国的报刊媒介，他们的群体身份意识也逐步萌生并扩散。可以说，五四运动时期全国学生的群起响应，也与这种全国性期刊所营造出来的归属感和集体意识紧密相关。相对于五四以前杂志上较为单调的以修德进业为言说中心的局面，五四后改版的《学生杂志》则通过向启蒙、新知、科学等主流价值靠拢而获得众多中等学生的青睐与赞誉。翻阅它的“通讯”一栏，称赞其为“苦海明灯”“暗夜火炬”等溢美之词比比皆是。虽然这其中难免有期刊本身营销策略的操作成分，但是其“开明”“宽容”“主流”“切实”的期刊形象建构无疑有助于其进一步博得青年学子的信赖，吸引他们将其作为表达自我认同和社会意识的场域。正如论者所述，“界”的兴起是清末民初社会动员新方式的一种重要表征，而当以“界”这一词汇表示广泛涌现的社会群体时，则表明一个易于识别但外表相当松散的多中心的亚文化圈世界的形成。②“学生界”这一词汇在各种论说中的频频出现，也体现了学生（此处主要是中等学生）作为一个群体所产生的自觉意识。而作为一个晚清以来新兴的社会文化次群体，学生的自觉意识逐渐高涨，使得他们也需要一种具备全国流通能力与网络的传媒工具，以建构一个兼具情感和身份认同的共同体，同时也促进其在更广阔的范围内进

① 早期由群益书局出版发行的以青年为立言对象的《新青年》(《青年杂志》)，每期印数也仅止一千本，还一度面临停刊的危险。说明杂志所依托书局的实力对杂志传播能量的影响不容小觑。参见汪原放：《亚东图书馆与陈独秀》，学林出版社，2006年，第33页。

② 萧邦奇著、周武彪译：《血路——革命中国中的沈定一（玄庐）传奇》，江苏人民出版社，1999年，第14页。

行自我凝聚与动员。①

美国学者叶嘉炽就提出，五四时学生界受新文化运动感染，意识到他们是一个具有特殊利益关怀的社群，甚至形成了自己的“亚文化”（sub－culture）。② 这种群体意识的出现，自然与学生类报刊（包括学生自办的以及与学生关系密切的）的中介作用紧密相关。正如前文所述，自“五四”的全国性运动发生后，社会整个地“动”了起来，各地的中下层知识青年积极地投身于潮流中，寻求新的未来。各式报刊媒介在此时起到愈加重要的思想媒介和聚合途径的作用，不仅向他们传输新的思想资源，提供模仿的榜样与初试啼声的机会，还将散居各地互不相识的青年学子们联结起来，促进他们的彼此认同，最终形成一个个虚拟的“情感共同体”。

从史实中我们也可以了解，五四前后的知识青年通过组织社团与刊物聚集起来，投入到文化运动与社会运动的阵营中去，是一种普遍模式，学生与报刊之间的关系进一步密切。而他们所办的期刊在五四前后更成为唤醒学生群体意识的有力工具，其打造出了一个个以报纸杂志为中心凝聚起来的学生社群。如在五四新文化运动中颇为活跃的杭州学生群体，先后通过《浙江新潮》《钱江评论》《曲江工潮》等这样的新式白话报刊彼此联络，声气

① 有学生在表达对本杂志的期待时，希望“其注目于受中等教育底同学”，并以此为枢机培养一个精神思想统一的全国学生社群，因为在糜烂不堪的政局下，无法盼望教育当局有一个统一的政策实施，由此“弄得现在学生们底精神，好像狂风以后底森林一样，在那儿东倒西歪，横卧直仰的”，而且“现在青年最烦闷，最感受皇皇无主的痛苦的，据我的观察，当以受中等教育的为多。这都是很有用的青年”，“倘能在一种相当的出版物上，止注目在受中等教育底同学示一相当的途径，使得大家底精神渐趋一致。”谢远定（南京高师学生）：《我之希望于〈学生杂志〉者》，《学生杂志》10卷1号，1923年1月，第21－22页（栏页）。

② Ka－che Yip, “Nationalism and Revolution：TheNature and Causes of Student Activism in the 1920s,” in F. Gibert Chan and Thomas H. Etzold (eds.), China in the1920s (New York：New Viewpoints，1976)，pp. 94－108.

相通，形成一个个认同于新的文学、社会、政治理念的读书人社群。如时在杭州甲工读书的沈端先（夏衍）就回忆自己与同学通过阅读报纸杂志而产生新的意识，并起而行动，谋求群体力量的合作以创办属于自己的刊物的经历，“《新青年》《解放与改造》等杂志，《觉悟》《学灯》等报纸上的副刊，不仅在青年学生中起了巨大的启蒙作用，而且还逐渐地把分散的进步力量组织起来，形成了一支目标比较明确的反帝反封建的革命队伍。就在这一年八月下旬，以第一师范学校的进步学生为中心，杭州的一些向往革命的青年，通过阅读《新青年》和给这个杂志写通讯的关系，开始联合起来，打算出版一份刊物，这就是这一年十月十日创刊的《双十》周刊。”① 而那时的《学生杂志》也为不少有志探讨学生界改造问题的青年提供了这样一种媒介。如依托于该杂志的“青年问题讨论会”便是一例，他们中虽多是校友，但亦通过文字相交，进而以刊物为中心展开讨论活动，将讨论所得的文字在刊物上发表，以与更大范围内的读者交流，这种模式对那时的学生产生了强烈的吸引力，也有不少起而模仿者，如天津部分学生就组织了“天津青年问题讨论会”，将每次会议形成的文字托国内各报刊发表，以吸引全国学生的襄助与有意者的仿行。② 值得注意的是，其中有关学生切身问题的讨论基本上都发生在五四新潮冲击以后，以前那些熟悉的生活模式都一一“问题化”了。他们对社会、政治问题的参与之道，也因变化着的时代意识而前后相异，甚至互相冲突。更进一步，某种阶级化的社会意识乃至政治概念也在他们头脑中渐渐萌芽乃至明显表露出来。

更值得关注的是，此时学生的身影越来越多地出现在大众化报刊媒介上，他们渴望被认同、被关注，而且向往着通过这些平

① 夏衍：《懒梦旧寻录》，北京三联书店，1985 年，第 39 页。

② “时事摘要”，《学生杂志》11 卷 1 号，1924 年 1 月，第 213 页。

台博得更多的象征资本，从而走向全国性舞台，获得事业的成功。正如本书中所列举的杨贤江、恽代英、曾琦、余家菊、陈启天等人的例子，他们步入社会、开拓人生的起点无一例外都与报刊相关；此外，还有更多当时默默无闻的青年，如洪为法、任访秋、杨凤岐、张友鹤、罗香林、白寿彝、楼适夷、陈伯吹、叶灵凤等人，他们通过在《学生》这样比较平民化的媒介上初试啼声，从而获得前行的动力，各自开拓出自己丰富多彩的人生道路。因此，许多学生的命运与报刊媒介紧密联系。

三、“青年/学生论述”与代际意识

正如本书绪论中所交代的，曾有一些学者注意到近代知识分子社群中代际意识的呈现与影响，因为此一问题并非本研究的论述重心，所以在正文中并未展开讨论，不过笔者拟在此处结合《学生杂志》上的相关资料对此问题稍做回应。从晚清到民国前期，是近代中国“青年/少年论述”极其发达的时期，该杂志正好出现在一个以代际分界为论说特征的过渡时代，它的出现自然也对这种论述惯习与思维方式的形成与流行起到极大的推动作用。[①]《学生》从经营模式到办刊主旨虽与《新青年》等新文化精英期刊大异其趣，但其实它们的中心意图却是相差无几的，即：都是在时代的危机中反复对新的历史主体进行呼唤，以改造社会或拯救国族为中心的青年论述与学生论述在《学生》这样的话语空间中重叠在一起。在许多论说者们看来，时代的希望只在

① 这种代际意识的滥觞与民族危机下的国家认同问题紧密相关，相关言论通过报刊表达出来，在思想界形成一种“少年崇拜”与“崇新重少”的意识趋向。相关讨论可参阅，金燕：《“少年中国”形象的建构与中国认同危机》，复旦大学历史学系编：《近代中国的国家形象与国家认同》（《近代中国研究集刊》第1辑），上海古籍出版社，2003年，第73—86页；罗志田：《新的崇拜：西潮冲击下近代中国思想权势的转移》，收入氏著：《权势转移：近代中国的思想、社会与学术》，湖北人民出版社，1999年，第18—81页。

青年学生们身上，成人或老年不仅是堕落无希望的，甚至是危险的，会污染纯洁无邪的学生们。[①] 这些正处于青年期或具有学生身份的论者们不断通过边界刻划或身份区分的方式，与老年和成人拉开距离，来警醒同辈，提醒他们自身所承担的责任。山东一中的刘巍就认为，"看一看我们中国社会上最急需的人物，而在现代能有篝火之希望者，不是一般青年么？论到青年的本体，对于社会，对于国家，实有不可不负荷的重责，实有不可不当尽的义务；这是因为他自身的各方面，都比较其他成年人，老年人，另具着一种发扬光大的前进的使命。"[②] 广东高师的禤参化则在提醒同辈"不可如成年人之固执，老年人之暮气"的同时，极力呼吁锻造一种"大青年主义"，青年的独特性是显然可见的，应避免步成人的后尘，"青年的人生观，即是青年的，又是人生的。我们切勿走成人的路，尤其不可走非人生的路。凡多所顾虑，心为形役，天真消失，精神过熟的，就是'成人之路'。"[③] 关键的是，青年人不仅年龄与心态上优于年长者，他们具备的可塑性与接受的新鲜智识，在一个崇新重少的社会中，使他们在知识甚至道德上都具有相对的优越性。时年二十四岁的商务编辑唐敬杲就在青年与老年之间划下了鲜明的鸿沟，"青年们啊！我们那些在现在社会上鬼混的老前辈，学问丰富的，脑力充足的，未尝没

① 在新的时代风尚下，当时的老辈无论在政治上还是在学术上都逐渐失去了青年人的信仰。此时正在浙江一师读书的陈范予就在1920年7月14日的日记中发表对争权夺利的南北政府领袖们的不满，"余睹时局，时萦痛忧。若欲言平民，惟有尽戮此等作祟之老货，而根本培养未来之青年。否则亦属画饼充饥，难期奏效。伊责谁负，其吾曹青年欤?"此外，他还在日记中对自己小学时所崇敬的老师关于教学的某些言论表示出强烈不满，斥之为"前清专制之风犹未能化耳"。参见陈范予著、坂井洋史整理：《陈范予日记》，上海学林出版社，1997年，第223、128页。

② 刘巍：《中国青年在现代应有的精神》，《学生杂志》11卷3号，1924年3月，第30页。

③ 禤参化：《一个简单直接地之青年的人生观》，《学生杂志》11卷3号，1924年3月，第40—41页。

有；但是我觉得，他们大概被社会所恶化了；他们底思想成为固定的化石了，他们底性灵被权力金钱所汩没了，他们底脑筋嵌入偶像中间了，他们在习俗、传统面前树了降旗了，他们底奴性是养定的了；我觉得思想上底贡献在他们身上，没有多大的希望了。于是乎我不能不转过身来，向着我们底青年界，要把这个神圣而光荣的大使命，责望于我们还没有被社会所恶化，纯洁，勇敢，英奇卓拔的青年。"①山东省立六中的崔万秋号召青年起来打破偶像时，首要的就是警醒那些还跟着老前辈、老化石走的青年们，"老前辈的思想嵌入偶像中间了，然而竟还有许多青年崇拜他们，把自己的思想，印入一些'东方文化是国粹，西方文化要破产'及'非儒家的人生观皆是走不通的''共和不如专制''革命就是捣乱'的偶像！唉！这种无意识的崇拜，造成了多少头脑混沌的奴隶式的青年！"。在这些青年人的拟想中，就是碰到青年们的常见问题，老前辈与青年的态度也是不一样的。一位论者针对《学生》所出的恋爱专号说："此次本专号的产生，无疑在现代中国青年性的沙漠上抛了一颗炸弹。在一般不懂得恋爱的老前辈，不免要惊骇起来；而在我们身当其冲的青年，却不可把这切身的问题轻轻地放过。"②在这样反复的代际区隔中，再加上学生自身之间的彼此呼应与认同，一种强烈的代际意识呼之欲出，并且在他们群体意识与身份认同的逐渐形成中进一步强化。

我们由此可以看到，在《学生杂志》的整个历程中，在据其内外网络所形成的话语"公共空间"中，针对青年学生的动员式话语类型一直长久不衰，这自然与时人试图将这个群类纳入民族国家建构过程中的努力有关。这种趋势既体现在编者的有意引导

① 唐敬杲：《自由思想与青年》，《学生杂志》9卷2号，1922年2月，第12页。

② 金长源：《读了"青年与恋爱"专号以后》，《学生杂志》11卷6号，1924年6月，第108页。

中，也内化于学生自身的期望里。青年学生们普遍将自身命运的改变和获取社会承认的追求，与整体的社会改造工程联系起来。与此同时，学生理解社会的方式也正在发生着变化。在这个空间中，他们形成了新的身份意识和群体认同，赋予了自己人生以不同的意义。围绕青年/学生群体展开的社会动员和身份建构在该杂志上的融合与展现，为我们观察那个时代的历史演变提供了更加丰富且多元的视角。

四、余论

由以上的分析可知，《学生杂志》这份面向全国中等学生立言并且销量不错的期刊，为众多的普通学生提供了一个想象及再现自身的平台，并通过这个公共论述空间在特定的群体中间建立起了一种“交流循环”（Communication Circuit）的网络。[①] 在这份刊物中，我们能看到论者对于学生如何参与政治与社会的规划，就如何帮助解决学生切身问题的出谋划策，并积极为他们提供各科知识与学习方法。而学生们自己也在阅读过程中充分利用这份杂志所承载的资源来经营自身的生活，或是与刊物编辑、作者建立人际联系，或是与其他学生读者进行沟通联络，或是将其当成进行情感倾诉的对象，或是从中寻求解决自身问题的方法。当然，最重要的还是从中接受各种知识与思想资源，以营造自己的学习与课外生活。可以说，在近代建制化的校园空间内，如《学生杂志》这样的文化与观念产品，是学生生活中必不可少的一部分。通过对这个期刊言论空间的分析，我们可以看到现代期

① 罗伯特·达恩顿（Robert Darnton）将这个概念定义为：通过作品的生产、发行和消费等事务，将作者、出版商、销售商和读者连接成一体的网络。见 Robert Darnton，“What Is the History of Books?” *Daedalus* 111（3）：65 - 83，1982，pp. 67—68.

刊媒介和学生群体的结合所达到的传播效果与社会效益。[①] 出版商与编者通过吸引并凝聚众多普通学生的目光，以建构起自己替学生立言的大众风格和主流样态；而普通学生们借助这一新的媒介进行自我表达和身份建构，形成群体意识与情感认同，因此期刊也无疑成了他们校园生活的一个重要延伸。

因此可以说，媒介与学生的间关联是一个贯穿近代中国的命题。纵观整个民国时期，学生与媒介之间的关系并没有如某些论者所判断的那样逐步中断，或是仅仅将其“工具化”或“党争化”。[②] 即使《学生杂志》于 1931 年底停刊后，又有一些在此前后相继创刊的综合类学生刊物，填补了其留下的空白。[③] 不论这些刊物是文艺性的，还是学术性的，或是综合性的，都在继续关注与学生有关的问题，继续在为学生们提供发言的空间与表达的渠道，为他们提供种种可能的人生道路。媒介通过学生影响社会，学生通过媒介实现自我，其间的意味值得我们再三探索与回味。

---

① 在五四运动所引发的学生大规模自办刊物热潮兴起前，全国可供中等学生发言的有影响力的报刊并不多见。而背后有雄厚商业出版社支持的《学生杂志》凭借其广阔的发行流通网络，在 1910 年代中后期即已成为学生面向全国公众进行自我表达的一个重要舞台，对学生群体自我意识与生活形态的构造起到重要作用。

② 这种论断仍然是过于注重政治性报刊或报刊政治性的那一面，忽略其他更多的面相。瞿骏：《“没有晚清，何来五四”之再思——以转型时代（1895—1925）学生生活史为例》，《学术月刊》2009 年 7 月，第 154 页。

③ 如开明书店的《中学生》（1930 年 1 月）、北新书局的《青年界》（1931 年 1 月）、大东书局的《现代学生》（1930 年 10 月）、光华书局的《新学生》（1931 年 1 月）等等商业性期刊，继续以学生为预设目标，以吸引他们参与社会、文化建设，为他们规划读书与生活方式，乃至为他们提供出路建议等。

后　记

本书是笔者的博士论文删改而成。六年半前在沪上的复旦大学坚持写完这篇论文时的情境，仿佛仍在昨日。回首求学时沉浮于海上少年之迷茫与浮躁，今日仍难免怅惘慨叹。岁月如梭，光阴荏苒，今日虽仍痼疾未除，但不知不觉间已多了一份时间的磨砺与光影下的沧桑。在这几年中，因总觉拙著浅陋，纰漏多有，内心惶恐，即想修缮也无处着手，再加之慵懒本性，故一直未将出版事宜提上日程。不过，因时日已久，学界之进步与积累日新月异，这篇不成熟的稿子若不尽快出版以飨读者，可能会完全失去其意义。因此，笔者最终还是鼓起勇气，将其略作修缮后以备付梓，虽不能为学界添砖加瓦，但也了却了自己的一个小小心愿罢！

作为笔者的第一本著作，本书能够面世，首先还是要感谢家人的善待与宽容，爱人李娜的工作虽亦是繁忙无比，对本人的科研工作也算尽力支持，然因性格脾气等诸方面原因，日常经历中多有龃龉，但无尽的争吵或也是夫妻生活的调色板吧！无论如何，平凡的生活还得继续。另外，与博士论文几乎同时诞生的小女雨萱，已经初长成为一个调皮可爱的小姑娘了，她当年是我的穷书生艰难岁月中之最大精神支撑，现今亦是家庭生活中无尽欢乐笑颜与未来希冀的主要来源。此外，家父刘映贤在我成年后的人生最困难阶段所给予的鼎力支持，也是学业及本书能得以顺利完成的重要支撑，谢意难表，藉此致意！

最后，忆起慈祥温婉的家母至今已仙逝逾十五载了，不禁悲从中来。二十年呕心沥血的养育之恩，已无以为报，仅一句“树欲静而风不止”，实难以表达出不孝子的怅惘心境！笔者仅能希冀藉拙著付印之机，点燃心香一瓣，以本书告慰先慈的在天之灵！